职业教育工业互联网人才培养系列教材

工业可视化应用

湖南三一工业职业技术学院　　组编
树根互联股份有限公司

主　编　贺　良　卢飞跃　褚　杰
副主编　代　慧　马　骏　郭　轩
参　编　罗洪霞　王　铭　黄　滔　海涛洋　葛晓华　段文娟

机械工业出版社

本书围绕工业企业数字化转型对工业可视化的需求场景，介绍了工业可视化的概念、工业可视化项目需求分析和项目实施方法。本书首先对工业可视化进行了概述性介绍，之后按照实际项目场景共设计了 5 个项目，分别为工业企业信息的可视化设计、生产制造的可视化设计、后市场服务的可视化设计、设备营销租赁的可视化设计和集成及发布工业可视化大屏。每个项目中对应的任务都会分析需要展示的内容、使用的组件及关联的数据源，并在任务实施中展示配置过程和最终的实现效果。

本书配有课程标准、教学计划、电子课件、习题库等教学资源，重点任务配有操作视频，扫描书中对应的二维码即可观看。凡选用本书作为教材的教师，登录机械工业出版社教育服务网（http://www.cmpedu.com），注册后可免费下载。咨询电话：010-88379375。

本书按 36 学时进行编写，可作为高等职业院校工业互联网相关专业的教材，还可供从事工业互联网相关工作的工程技术人员参考。

图书在版编目（CIP）数据

工业可视化应用 / 湖南三一工业职业技术学院，树根互联股份有限公司组编；贺良，卢飞跃，褚杰主编 . -- 北京：机械工业出版社，2024. 9. --（职业教育工业互联网人才培养系列教材）. -- ISBN 978-7-111-76832-6

Ⅰ. F406-39

中国国家版本馆 CIP 数据核字第 2024EK3476 号

机械工业出版社（北京市百万庄大街 22 号　邮政编码 100037）
策划编辑：陈　宾　　　　　责任编辑：陈　宾
责任校对：樊钟英　李　婷　　封面设计：王　旭
责任印制：张　博
北京雁林吉兆印刷有限公司印刷
2024 年 11 月第 1 版第 1 次印刷
184mm×260mm·13.75 印张·346 千字
标准书号：ISBN 978-7-111-76832-6
定价：45.00 元

电话服务　　　　　　　　　　网络服务
客服电话：010-88361066　　　机　工　官　网：www.cmpbook.com
　　　　　010-88379833　　　机　工　官　博：weibo.com/cmp1952
　　　　　010-68326294　　　金　书　网：www.golden-book.com
封底无防伪标均为盗版　　　机工教育服务网：www.cmpedu.com

职业教育工业互联网人才培养系列教材
编审委员会

顾问	
三一集团有限公司	胡江学
金川集团股份有限公司	吕苏环
浙江大学	贺诗波
天津职业技术师范大学	李士心

委员	
树根互联股份有限公司	贺东东　叶　菲　梁敬锋　陈立峰　韩玉春
湖南三一工业职业技术学院	贺　良　徐作栋
广东轻工职业技术学院	桂元龙　廖永红　伏　波
广州番禺职业技术学院	卢飞跃　甘庆军
深圳信息职业技术学院	高　波
湖南工业职业技术学院	李德尧　段义隆
湖南信息职业技术学院	李　斌　左光群
长沙职业技术学院	傅子霞　沈　建
长沙民政职业技术学院	雷翔霄　陈　英
河南机电职业学院	张　艳　耿美娟　赵冬玲
惠州城市职业学院	张方阳
广州城市职业学院	温炜坚　唐万鹏
广东科学职业技术学院	吴积军　余正泓
广州科技贸易职业学院	田　钧
东莞职业技术学院	郭　轩
塔城职业技术学院	何清飞
长春职业技术学院	宋　楠
沈阳职业技术学院	赵新亚
山东劳动职业技术学院	张雅美
济南职业学院	罗小妮
烟台汽车工程职业技术学院	张　萍
烟台工程职业技术学院	苏慧伟
山东信息职业技术学院	韩敬东
济宁职业技术学院	孟凡文
山东理工职业技术学院	杨明印
平凉职业技术学院	靳江伟　惠小军
新疆能源职业技术学院	殷　杰
伊犁职业技术学院	陈辉江

序

　　工业互联网是新一代网络信息技术与制造业深度融合的产物，是赋能企业进行数字化转型的重要抓手之一，是实现产业数字化、网络化、智能化发展的重要基础设施。我国将工业互联网纳入新型基础设施建设范畴，希望把握住新一轮的科技革命和产业革命，推进工业领域实体经济数字化、网络化、智能化转型，赋能中国工业经济实现高质量发展。

　　工业企业通过工业互联网技术迈向数字化、智能化已经成为其转型升级的必经之路。而企业数字化转型中的任何业务环节都需要依赖技术能力的支撑，因此需要大量的技术人才基于各类业务场景将工业互联网技术与业务融合，如研发创新、生产制造管理、数字化供应链管理、售后服务运维等。工业互联网人才只有在各种工业应用场景中做到既理解业务又具备专业技术，才能成为企业数字化转型急需的复合型人才。而随着工业互联网的快速发展和产业应用的深入，这类复合型人才匮乏的问题逐渐凸显。目前，我国工业互联网行业人才培养缺乏体系化的教材和课程等资源，且人才分类培养体系尚未形成，如何让人才不再成为发展工业互联网的瓶颈是当下急需解决的问题。

　　在此背景下，由三一集团有限公司、金川集团股份有限公司、树根互联股份有限公司、湖南三一工业职业技术学院、浙江大学、天津职业技术师范大学等企业和高校组成的编审委员会，深入学习理解党的二十大精神，针对工业互联网人才培养和发展现状进行梳理和研究，围绕工业互联网技术技能人才的培养目标编写了"职业教育工业互联网人才培养系列教材"。本套教材包含《工业互联网技术基础》《工业数字孪生建模与应用》《工业数据采集技术与应用》《工业互联网平台综合应用》《工业边缘计算应用》《工业互联网安全项目实践》《工业数据处理与分析》《工业可视化应用》《设备数字化运维工业APP的开发与应用》《工业管理软件应用》《工业标识解析应用》等。希望本套教材可以为职业院校工业互联网新赛道的人才培养提供有价值的教材和资源，充分贯彻党的二十大报告中关于"实施科教兴国战略""推进新型工业化"的要求。

编审委员会

前　言

为贯彻《关于推动现代职业教育高质量发展的意见》提出的"按照生产实际和岗位需求设计开发课程"的指导思想，适应工业互联网产业的发展趋势以及人才培养模式创新，本书以工业互联网产业在工业可视化应用的真实生产项目、典型工作任务、案例等为载体组织教学单元，聚焦于可视化在工业数字化转型中的应用，对工业可视化相关岗位的人才所需要理解的业务场景、岗位素质、知识和技能分别进行阐述和设置学习任务。

本书主要内容包括工业企业信息的可视化设计、生产制造的可视化设计、后市场服务的可视化设计、设备营销租赁的可视化设计、集成及发布工业可视化大屏共5个项目。各项目中采用的案例均由树根互联股份有限公司的真实实施案例提炼、转化而来，融合了可视化在工业企业生产制造、市场营销、售后服务等主要业务环节的应用场景及实践经验。

本书在任务实施过程中融入了人才素质培养的内容，旨在培养精益求精的工匠精神，使学生养成提前规划、分析以及规范操作的职业习惯，以提前适应企业的工作节奏和管理模式。

本书由湖南三一工业职业技术学院贺良（编写大纲和绪论）、广州番禺职业技术学院卢飞跃（编写任务2.1）、湖南三一工业职业技术学院褚杰（编写任务3.2）任主编，广州番禺职业技术学院代慧（编写任务2.2）、长春职业技术学院马骏（编写任务4.2）、东莞职业技术学院郭轩（编写任务1.2）任副主编。参与本书编写的还有广州番禺职业技术学院罗洪霞（编写任务2.3）、湖南信息职业技术学院王铭（编写任务1.1）、湖南三一工业职业技术学院黄滔（编写任务3.1）和海涛洋（编写任务4.1）、树根互联股份有限公司葛晓华（编写任务5.1）和段文娟（编写任务5.2）。全书由贺良、卢飞跃、褚杰统稿。

在本书编写的过程中，树根互联股份有限公司产品经理吴珊提供了诸多宝贵的建议，在此深表谢意。

由于编者水平有限，书中难免出现疏漏或不足之处，敬请广大读者批评指正。

编　者

二维码索引

名称	二维码	页码	名称	二维码	页码
1.1-1 页面规划		23	2.1-3 设计标题及设备图		59
1.1-2 创建项目		26	2.1-4 设计设备运行状态		60
1.2-1 设计标题及集团信息		39	2.1-5 设计耗材统计信息		62
1.2-2 设计宣传视频展示		41	2.1-6 设计设备能效信息		65
1.2-3 设计研发创新展示		43	2.1-7 设计设备状态演化图		66
1.2-4 设计产品轮播展示		44	2.1-8 设计设备工况趋势		68
2.1-1 单设备运行任务分析		56	2.2-1 生产车间任务分析		80
2.1-2 创建单设备运行项目		57	2.2-2 创建生产车间项目		81

（续）

名称	二维码	页码	名称	二维码	页码
2.2-3 设计订单交付时间		81	2.3-5 设置日历筛选器与分段筛选器		114
2.2-4 设计订单完成进度		84	3.1-1 设备健康任务分析		123
2.2-5 设计车间能效指标		85	3.1-2 创建项目与设计设备工作状态		124
2.2-6 设计订单生产信息		87	3.1-3 设计设备健康评分		126
2.2-7 设计产量趋势对比		89	3.1-4 设计维保记录、配件故障预测和故障处理记录		128
2.2-8 设计今日安全素养检查		90	3.1-5 设计实时工况		129
2.2-9 设计设备详情信息		91	3.2-1 售后服务任务分析		139
2.3-1 设备驾驶舱任务分析		104	3.2-2 创建项目与设计工单状态统计		140
2.3-2 创建数据源		104	3.2-3 设计服务响应时间与配件库存		142
2.3-3 创建项目与设置设备状态数		110	3.2-4 设计设备保修状态统计与巡检信息		143
2.3-4 设置折线图数据		112	3.2-5 设计售后工单趋势和满意度统计		147

（续）

名称	二维码	页码	名称	二维码	页码
4.1-1 租赁经营任务分析		160	4.2-5 设计月度销售明星		178
4.1-2 创建项目和设计本年度累计租赁数据		160	5.1-1 设计数字化平台首页任务分析		184
4.1-3 设计租户信用排名和租金数据统计		161	5.1-2 准备数据源及素材并创建项目		184
4.1-4 设计设备租赁分布统计		164	5.1-3 规划页面布局		185
4.2-1 营销业务任务分析		171	5.1-4 设计集团概览与设备驾驶舱		191
4.2-2 创建项目与设计客户分类		171	5.1-5 设计生产车间与租赁经营		195
4.2-3 设计销售额统计		173	5.1-6 设计营销业务与后市场服务		197
4.2-4 设计签单完成率与产品对比分析		176	5.1-7 设计集团大事记		201

目 录

序
前言
二维码索引

绪论　工业可视化概述 ·· 1

  0.1　工业可视化的概念 ··· 1
  0.2　工业可视化的应用 ··· 5
  0.3　工业可视化的产品 ··· 9
  0.4　本书案例背景说明 ·· 13

项目 1　工业企业信息的可视化设计 ·· 15

  任务 1.1　创建可视化项目 ·· 16
  任务 1.2　设计可视化页面 ·· 30
  项目练习 ··· 47

项目 2　生产制造的可视化设计 ·· 48

  任务 2.1　设计生产设备监控页面 ·· 49
  任务 2.2　设计生产车间信息页面 ·· 70
  任务 2.3　设计设备驾驶舱页面 ··· 96
  项目练习 ··· 118

项目 3　后市场服务的可视化设计 ··· 119

  任务 3.1　设计设备远程运维页面 ·· 120
  任务 3.2　设计售后服务信息页面 ·· 133
  项目练习 ··· 152

项目 4　设备营销租赁的可视化设计 ··· 154

  任务 4.1　设计设备租赁数据页面 ·· 154
  任务 4.2　设计市场营销数据页面 ·· 168

项目练习 ……………………………………………………………………… 182

项目 5 集成及发布工业可视化大屏 …………………………………… 183

    任务 5.1　创建及规划可视化大屏首页 ………………………………… 183
    任务 5.2　集成及发布可视化项目 ……………………………………… 201
    项目练习 ……………………………………………………………………… 207

参考文献 ………………………………………………………………………… 208

绪论
工业可视化概述

0.1 工业可视化的概念

0.1.1 可视化的概念

可视化可理解为一个生成图形或图像的过程。更深刻的认识是，可视化是认知的过程，即形成某个物体的感知图像，强化认知理解。可视化的终极目的是对事物规律的洞悉，而非绘制的可视化结果本身。这里包含多重含义：发现、决策、解释、分析、探索和学习。因此，可视化可简明地定义为"通过可视表达提高人们完成某些任务的效率"。

从信息加工的角度看，丰富的信息将消耗人们大量的注意力。一方面，精心设计的可视化可作为某种外部内存，辅助人们在人脑之外保存待处理信息，从而补充人脑有限的记忆内存，有助于将认知行为从感知系统中剥离，提高信息认知的效率。另一方面，视觉系统的高级处理过程中包含一个重要部分，即有意识地集中注意力。人类执行视觉搜索的专注时间通常只能保持几分钟，无法持久。图形化符号可高效地传递信息，将用户的注意力引导到重要的目标上。

可视化的作用体现在多个方面，如揭示想法和关系，形成论点或意见，观察事物演化的趋势，总结或积聚数据，存档和汇整，寻求真相和真理，传播知识和做探索性数据分析等。从宏观的角度看，可视化包括以下3个功能。

（1）信息记录 将浩如烟海的信息记录成文、世代传播的有效方式之一是将信息成像或采用草图记载。可视化图绘能极大地激发人们的智力和洞察力，帮助验证科学假设。例如，20世纪自然科学最重要的3个发现之一，DNA（DeoxyriboNucleic Acid，脱氧核糖核酸）分子结构的发现起源于对DNA结构的X射线图像的分析：从图像形状确定DNA是双螺旋结构，且两条骨架是反平行的，骨架在螺旋结构的外侧等这些重要的科学事实。

（2）支持对信息的推理和分析 数据分析的任务通常包括定位、识别、区分、分类、聚类、排列、比较、内外连接比较、关联、关系等。通过将信息以可视的方式呈现给用户，将直接提升对信息认知的效率，并引导用户从可视化结果分析和推理出有效信息。这种直观的信息感知机制极大地降低了数据理解的复杂度，突破了常规统计分析方法的局限性。

可视化结果本身不仅能够揭示问题的根本原因，还能启发人们找到解决方案。可视化能显著提高分析信息的效率,其重要原因是扩充了人脑的记忆,帮助人脑形象地理解和分析所面临的任务。

(3) 信息传播与协同　人的视觉感知是最主要的信息界面,它输入了人从外界获取的70%的信息。因此,俗语说"百闻不如一见""一图胜千言"。面向公众用户传播与发布复杂信息的最有效途径是将信息可视化,达到信息共享与认证、信息协作与修正、重要信息过滤等目的。

在移动互联网时代,资源互联和共享、群体协同与合作成为科学和社会发展的新动力。美国华盛顿大学的可视化专家与蛋白质结构学家开发了一款名为 Foldit 的多用户在线网络游戏。该游戏让玩家从半折叠的蛋白质结构起步,根据简单的规则扭曲蛋白质使之成为理想的形状。实验结果表明,玩家预测出正确的蛋白质结构的速度比任何算法都快,而且能凭直觉解决计算机没办法解决的问题。这个实例表明,在处理某些复杂的科学问题上,人类的直觉胜于机器智能,也证明可视化、人机交互技术等协同式知识传播在科学发现中的重要作用。

0.1.2　工业可视化

随着工业互联网的快速发展,工业企业加速发展进程,迈向智能制造时代,工厂中越来越多的智能设备、传感器、工业相机等通过有线或无线网络的连接方式为人类带来了海量的工业数据资源,从而加速了工业信息化革新的进程。

与此同时,对海量工业数据进行分析应用成了工业领域的一项挑战,一方面是因为工业数据规模大、维度高、结构多变,而且很多设备数据有实时性要求;另一方面是因为工业数据具有多变的应用场景,难以直接应用全自动化的分析模型来得出结果。在此背景下,各种丰富、直观的三维图像以及二维图表的可视化形式,可以满足对大量复杂的异构数据量身定制图表的需求,因此可视化在工业领域中得到越来越广泛的应用。工业可视化可以传递工业生产和运营的各种数据信息,面向工业管理和辅助决策,在企业数字化蓝图中成为实现经营决策、信息直观呈现的重要载体。

图 0-1-1 所示是工业可视化的典型应用,展示的是工业企业的生产设备实时运行工况和生产设备数据统计信息。

图 0-1-1

工业可视化旨在通过组态软件、BI（Business Intelligence，商业智能）数据分析、三维可视化、报表等产品，以图形化的方式直观地向观看者展示工业数据结果，为理解工业数据提供一个人机融合的接口，实现工业数据价值感知。工业可视化通过产品协同帮助用户对企业运营信息进行透明化与可视化管理，可以有效提升资产管理与监控管理的效率，提高企业数据资产的利用率，挖掘数据资产的深层价值，支撑用户进行企业管理、设备监控、运营决策等多种业务目标。

例如，当生产设备发生故障的时候，不仅可以通过工业可视化来获取故障信息，还可以触发附近的监控摄像机画面弹窗，检查此生产设备出现故障的现场情况，如图 0-1-2 所示。有些大型的生产设备，如出现故障就会影响整条流水线的效率，对及时排查的需求更高，而可视化能在故障出现的第一时间进行报警，及时警示维修部门排查机器故障的原因。

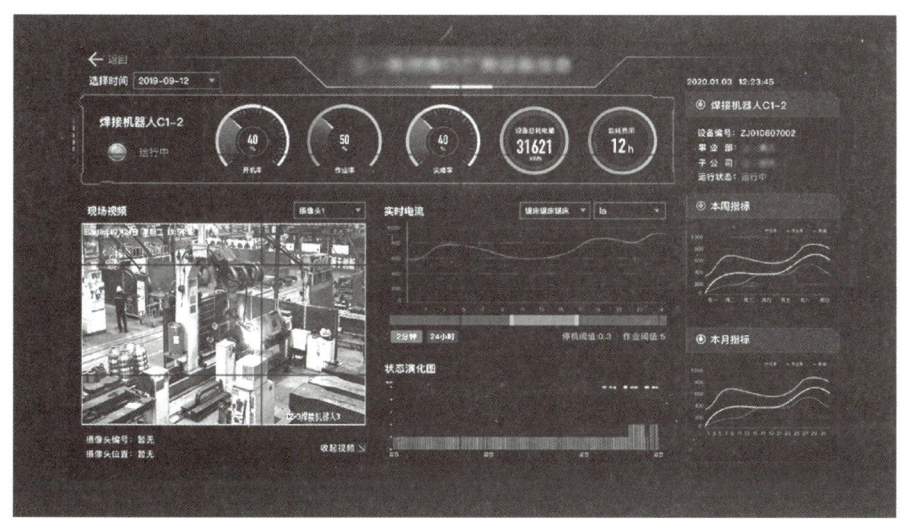

图 0-1-2

0.1.3　工业可视化的展示层级

工业可视化的展示层级可分为设备级、产线级、园区级；从实现效果的业务深度来分，从浅到深分别是可视化呈现、智能诊断、科学预测、自主决策。图 0-1-3 所示的矩阵清晰地呈现了不同展示层级在不同业务深度上的实现效果，这里以图中展示的设备层级的可视化举例说明。

① 设备的可视化呈现，主要是指实现设备监控，通过采集设备数据，对设备的关键要素进行检测和动态呈现。

② 设备的智能诊断，主要是指通过分析历史数据，诊断出设备的功能、性能产生变化的原因，从而实现设备运行优化。

③ 设备的科学预测，主要是指通过机理模型来分析评估设备的健康状态，最终实现设备预测性维护与保养。

④ 设备的自主决策，主要是指在分析设备过去的性能表现和预测未来的基础上，对设备的运行进行智能决策。

目前的工业可视化应用，还无法实现自主决策，以及产线级、园区级的科学预测，因为这不仅依赖于可视化工具，更依赖于人工智能技术的发展。

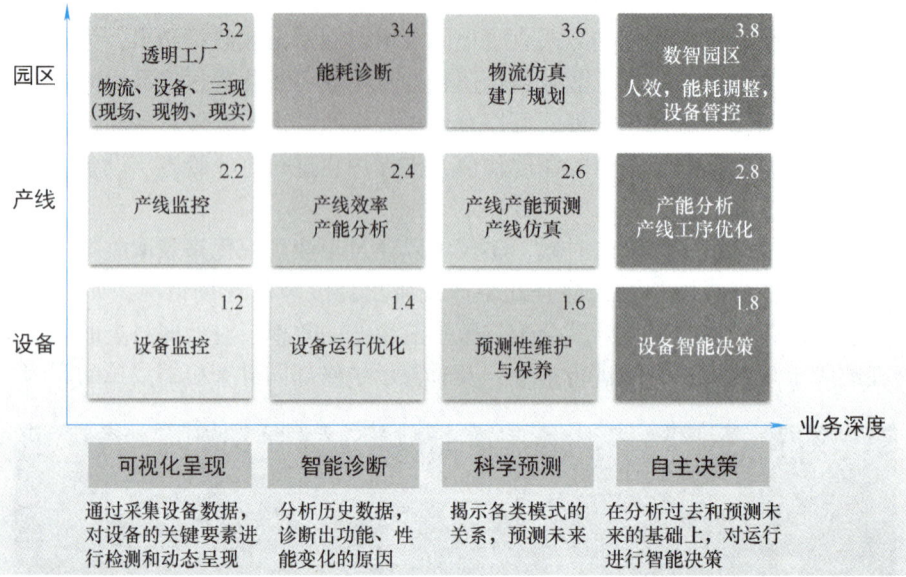

图 0-1-3

0.1.4 工业可视化的呈现形式

工业可视化的呈现形式有图表、2D、2.5D、3D 共 4 种（D 是 Dimension 的缩写，表示空间维度），如图 0-1-4 所示。图表呈现形式更侧重于信息展示，比较抽象，这种方式成本最低，制作耗时较少。2D 呈现形式也侧重于信息展示，不过会有物理形态的关联性，这种方式的成本较低，制作耗时也较少。2.5D 呈现形式兼顾了视觉效果与信息展示，所谓的 2.5D 本质也是二维图片，是在三维（3D）建模的基础上截图或者录制成为动图，只能查看固定的角度或者动图效果，无法自定义缩放或旋转，这种方式的成本适中，制作耗时中等。3D 呈现形式侧重于视觉效果展示，更接近实际物理形态，这种展示方式的成本最高，制作耗时也是最长的。

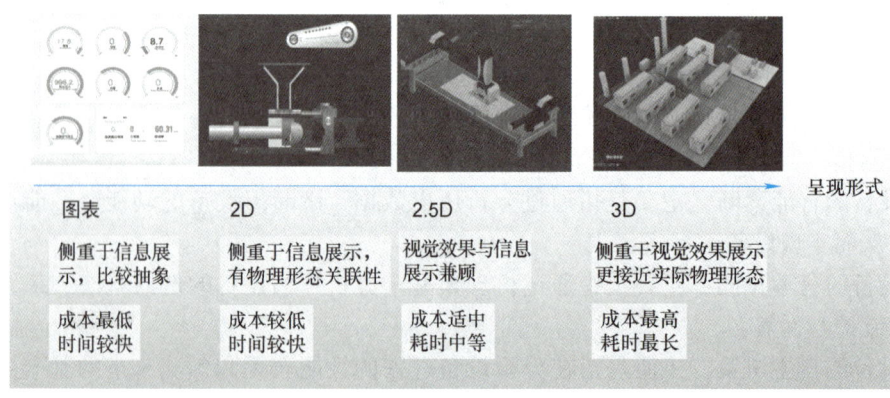

图 0-1-4

绪论　工业可视化概述

0.2　工业可视化的应用

可视化在工业领域的应用,从行业的维度来看,可以分为在采矿行业、能源电力行业、流程制造行业、离散制造行业等的应用。从业务流程管理的维度来看,可以分为在研发管理、生产管理、市场营销、后市场服务等主要业务环节的应用。本书主要从业务流程管理的维度分别介绍工业可视化的应用场景。

0.2.1　研发管理

对于研发管理来说,通过工业互联网平台打通机器使用和研发环节的数据链路,以数字化驱动智能化产品创新。而把研发数据的分析结果通过可视化直观地进行呈现,更方便对比分析和决策。图0-2-1所示是研发测试数据对比结果的可视化展示案例。

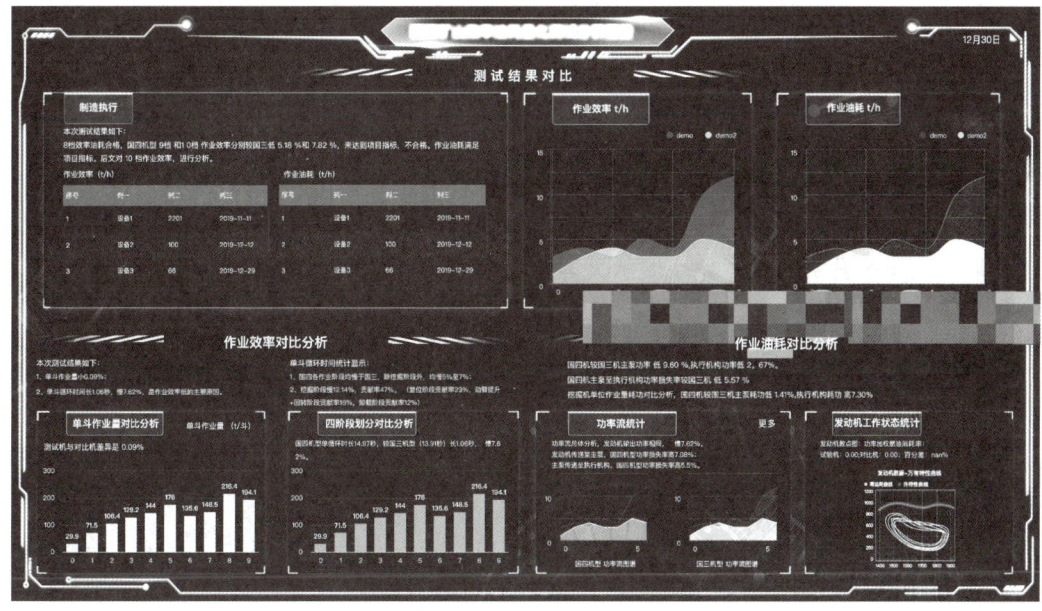

图 0-2-1

0.2.2　生产管理

工业生产企业,无论是在流程型行业,还是在离散型行业,每天都会产生大量的数据。从生产制造的环节来看,多个环节依托数据的产生和数据变化进行生产流转。在这个过程中,管理者需要对这些生产环节和过程知悉并监管,但无法时刻待在工业现场,而工业可视化的应用可以让这些生产过程及数据更直观、有效地呈现给管理者。

1. 车间展示

在生产车间,可以通过可视化看板展示生产进度目标、实际达成以及相关的影响因素,如安全生产、生产设备、生产质量、生产进度等,督促相关人员关注并及时采取行动进行改进。图0-2-2所示为生产车间管理的应用案例。

图 0-2-2

2. 设备展示

将生产设备的效率数据统计展示,企业管理者就可以对公司的整体设备运行状态一目了然,综合判断设备的使用效率和利用率,从而判断设备的投入/产出是否达到要求。图 0-2-3 所示是某工业园区设备的总体效率展示大屏。

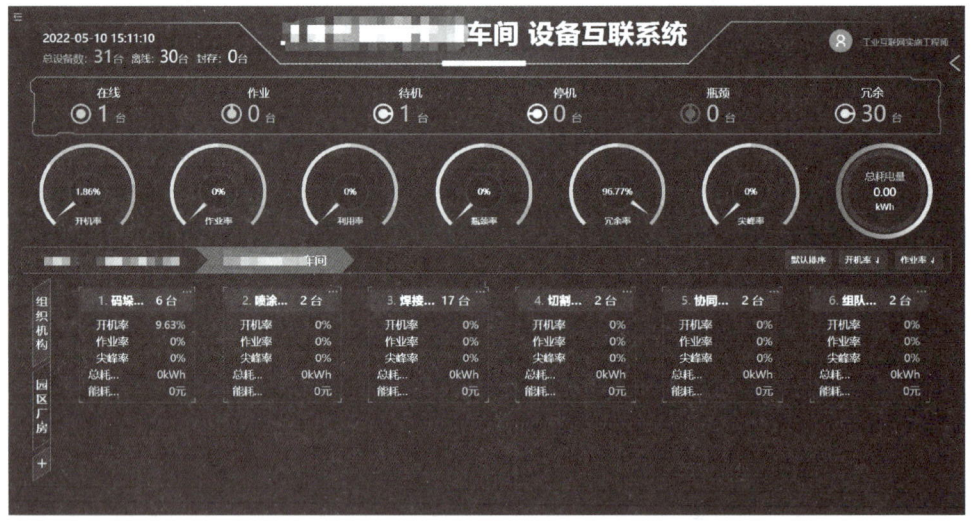

图 0-2-3

对于设备管理员来说,对生产设备进行可视化展示,可以监控设备的运行状态,通过查看某台设备的运行情况,从而了解这台生产设备是否处于正常运行的状态,方便制定维护和保养计划。图 0-2-4 所示是对单台设备的可视化展示案例。

3. 产线展示

可视化可以将工业生产线上的每道工序进行展示,也可以展示整个生产线的产能、产品良品率、产线设备运行情况、产线上的故障统计等。图 0-2-5 所示是生产线的可视化展示案例。

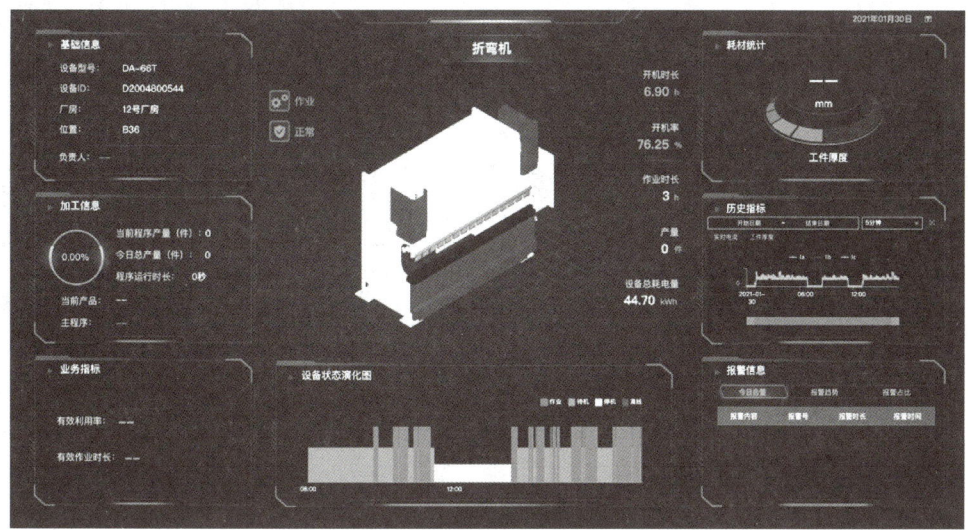

图 0-2-4

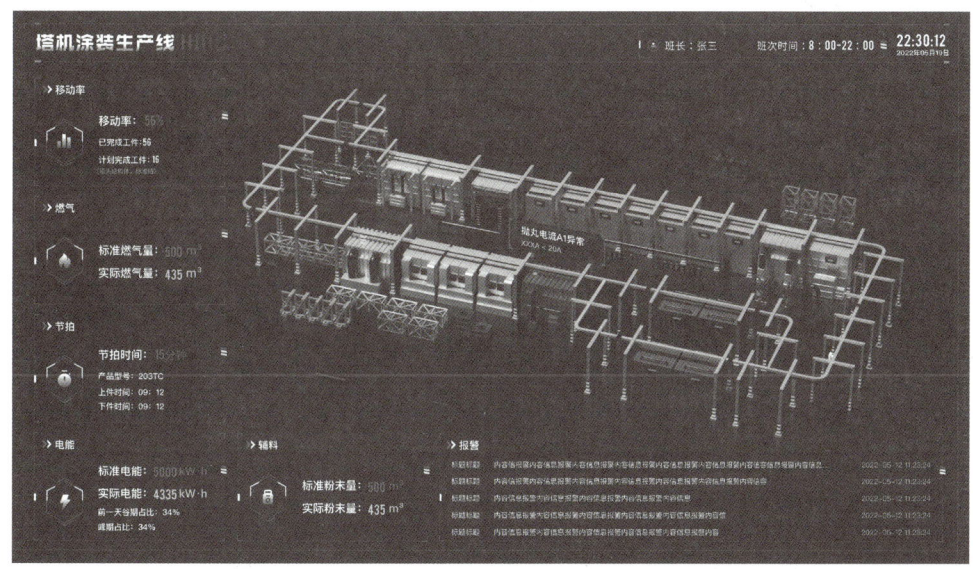

图 0-2-5

0.2.3 市场营销

基于设备用户的行为、设备实时状态数据、销量数据及政策因素等通过大数据处理与 AI（Artifical Intelligence，人工智能）分析，将数据关系结果进行可视化展示，可以更方便工业生产企业的管理者制定营销策略和进行产销协同。图 0-2-6 所示为市场营销的可视化展示案例。

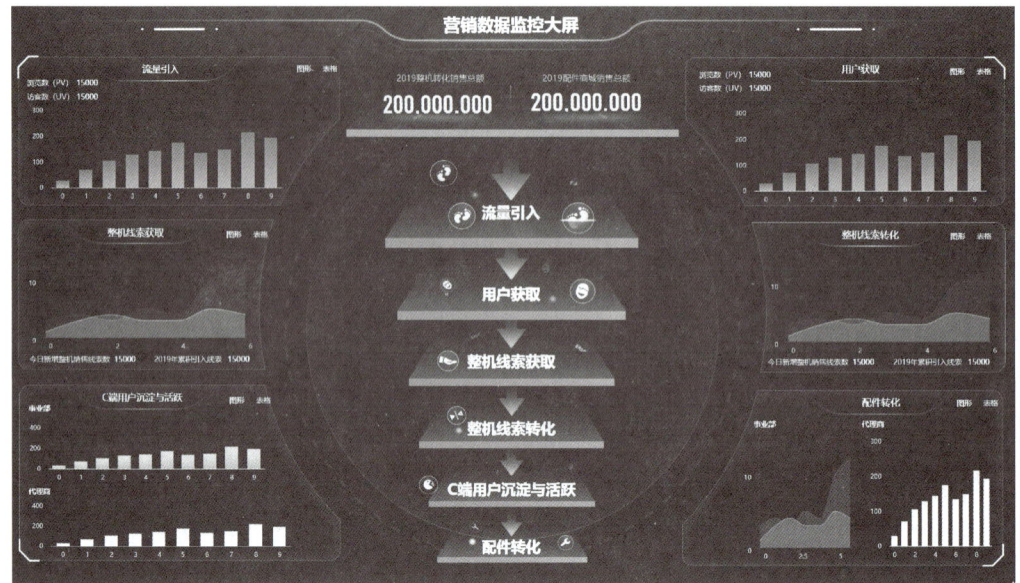

图 0-2-6

0.2.4 后市场服务

设备制造商及其设备服务商的后市场服务管理,可以通过可视化直观看到服务订单的响应速度、故障发生率等,从而判断客户满意度及后市场服务收益,更好地制定策略来提高客户黏性及合同续签率。此外,对于售后运维工程师来说,可以通过可视化查看远程设备的实时工况,方便设备的远程运维,如图 0-2-7 所示。

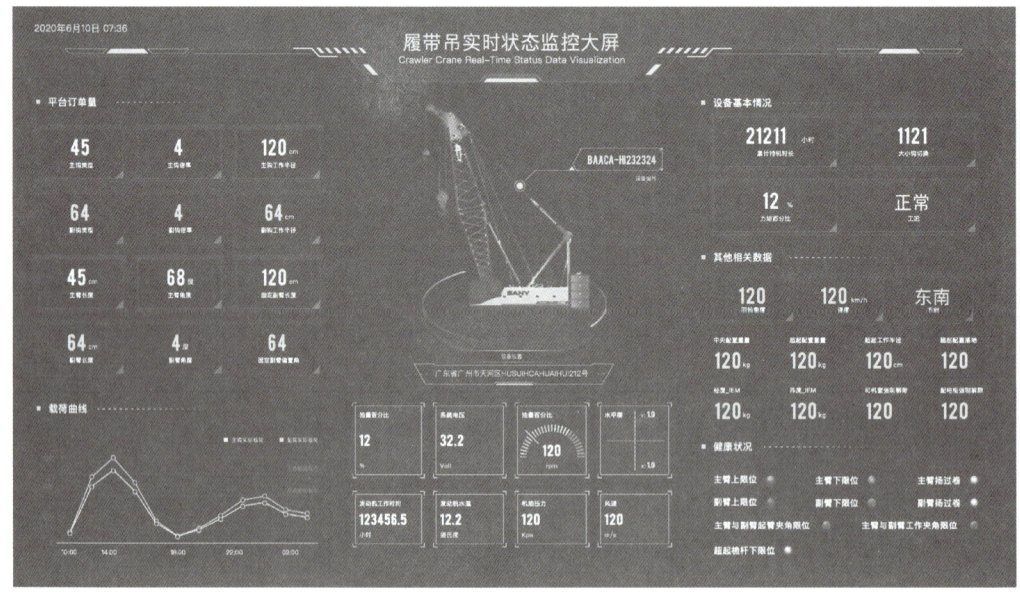

图 0-2-7

0.3 工业可视化的产品

工业领域的可视化产品有很多,归结起来有三大类,分别是传统工业控制领域的组态软件产品、随着大数据兴起的商业智能产品以及三维可视化产品。此外,还有一些兼具两类产品特征的可视化产品,如本书中将用到的"云视界",就是兼有组态和商业智能产品功能特点的可视化平台。

组态产品可以让自动化工程师以灵活搭建的方式,配置工业现场的过程监控界面,提供对工业现场的设备状态和数据监控。商业智能产品提供多类型数据源接入、数据快速建模、多维可视化分析和交互式故事板等服务,以自助式数据探索与可视化分析的方式,帮助用户完成数据接入、多维分析、综合展现等,支撑企业决策分析。三维可视化产品提供丰富的工业设备素材库、模板库,如果结合工业互联网平台的物联能力,将实时数据与三维模型相融合,可为工业领域带来全新的运营界面、展示界面、机器交互界面。

0.3.1 组态软件产品

1. 组态软件简介

组态的概念来自 20 世纪 70 年代中期出现的第一代集散控制系统(Distributed Control System,DCS),可以理解为"配置""设定""设置"等,是指通过人机开发界面,用类似"搭积木"的简单方式来搭建软件功能,而不需要编写计算机程序。

组态软件,又称组态监控系统软件,是指数据采集与过程控制的专用软件,也是指在自动控制系统监控层一级的软件平台和开发环境。这些软件实际上是一种通过灵活的组态方式,为用户提供快速构建工业自动控制系统监控功能的通用层面的软件工具,一般英文简称为 HMI/SCADA(Human and Machine Interface/ Supervisory Control and Data Acquisition),中文翻译为:人机界面/监视控制和数据采集软件,行业内习惯称之为"组态软件"。

组态软件广泛应用于机械、汽车、石油、化工、造纸、水处理及过程控制等诸多领域。图 0-3-1 所示为组态软件完成的工业监控画面。

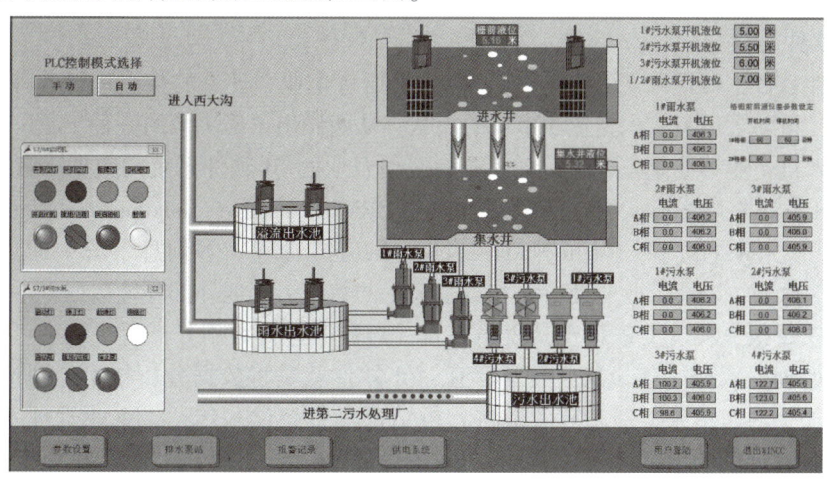

图 0-3-1

2. 组态软件的价值

在组态软件出现之前，要实现某一工业监控任务，都是通过编写程序来实现的。编写程序不但工作量大、周期长，而且容易出现漏洞，不能保证工期。组态软件的出现，对于过去需要几个月的工作，通过组态搭建，也许只需几天就可以完成。

用户可以不用编程，而是利用组态软件提供的图形、趋势曲线、报警、数据库、报表等功能模块，通过"搭积木"的方式构建系统，特别适合自动化工程人员，不需要编程基础就可以快速构建出界面美观、功能强大的软件系统。另外，组态软件还提供了脚本功能，如类 C 语言、类 Pascal 语言，可以为有深层次需求的用户提供更加灵活和强大的功能。

3. 常见的组态软件

（1）InTouch　这是由 Wonderware 公司在制造运营领域率先推出的基于微软 Windows 平台的组态软件。InTouch 软件用于可视化和控制工业生产过程。它为工程师提供了一种易用的开发环境和广泛的功能，使工程师能够快速地建立、测试和部署强大的连接和传递实时信息的自动化应用。

（2）WinCC　WinCC（Windows Control Center，视窗控制中心）是西门子推出的一套完备的组态开发环境，它可以对现场的运行设备进行监视和控制，以实现数据采集、设备控制、测量、参数调节及各类信号报警等功能。

（3）组态王　组态王（KingView）是北京亚控科技发展有限公司在 20 世纪 90 年代自主研发的国内第一款商用组态产品，填补了国内组态软件的空白。组态王广泛应用于电力、机械、市政、能源、环保、医药等行业，应用于上百种设备的监控，如低压配电、起重机械、真空炉、换热站、风机发电、吹灰除尘、空分设备、制药冻干机等。

（4）华富开物　华富开物（ControX）系列工业组态软件是由北京华富远科技有限公司在充分结合用户需求及工业自动化领域发展方向的基础上，推出的工业监控系统支撑软件。

（5）ForceControl　北京三维力控科技有限公司的 ForceControl 监控组态软件也是国内较早出现的组态软件之一。广泛应用于市政、水利、环保、装备制造、石油、化工、国防、冶金、煤矿、配电、新能源、制药、交通、教育等行业。

0.3.2　商业智能产品

1. BI 软件简介

商业智能软件，习惯称之为 BI 软件，通常是指将企业中现有的数据进行各种分析，并给出图表报告，帮助管理者认识企业和市场的现状，从而做出正确决策的一种工具。商务智能系统中的数据来自企业其他业务系统，例如，制造型企业的 BI 软件系统的数据来自企业的 ERP（Enterprise Resource Planning，企业资源计划）、CRM（Customer Relationship Management，客户关系管理）、SCM（Supply Chain Management，供应链管理）等信息系统中的采购、库存、生产、客户信息等，以及企业所处行业和竞争对手的数据、其他外部环境数据。

信息的质量很大程度上依赖于其表达方式，对数据进行数据分析后，结果可视化可以帮助用户更好地理解数据信息，挖掘数据价值。BI 软件就是将数据分析技术与图形技术结合，使得数据更加生动与形象，清晰有效地将分析结果进行解读和传达，企业管理者可以更好、更高效地提取有价值的信息。可以认为，BI 是对商业信息的搜集、管理和分析过程，目的是使企业的各级决策者获得知识或洞察力，促使他们做出对企业更有利的决策。图 0-3-2 所示是 BI 软件完成的分析结果展示。

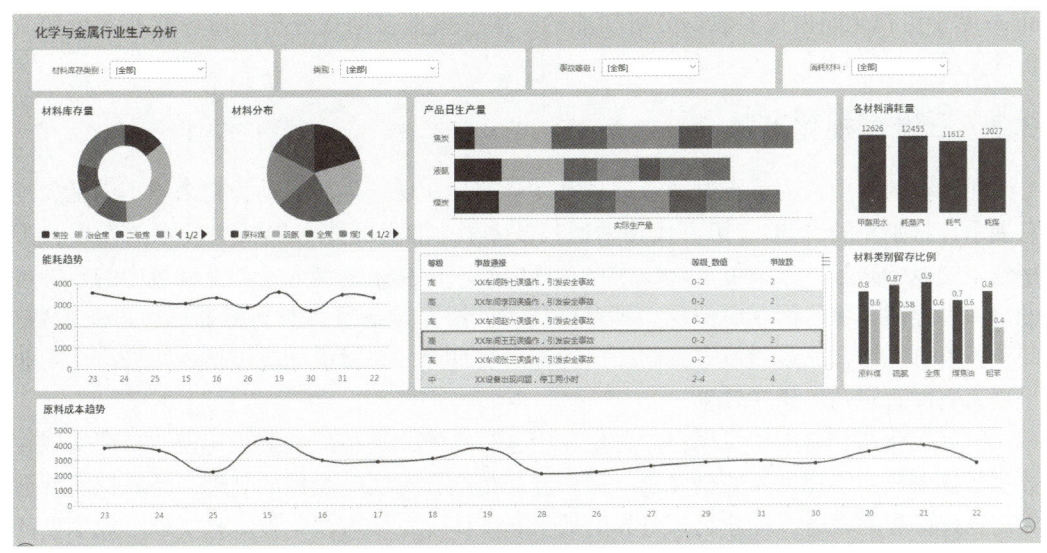

图 0-3-2

2. BI 软件的价值

BI 软件为企业提供的不仅仅是产品、工具和功能，更重要的是向企业交付一整套解决问题的方案，它以辅助决策为目的，通过相关的数据技术方法来处理企业积累的各类海量数据，产出可量化的、可持续的数据价值，这些价值表现在帮助企业实现业务监测、业务洞察、业务优化、决策优化，最终将数据转化为企业成长的效益。具体可以体现在如下 3 个方面。

（1）数据整合　BI 软件可以打通企业多个信息系统的数据，解决数据壁垒、信息孤岛的问题，实现信息透明，提供一个全局的视图，让决策者可以更加全面地看待问题，降低决策失误的风险性。

（2）数据展示效率　提高报表的输出效率，用户能通过可视化的界面快速制作多种类型的数据报表和图形图表，满足企业不同人群在一定的安全要求和权限设置下，实现在 PC 端、移动端、会议大屏等终端上对数据的查询、分析和探索需求。

（3）辅助管理决策　通过数据分析，辅助企业决策，实现科学化、数据化的决策。例如，决策者可以根据 BI 提供的钻取功能对数据结果进行追根溯源，使问题的分析不止步于表面结果，从而根据根本问题制定正确解决方案。

3. 常见的 BI 软件

近几年，随着大数据的火热，BI 市场迎来了不错的发展机会，市场上也涌现出很多 BI 软件工具。本书将重点介绍以下几款目前国内外均比较常见的 BI 软件。

（1）FineBI　帆软软件有限公司的 FineBI，是目前国内比较常见的一款 BI 软件，主打的是超大数据量性能和自助式分析的特点，最高可以支持 20 亿条数据的秒级呈现，适用于企业中的技术人员、业务人员和数据分析师，可以完全自主地进行探索式分析。

（2）PowerBI　微软旗下的 PowerBI，定位是个人报表/可视化工具，适合短平快的分析需求，也可用作整个企业的分析决策引擎，不过在企业级部署和应用上缺少完善的解决方案。

（3）Tableau　被软件巨头 Salesforce 收购的 Tableau，定位是轻型的数据可视化工具，产品的目的是帮助人们查看和理解数据。其显著优势是可视化，可以实现很炫丽的数据图表。

Tableau 基于可视化能做很多数据分析功能的扩展，主推自助式分析，适合业务人员和数据分析师使用。

0.3.3 三维可视化产品

工业企业的管理者为了更好地管理日益复杂的工业现场生产活动，越来越不满足二维的信息展示，特别是随着 5G（第五代移动通信技术）、物联网技术等新兴技术的发展，工业数字孪生的概念兴起，三维可视化技术在工业中的应用越来越深入。工业领域中的三维可视化融合了多媒体、物联网、虚拟现实等多种技术；根据设备及各类传感器产生的工业数据、空间位置信息，结合通过建模方式制作出的与真实世界一一对应的虚拟仿真场景，让工业数据呈现出更加直观的场景式效果。

三维可视化在工业中的应用，一方面在于进行高效、高精度的渲染建模，从而实现在一个数字场景中还原物理世界的全要素；另一方面是结合对实时数据的处理、计算，实现数字世界与物理世界的联通，构建物理世界的数字孪生体。三维可视化技术是实现工业孪生的关键技术之一。图 0-3-3 所示是三维可视化在智能工厂中的应用案例。

图 0-3-3

0.3.4 在线可视化设计工具

1. 云视界简介

云视界是一款典型的在线工业可视化设计工具，它是服务于工业场景下生产、经营和政府监管的多场景可视化工具，以 2D/2.5D 的形态呈现工业信息，既具备组态软件的监控功能，又兼具 BI 软件的多源数据接入、分析和查询展示的功能；它可满足工业领域的用户进行个性化配置工业设备展示界面的需求，便于灵活便捷地查看设备指标参数、直观准确地了解工业设备的实时工况信息，从而方便分析工业设备的运行情况，进而开展智能化工业管控。

云视界基于工业互联网平台的物联能力，将工业设备孪生数据与业务模型相融合，以生动直观的可视化图表动画效果，展示设备指标参数、工况统计信息、远程监控页面等工业生产运营和设备管理维护的界面。图 0-3-4 所示是使用云视界设计的后市场设备统计的案例。

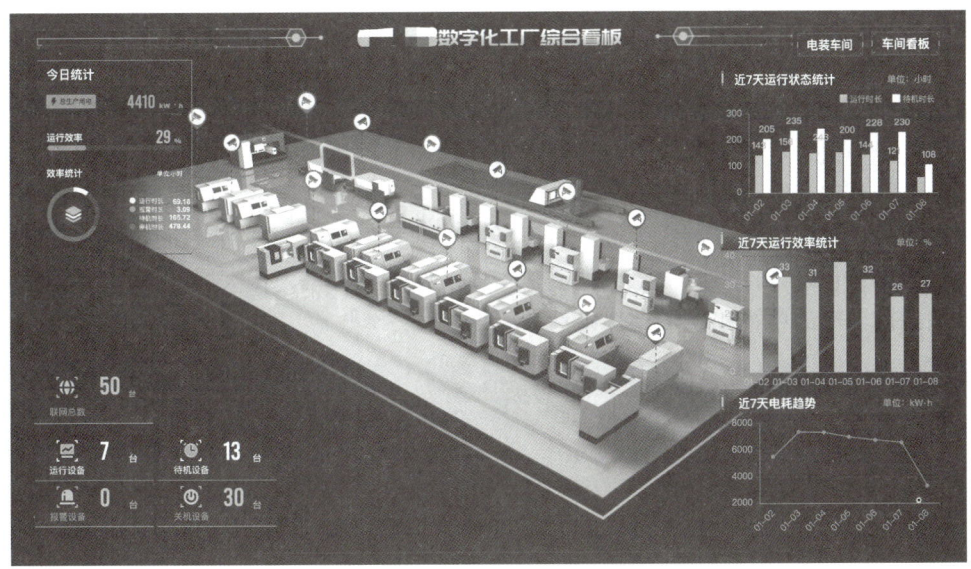

图 0-3-4

2. 云视界的价值

云视界通过与工业互联网平台对接,可以把设备实时数据和不同的系统数据进行融合展示,能实现工业数据的全面感知、动态传输、实时分析,为管理人员的科学决策和智能管控提供依据,最终达到提高制造资源配置效率,推动制造业融合发展的应用价值。其具体展示的价值可总结为以下4个方面。

(1) 工业互联应用　云视界可实现设备预警管理可视化。云视界已集成接入工业互联网平台的工业数据,可直观展示工业设备各关键部件的运行参数、故障历史信息,以及故障预测,最大限度地减少设备非计划性停机。

(2) 生产数字化　云视界可实现生产状态实时监控。云视界可通过对工业设备数据的环比、同比和对比,及时发现生产环节上的问题,做出响应,监测并分析车间产出质量,回溯质量问题诱因。

(3) 智能化分析　云视界可实现模式创新可视化。云视界可通过对生产数据的统计、智能化分析与AI算法结合,推演模拟出不同生产方法所带来的生产效益。

(4) 技术应用分析　云视界可接入异质异构数据,实现各系统之间精确、高效的数据共享。

0.4　本书案例背景说明

H集团是以工程机械研发和服务为核心业务的大型跨国企业集团,随着业务不断地发展,在企业管理和运营体系上遇到了了很多挑战,如上下游企业与合作伙伴等之间资源的共享问题、各个产业园区的设备运维问题、企业产品的售后服务问题等。

为了破解上述存在的一系列问题,H集团决定进行数字化转型,主要从生产制造、营销和售后服务等各个环节进行优化,运用网络化、数字化、智能化、可视化等技术,解决产品研发设计中数据分析难度大,生产制造中的智能制造技术应用,售后服务中的设备产品管理

工业可视化应用

难、故障无法预见等问题，不断打造新的模式和生态，助推传统产业数字化转型升级。

R公司是H集团进行数字化转型的解决方案供应商。在项目启动后，R公司的交付部门展开实施工作。其中，数字化转型的所有可视化设计任务由张经理带领的产品应用部门的可视化团队负责。由于项目工期较短，张经理将项目任务拆解为5个项目模块，并安排不同的工程师负责。其中初级工程师李工负责企业信息的可视化设计；资深工程师冯工负责生产制造的可视化设计；高级工程师罗工负责后市场服务的可视化设计；中级工程师赵工负责设备营销租赁的可视化设计；最后由张经理负责集成及发布工业可视化大屏的工作。本书的学习任务就是根据不同的可视化项目模块设计展开的。

> **说明：** R公司工程师的技术职级根据经验资历分为初级、中级、高级、资深和专家级别。

项目 1
工业企业信息的可视化设计

R 公司的初级工程师李工负责 H 集团企业信息的可视化设计，他为了进一步明确 H 集团需要展示的内容，联系集团对接人唐经理对接详细需求。唐经理表示，这次的全面数字化转型，需要将一些成果通过展厅的可视化大屏进行展示。展示内容除了企业核心的生产制造、设备运维等业务数据，还需要有一个页面展示集团的基本概况，便于来访的客户或者合作伙伴在展厅参观时，对集团有个初步了解。

经过讨论，李工与唐经理最终确认在企业信息页面中展示集团介绍、宣传视频、研发创新成果数据、核心产品图片等，唐经理提供的素材形式包括文字介绍、宣传视频、产品图片等。此外，由于 H 集团的研发成果有很多，如果一项项展示出来，篇幅会比较多，所以针对研发创新成果，用统计数据进行展示。对接需求后，李工立刻开展设计工作，他将设计工作分为两个任务阶段，第一个任务阶段主要是完成素材准备、页面布局规划和项目创建；第二个任务阶段是设计页面的具体展示内容。本项目规划的两个学习任务就是基于李工在不同任务阶段的工作内容所需掌握的知识和技能展开的。

工业可视化应用

任务1.1 创建可视化项目

1.1.1 任务说明

【任务描述】

在本任务中，李工需根据项目甲方（H集团）的需求，对项目页面进行布局规划，并提前把设计素材（图片、视频、文字内容）上传至可视化设计平台，最后创建企业信息展示的可视化项目。

【学习目标】

 / 知识目标 /
◇ 了解可视化工具软件中的项目、页面、页面模板、组件、素材库的概念。
◇ 了解基础组件、图表组件、地图组件、控件组件、网页组件的作用。
◇ 了解可视化平台的编辑器界面。

/ 技能目标 /
◇ 会使用编辑可视化平台的快捷方式。
◇ 会导入项目ID，创建可视化项目。
◇ 会使用空白模板创建项目。

1.1.2 知识准备

本任务使用一款服务于工业领域的云端可视化设计平台——云视界，来完成可视化项目创建。这个可视化设计平台可以设计展示设备指标参数、工况统计信息、远程监控页面等工业管理的界面，便于工业领域的用户和管理者灵活便捷地查看设备指标参数、直观准确地了解设备实时工况信息，最终实现对工业设备运行数据的分析，进而开展智能化工业管控。使用云视界进行设计需要明确几个概念，分别是项目、页面、可视化编辑器、组件，以下分别对这些概念进行介绍。

1. 项目及页面

（1）项目 在云视界设计平台中，项目是可视化文件集，包含页面、数据、组件等。一个项目内可能含有多个展示页面，通过配置各页面内容器（组件）的属性参数、设置数据源和选定相应素材，可实现对多种可视化展示效果的设定。例如，创建工业设备类型对应的项目，可以统一管理这种类型设备的工况展示效果。项目列表及其在云视界界面中的位置如图1-1-1所示。

> **说明**：容器在云视界软件中被定义为用来盛放各个组件并可划分页面区域的布局组件，其最大的作用是锁定比例后可以适配不同的显示终端（大屏、计算机、手机端）。

项目1 工业企业信息的可视化设计

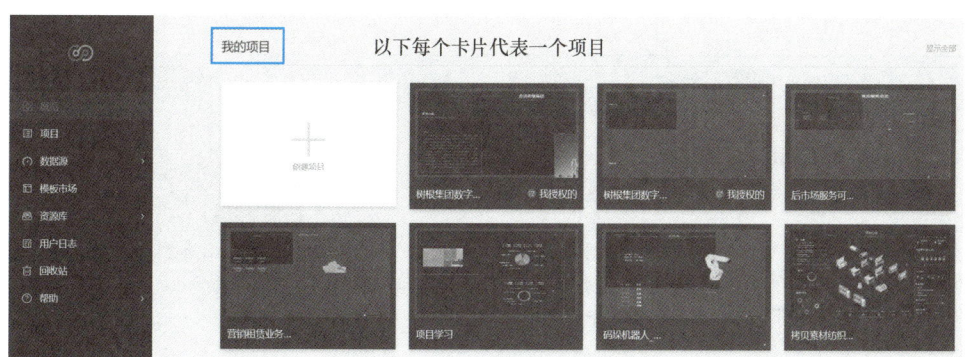

图 1-1-1

（2）页面　页面是可视化编辑的产物，每个项目可以包含多个展示页面，如实时工况展示页面、历史数据统计页面、设备控制流程页面等。云视界可视化采用"项目—页面—容器（组件）—组件"的方式实现工业数据和工况可视化应用的布局及展现。页面在云视界的展示效果如图 1-1-2 所示。

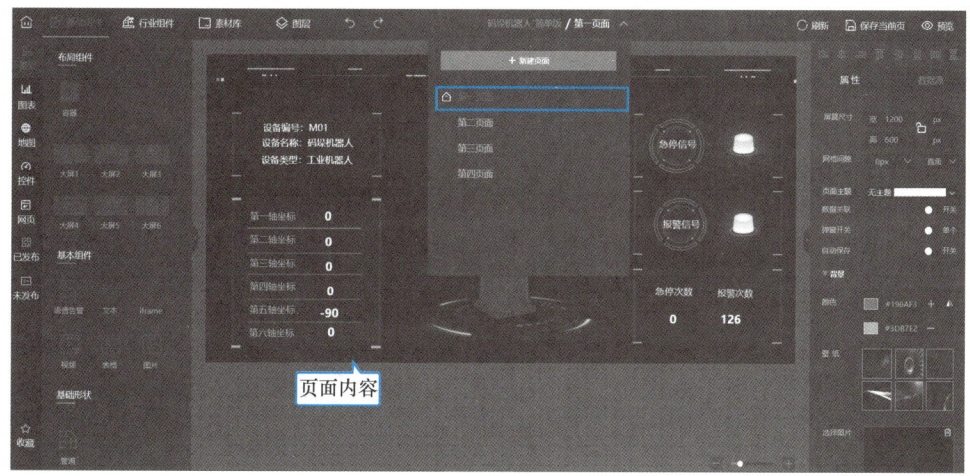

图 1-1-2

云视界中内置了页面模板，页面模板与空白页面对应，是系统为用户创建的默认选择页面。在页面模板中已设置一系列的容器及组件，可为用户实现默认的页面展示效果。通过修改页面中的元素属性，用户可以设计符合自己要求的可视化页面效果。页面的设置内容见表 1-1-1。

表 1-1-1

设置内容	设置图示
屏幕尺寸：设置页面的显示大小，默认大小为［单位为像素（px）］1920×1080。实际项目中，需要根据展示大屏的尺寸来设定数值 网格间隙：容器与页面之间、容器与容器之间的边距大小及角度样式	

17

（续）

设置内容	设置图示
页面主题：设置页面显示的主题效果 数据关联：如需在页面中的两个组件间设置数据联动，则需要打开此开关 弹窗开关：如需让页面中的弹窗自动启用，则需打开此开关 自动保存：可以自动保存页面的设计内容，不建议开启，对计算机的配置要求高。建议在使用过程中，定期手动保存设置	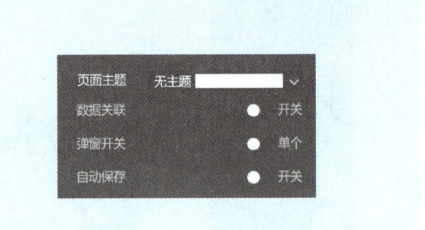
颜色：设置背景颜色，支持渐变色，通过单击"+"按钮添加另一种颜色，从而达到两种颜色的渐变效果，单击 ▲ 图标可以修改颜色渐变的方向 壁纸：可以直接选择系统中自带的壁纸作为背景图片 选择图片：通过把素材库中的图片拖拽到图框中，实现自定义背景颜色 填充方式：设置背景图片在页面中的填充方式 透明度：设置背景图片的透明度	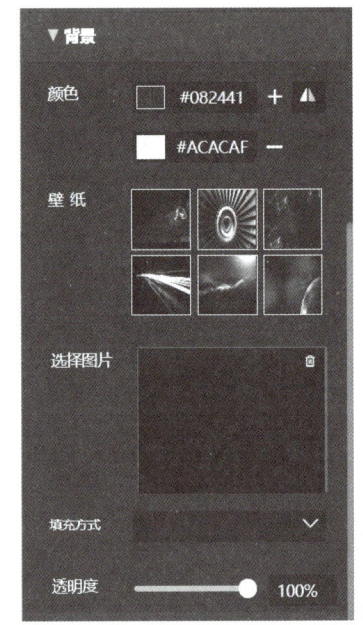
网格线：可选择是否打开，打开后可设置网格线的颜色或者线间距。该设置主要是把页面划分为不同网格大小，便于调整容器（组件）尺寸时对齐网格线	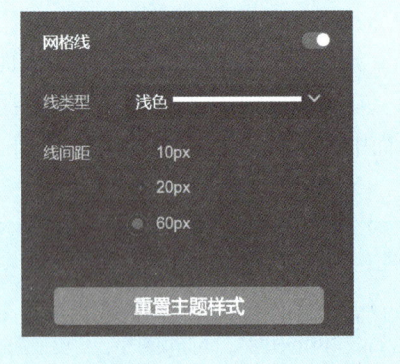

注：在云视界预览或发布的页面有两个或两个以上的组件时，单击其中一个组件，另外一个组件的数据随之变化，产生联动效果即为数据联动。

2. 可视化编辑器

云视界用户在可视化编辑器中可以进行项目的页面编辑设计，可视化编辑器的界面如图 1-1-3 所示。

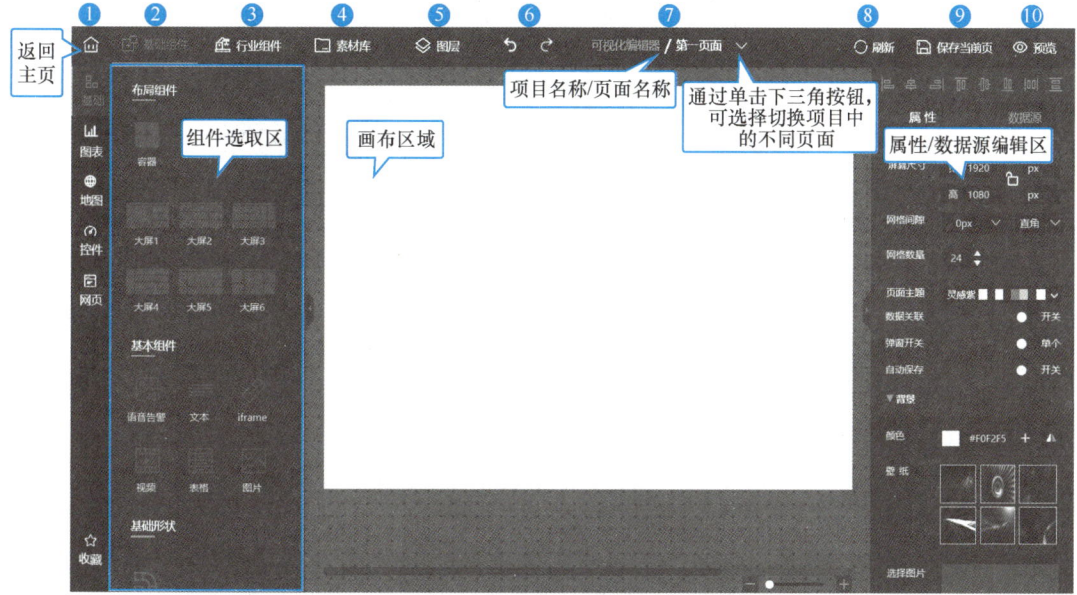

图 1-1-3

（1）返回主页　可视化编辑器顶部导航栏的第一个标签为"返回主页"。单击"返回主页"后将提示是否保存当前页面还是直接离开回到主页。

（2）基础组件　可视化编辑器顶部导航栏的第二个标签为"基础组件"。基础组件包含：基础组件、图表组件、地图组件、控件组件和网页组件共 5 类。用户可以选择基础组件库中的任意组件填充到画布中。

（3）行业组件　可视化编辑器顶部导航栏的第三个标签为"行业组件"。用户可以选择行业组件库中的组件填充到画布中。

（4）素材库　可视化编辑器顶部导航栏的第四个标签为"素材库"。用户可以选择素材库中的素材填充到画布或者图片组件中。素材库包含系统素材库和个人素材库。

（5）图层　可视化编辑器顶部导航栏的第五个标签为"图层"，图层展示了页面中所有的组件、页面结构及包含关系。图层中以树形结构展示当前页面中的所有组件元素，根节点是页面，子节点是容器，一直展开到组件元素或者容器节点；在树形结构表中逐一单击展开结构，选中某组件元素，则该组件在画布区域显示为选中状态，用户可对其进行编辑、修改，如图 1-1-4 所示。

（6）撤销/恢复　可视化编辑器顶部导航栏的第六个标签为"撤销"与"恢复"，单击对应的标签，可以撤销前一个操作或者恢复前一个操作。

（7）页面　用户可以单击页面下拉菜单进行页面切换，并可以新建页面、编辑页面名称、复制或删除页面。在页面下拉菜单中，单击各页面名称可切换至不同页面。鼠标指针滑动到某页面名称行，则可编辑页面名称、复制或删除页面等。单击"新建页面"按钮，可以创建一个新页面，如图 1-1-5 所示。

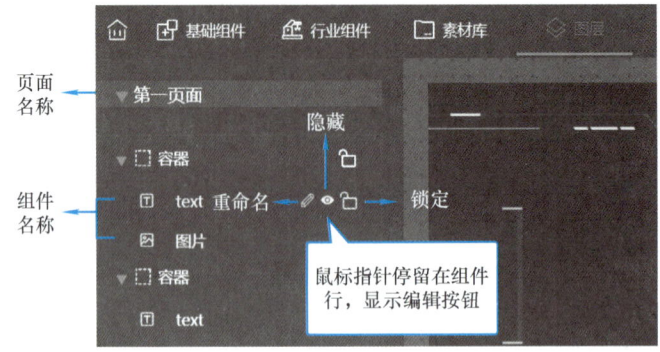

图 1-1-4

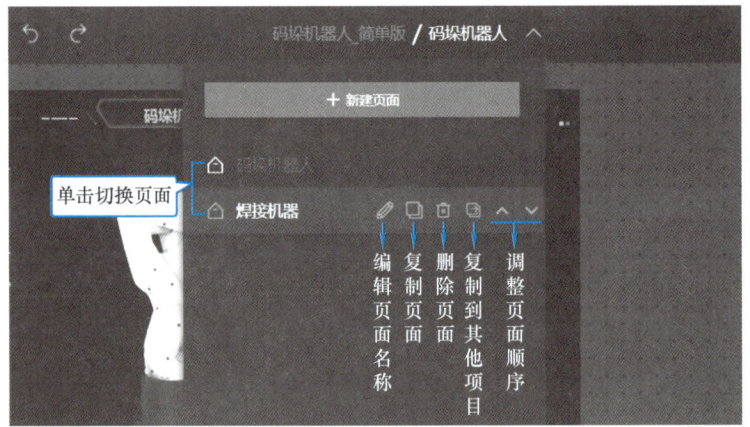

图 1-1-5

（8）刷新　可视化编辑器顶部导航栏的第八个标签为"刷新"。在编辑状态下，系统不会主动刷新数据，单击"刷新"标签后即可进行组态数据推送。这样可以避免因为数据自动刷新带来的编辑器卡顿。该功能不会影响发布后的页面数据推送。

（9）保存当前页　可视化编辑器顶部导航栏的第九个标签为"保存当前页"。用户在进行可视化编辑时，应及时保存页面设计操作。当用户完成页面设计时，需先进行保存，再预览发布。

（10）预览　可视化编辑器顶部导航栏的第十个标签为"预览"。用户进行可视化编辑时，可单击"预览"随时查看当前页面的设计效果。设计完成的页面经预览并确认无误后，可进行发布。

3. 组件及其类型

组件是数据可视化的图形化载体，通过选择不同的组件，数据可以呈现多种展现方式。组件包含两种特性：一是组件的属性，通过组件属性定义组件的图形展示效果；二是组件的数据源，设置组件的数据源即定义组件展示的数据，不同的组件可以关联不同类型的数据，包括物实例的实时数据、数据库数据、通过 API（应用程序编程接口）对接的外部系统数据等。不同类型的组件介绍详见表 1-1-2。

表1-1-2

组件类型介绍	组件图示
（1）基础组件　基础组件包含布局组件区和基本组件区 布局组件区用以展示系统预设的多种页面布局设计样式，根据用户对页面的需求，可选择一个容器或大屏应用到项目页面。布局组件区包括容器和大屏，容器可以用来盛放各个组件，大屏是容器的组合模板，包含多个容器，当前有6种模板样式可供选择 基本组件区包含页面组成所需的基本组件元素：语音告警、文本、iframe、视频、表格、图片	
（2）图表组件　图表组件可直观展示统计信息的属性（时间性，数量性等），是对知识挖掘和信息直观、生动展示起关键作用的图形结构，是一种很好地将对象属性数据直观、形象地"可视化"的手段。图表组件包含了多种图表样式及配套属性设置，供用户设计页面使用。用户可向页面插入图表组件，并根据需要调整图表的属性和关联数据源	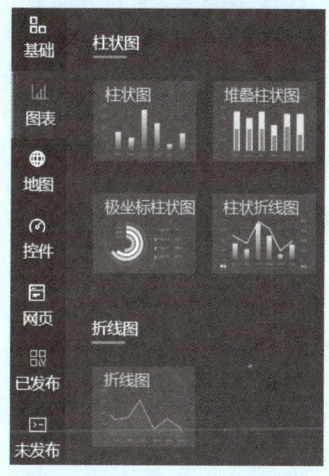
（3）地图组件　地图组件包含多种地图元素，用户可选择元素添加到页面中，并设置地图元素的属性和关联数据源，主要用来展示与地理位置相关的数据	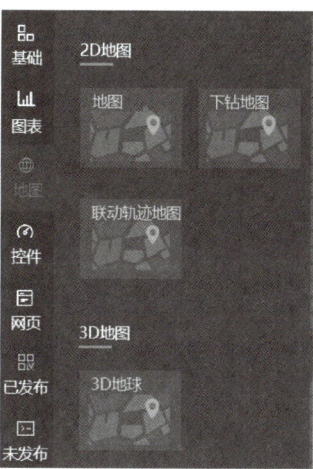

（续）

组件类型介绍	组件图示
（4）控件组件 控件组件包含与工业控制相关的元素组件，如仪表盘、进度条、指示器、数字翻牌、摄像头、指令下发按钮等	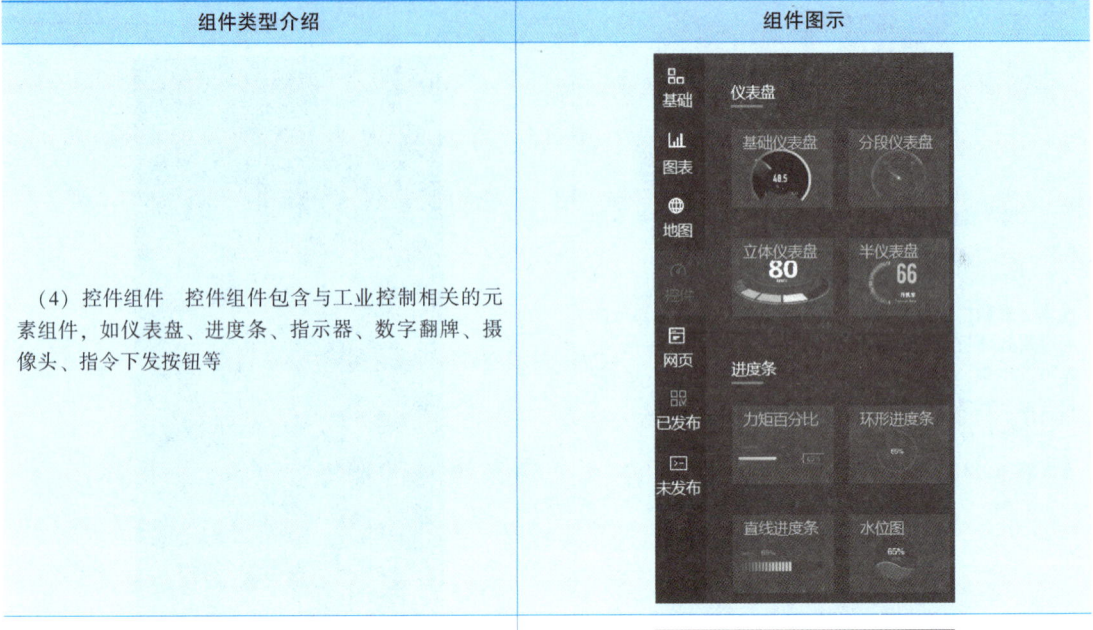
（5）网页组件 网页组件包含页面设计常用的元素组件，如按钮、数字图标卡片、图片轮播等	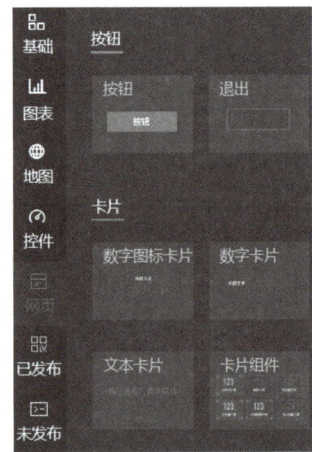
（6）已发布/未发布 主要针对用户自定义开发的组件，如果公开发布，则出现在"已发布"选项卡；如果用户未购买该功能，则无法使用	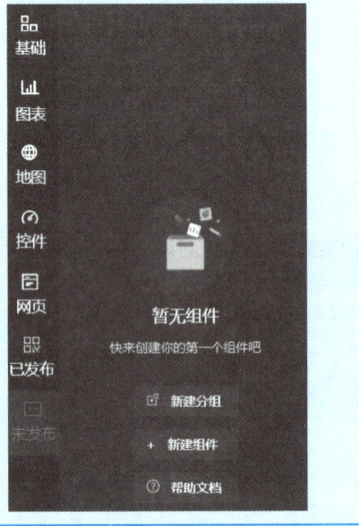

项目1 工业企业信息的可视化设计

1.1.3 任务实施

1. 页面规划

在项目背景中，甲方公司需要展示的企业信息内容包括集团介绍、宣传视频、产品展示、研发创新、集团大楼、当前日期和时间等。在进行页面设计之前，需要先规划草图，将展示的内容在页面上完成布局，后续根据布局进行设计，如图1-1-6所示。读者也可以根据自己的审美自定义规划布局。

1.1-1 页面规划

2. 登录平台

1）输入可视化设计平台——云视界的网址，并输入注册的手机号和密码，登录页面如图1-1-7所示。云视界的登录网址为：https://cloud-data-visualization.rootcloud.com/view/login。

> **说明**：可以登录树云工业互联网平台网站（http://console.rootcloud.com），免费申请试用账号。

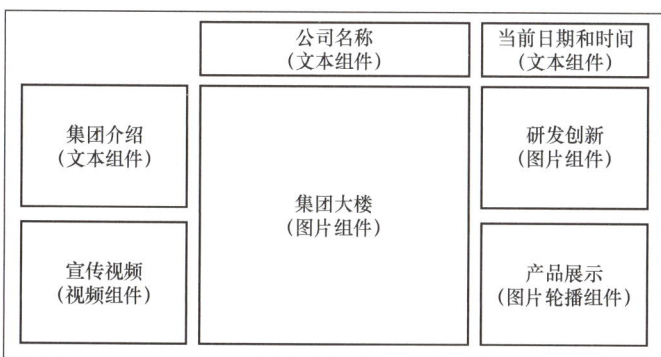

图 1-1-6

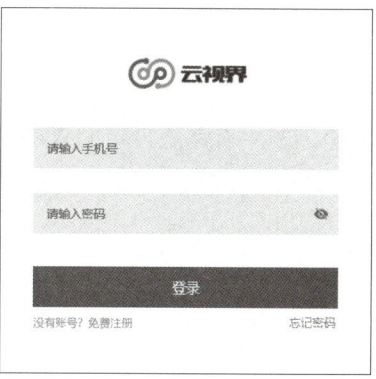

图 1-1-7

2）登录云视界后，首页如图1-1-8所示。可以单击"帮助文档"或"帮助视频"进入云视界用户手册页面，查看有关云视界使用的详细说明，如图1-1-9所示。

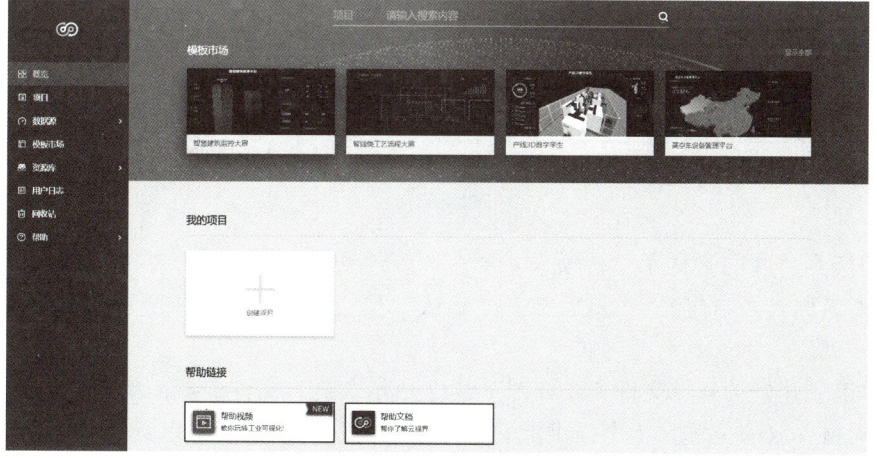

图 1-1-8

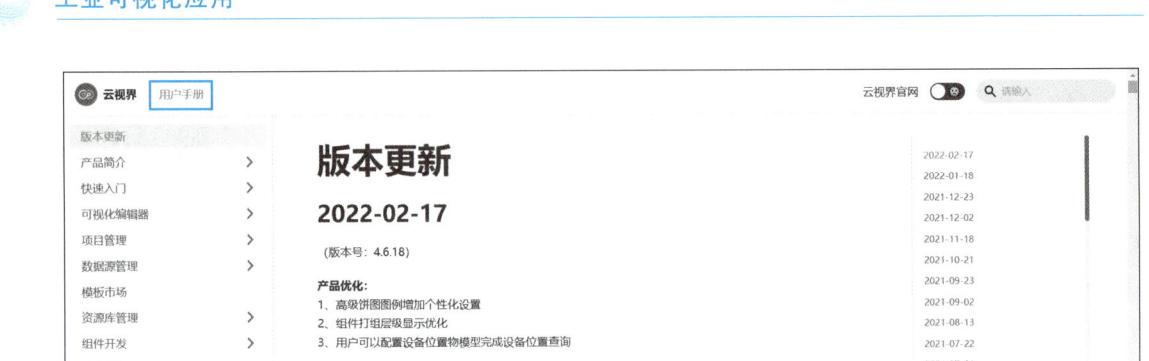

图 1-1-9

3. 准备素材

云视界有系统自带的素材，预置了设备、图标、装饰、背景 4 大类设计素材，用户可以直接使用。如果用户擅长设计，也可以根据设计需求制作素材后上传云视界使用，文件格式支持 JPEG、PNG、GIF、SVG、MP4、MP3、MPEG、WebP 等，文件大小限制在 100MB 以内。

1）在云视界的左边导航栏，选择"资源库"下的"素材库"，进入素材库页面，如图 1-1-10 所示。

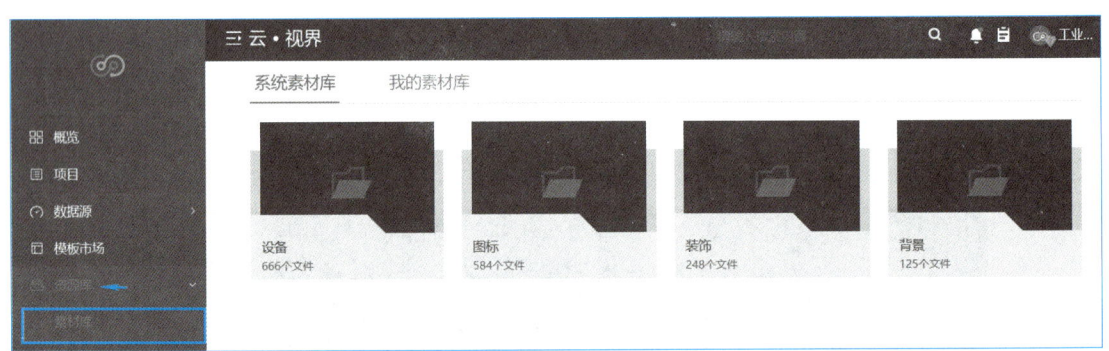

图 1-1-10

2）切换到"我的素材库"选项卡，单击"新建文件夹"按钮，在弹出来的对话框中，输入文件夹名称（可自定义），最后单击"确认"按钮，如图 1-1-11 所示。文件夹下还可以创建子文件夹。

3）单击创建好的素材文件夹，如图 1-1-12 所示。进入文件夹后，单击"上传文件"按钮，找到素材存放的位置（本书提供配套学习的素材资源，读者可以选择使用），选择所需素材文件并单击"打开"按钮，即可完成素材上传，如图 1-1-13 所示。

项目1 工业企业信息的可视化设计

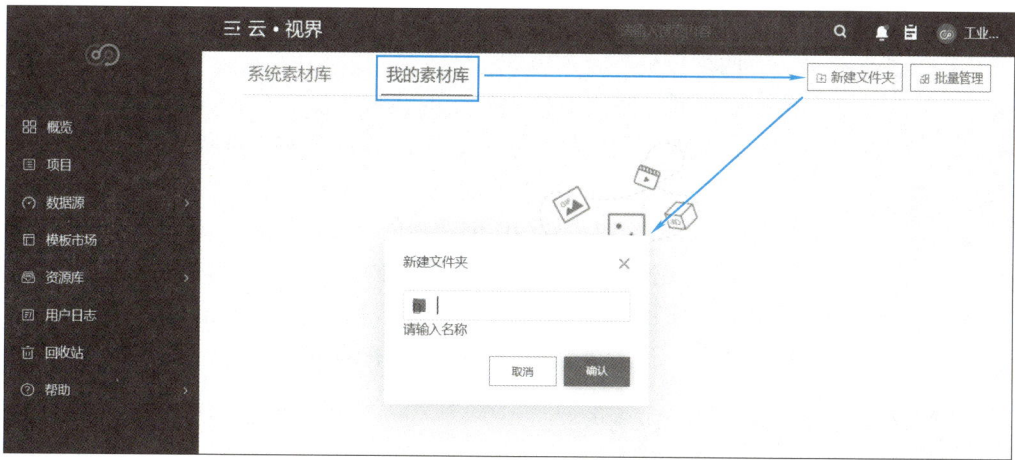

图 1-1-11

图 1-1-12

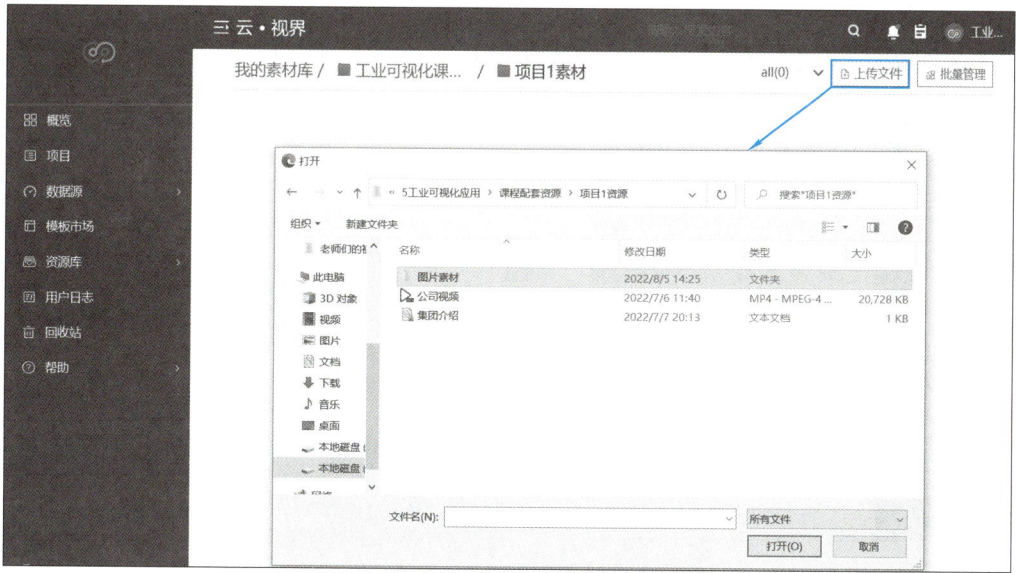

图 1-1-13

4. 创建项目

1) 在云视界首页，有两种创建项目的方式。

1.1-2 创建项目

第一种，通过空白模板创建新的项目。操作步骤如下：单击"创建项目"按钮，在弹出对话框中输入自定义项目名称，选择所需的模板，最后单击"创建"按钮，完成创建项目，如图 1-1-14 所示。

第二种，通过导入项目 ID 创建新的项目。操作步骤如下：单击"创建项目"按钮，在弹出对话框中单击底部的"导入项目 ID"按钮，在新弹出对话框中输入项目 ID、授权码、项目名称，最后单击"导入"按钮，如图 1-1-15 所示。这种方式相当于复制已有的项目。

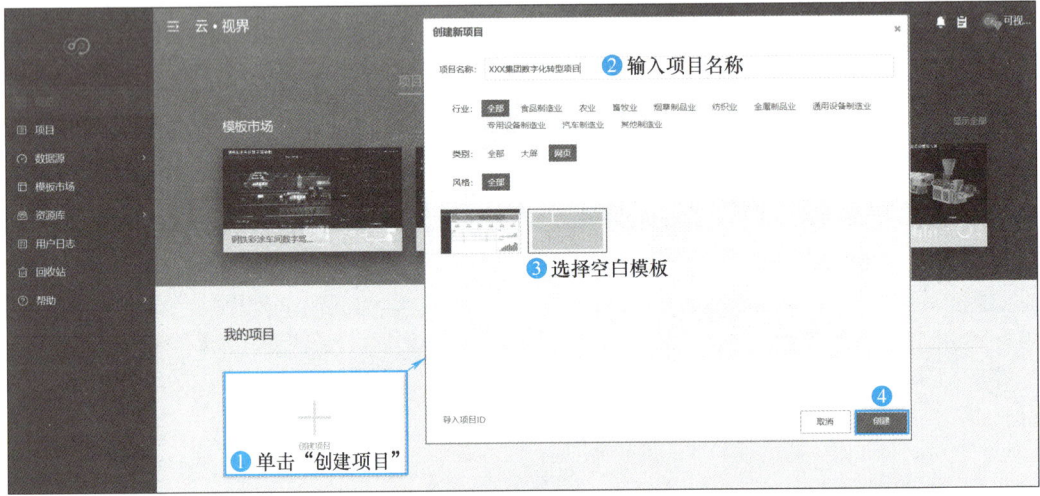

图 1-1-14

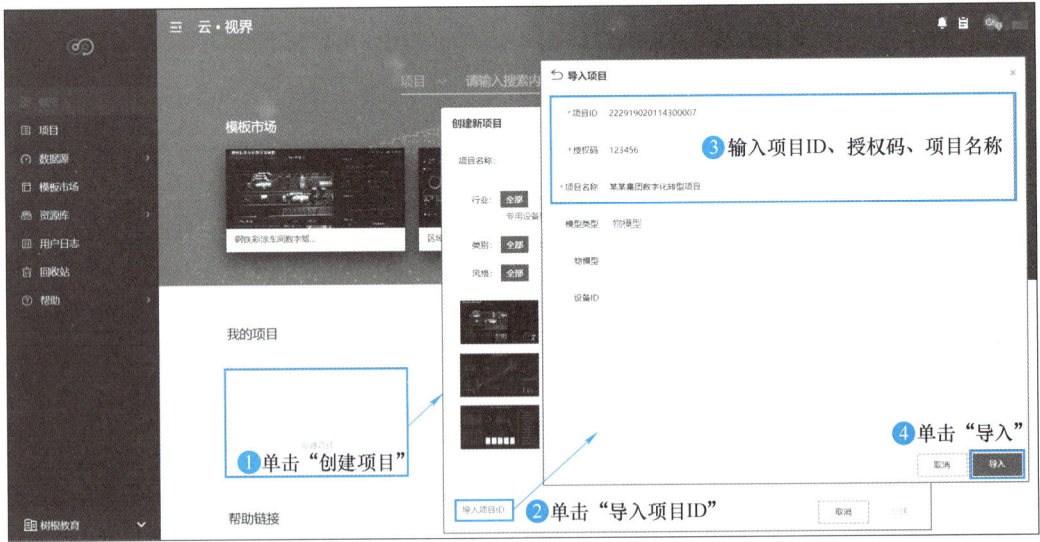

图 1-1-15

> 说明：本示例输入的项目 ID 数值不是固定的，是根据实际需要复制的项目 ID 而定，项目的授权码默认为"123456"。在本书配套资源中，会提供一些项目模板（项目 ID）供读者导入学习，后续任务与此相同，不重复提示。

2）创建项目完成后，自动跳转到可视化编辑页面，如图 1-1-16 所示，在编辑区可以通过拖动下方的比例图标来调节页面在编辑区的显示比例。

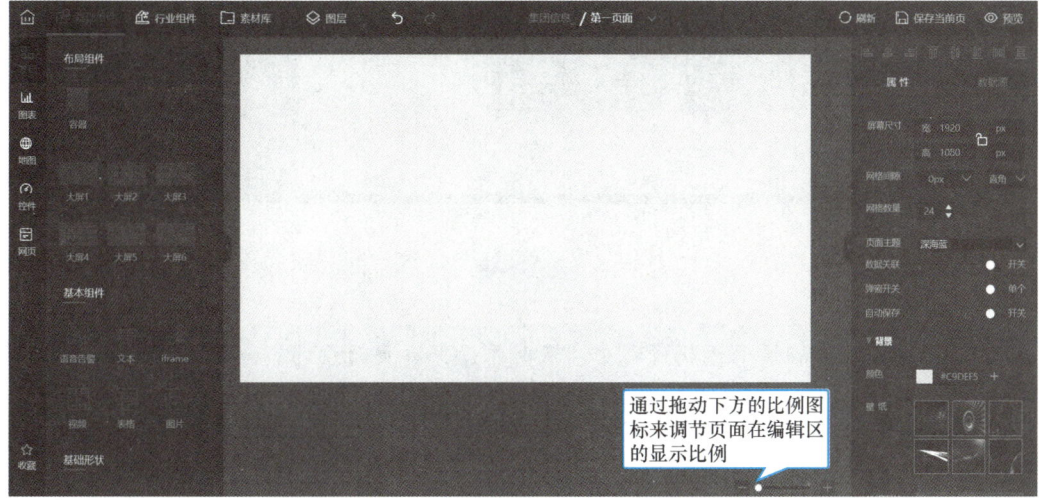

图 1-1-16

3）修改页面名称。先打开页面下拉菜单，再单击"修改"按钮，把页面名称改为"集团信息展示"（注：名称可自定义，但是建议按照一定的规范进行修改，便于其他工程师运维），单击"确定"按钮完成修改，操作顺序如图 1-1-17 和图 1-1-18 所示。

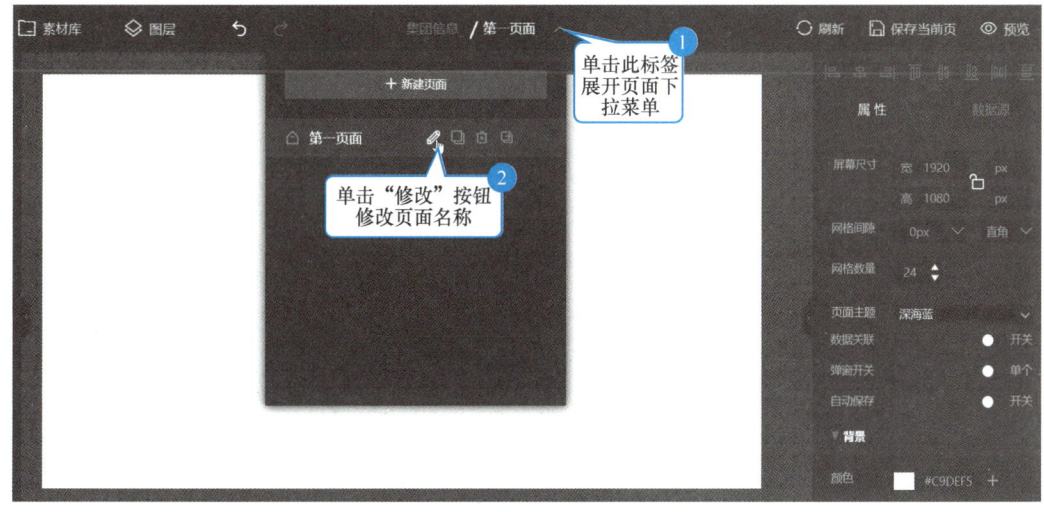

图 1-1-17

工业可视化应用

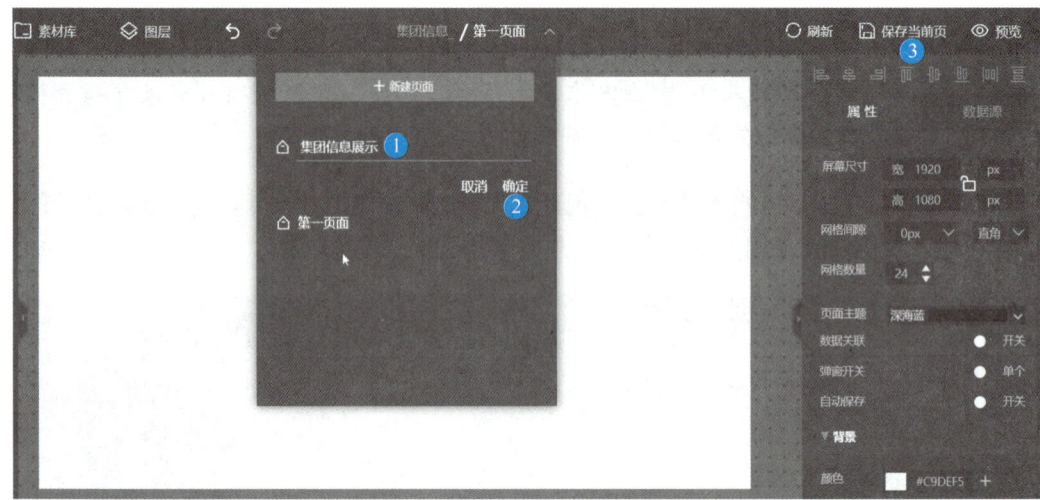

图 1-1-18

> 说明：建议用户在页面编辑过程中，及时手动保存页面设计。

5. 设计布局

1）页面尺寸设计。根据展示大屏的大小设置可视化项目的页面尺寸，本任务使用的尺寸为默认值（单位为像素）1920×1080，如图 1-1-19 所示。

2）设置页面背景。在可视化编辑器的顶部导航栏中，单击"素材库"按钮，选择本书配套资源中的"任务 1.1"文件夹中的"背景图"素材，拖拽到右侧属性栏中的"选择图片"框中，如图 1-1-20 所示。也可以选择系统素材库中的"背景"文件夹中合适的图片作为页面背景。

图 1-1-19

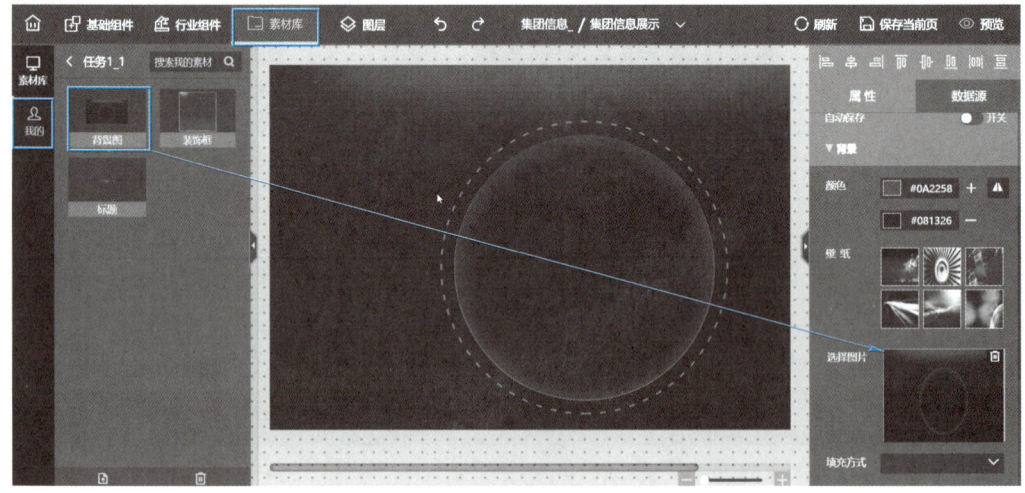

图 1-1-20

3）使用容器布局。完成背景设置之后，在页面中用容器进行布局。首先单击顶部导航栏中的"基础组件"按钮，再单击"容器"按钮，页面上会出现容器的图框，可以通过拖拽容器边框的方式来调整容器大小，如图 1-1-21 所示。

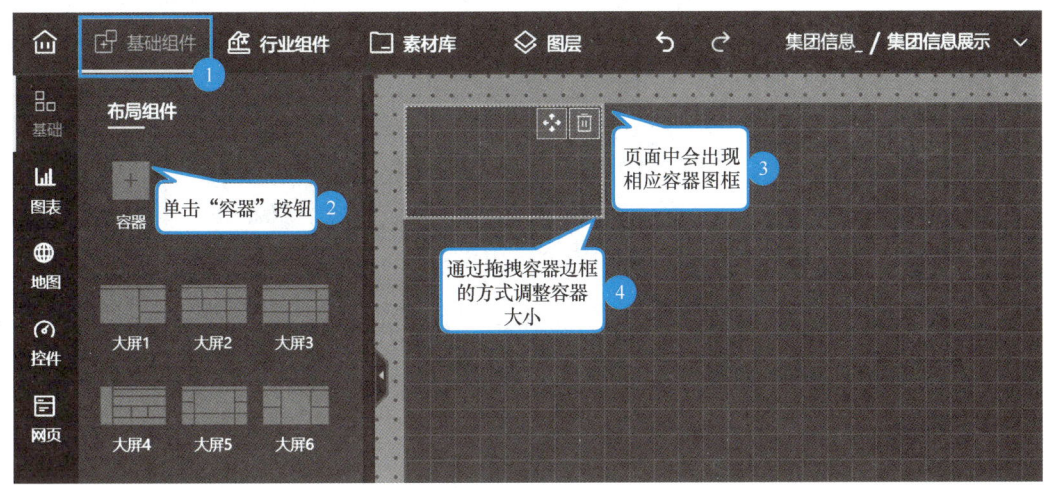

图 1-1-21

4）选中容器，打开容器的"锁定比例"；在素材库中找到合适的图片，本示例中使用本书配套资源"任务 1.1"文件夹中的"标题"素材；将选中的图片拖拽到容器属性中的"背景图片"框中，如图 1-1-22 所示。

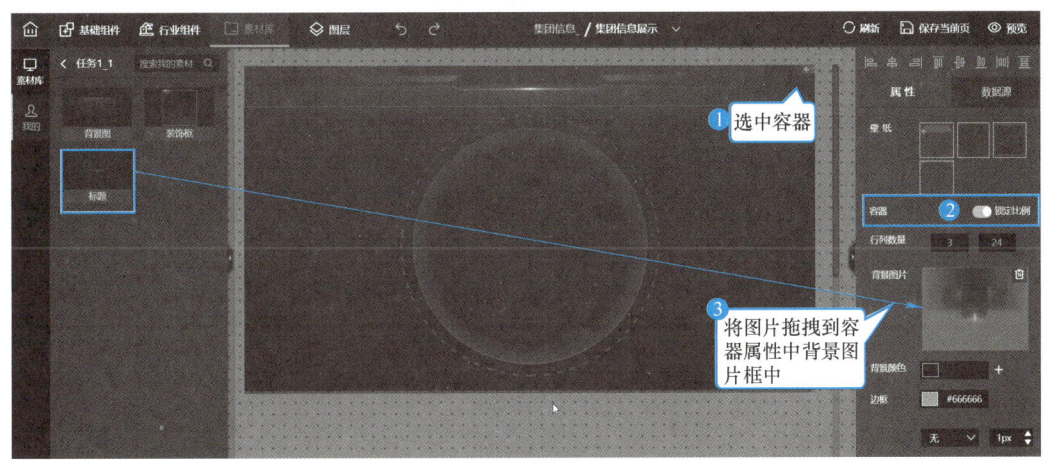

图 1-1-22

说明：打开"锁定比例"后，容器在不同屏幕（手机客户端/计算机网页/大屏幕）中可以保持相同的纵横比。

5）重复步骤 3）、4）中的操作，添加其他容器并更改容器背景，完成整个页面的布局设置，如图 1-1-23 所示。本示例新增容器使用的容器背景均是本书配套的"任务 1.1"文件夹中的"装饰框"素材，也可以自定义使用系统素材中的"装饰"→"边框"文件夹中合适的边框图片。

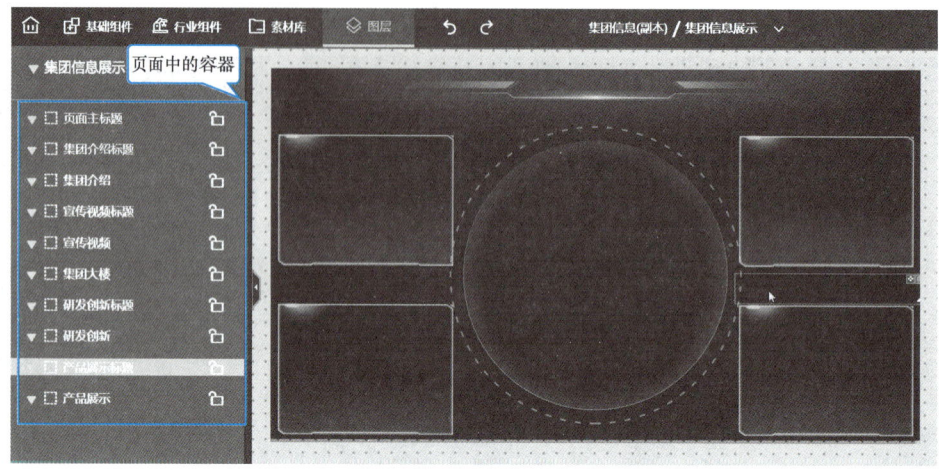

图 1-1-23

说明：容器在手机端的显示顺序是由图层中容器的顺序来决定的，因此可以在图层中选中某个容器，通过调整其排列顺序来调整容器在手机端的显示顺序。图 1-1-24 所示是对某个项目页面的容器顺序进行调整。

图 1-1-24

任务 1.2　设计可视化页面

1.2.1　任务说明

【任务描述】

李工已经完成可视化项目的创建并对页面布局做了规划，接下来的任务中，李工需要在已经创建的项目中设计页面的具体内容。需要展示的内容如下：①展示公司文字简介和公司的宣传视频；②以轮播图片的方式展示公司的主要产品；③展示发明专利、获奖荣誉等数据；④显示实时的日期和时间；⑤在页面中间位置展示公司集团大楼。

【学习目标】

/ 知识目标 /

◇ 熟悉文本组件、视频组件、图片组件、图片轮播组件的属性设置方法。

/ 技能目标 /

◇ 会配置文本组件来显示文字内容。
◇ 会配置文本组件的数据源来显示系统日期。
◇ 会配置视频组件来显示指定的视频。
◇ 会配置图片组件来显示指定的图片。
◇ 会配置图片轮播组件，在大屏上滚动显示不同的图片信息。

1.2.2 知识准备

1. 基本组件——文本

（1）属性设置　文本是比较常用的基本组件，可以展示输入的固定文本内容；当文本组件的数据源为物模型的直连属性时，也可以展示设备的实时采集值。文本组件的属性设置内容见表 1-2-1。

表 1-2-1

设置内容	设置图示
位置尺寸：设置组件的长、宽尺寸和位置，X、Y 用于设置组件的位置，单位为像素；W、H 用于设置组件的宽度和高度，单位为像素。可以输入数值自定义大小，也可以通过拖拽的方式改变组件的宽和高，后续介绍的其他组件也可以通过这两种方式调整大小 字体：设置文本字体样式 方向：文本组件内的文字排版方向 字重：设置字体的粗细 颜色：设置字体的颜色 字号：设置字体的大小，直接输入数值进行设置 行间距：设置文本框中字体的行间距 方向：设置文字对齐方式，包含左对齐、居中对齐、右对齐	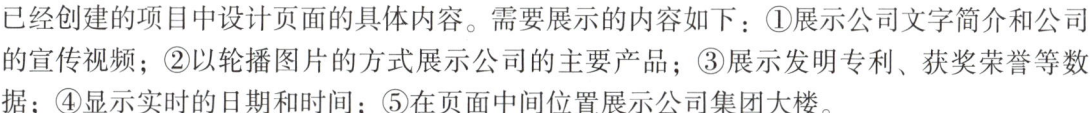

（续）

设置内容	设置图示
背景色：设置文本框的背景颜色，支持渐变，通过单击"+"按钮添加另一种颜色，从而达到两种颜色的渐变效果。单击 按钮可以修改颜色渐变的方向 注意：设置文本框背景色时，需要调整背景色的透明度大于0，文本框才会显示出颜色	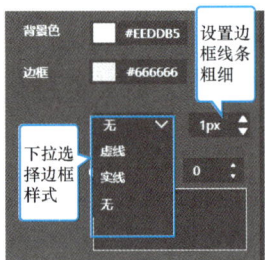
边框：设置文本组件边框线条颜色、类型（实线、虚线、无边框）和粗细；可通过输入颜色值调整颜色，或者通过调色板选择颜色和透明度。边框默认设置为"无"，需要选择实线或者虚线才会出现对应的边框样式	
圆角：调整文本框的角度样式，默认是0，通过滑块或输入数值可改变圆角大小 文本：用来输入需要在文本框内显示的文字内容 页面列表：设置单击跳转的页面，通过单击组件进行页面切换 链接地址：可以给组件链接网址，在单击组件时跳转到相应网页	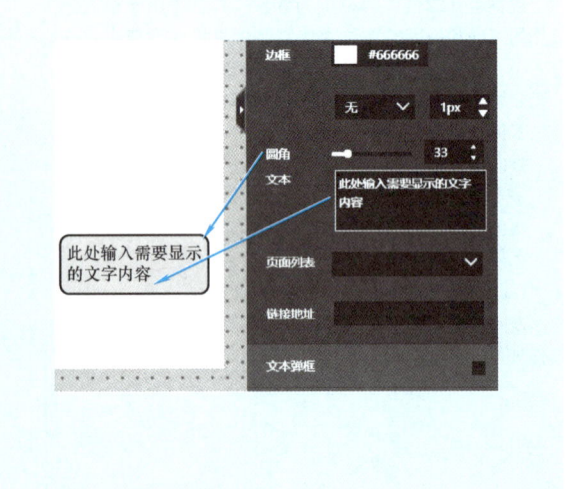

（续）

设置内容	设置图示
文本弹框：弹框可以放置其他组件，当单击或鼠标指针划过组件时，显示弹框中的组件。当打开"文本弹框"时，会出现如下需要设置的参数 ◇内容来源：包括"在弹框上设置"和"链接页面" ◇触发方式：弹框的触发方式，包括"划过"显示和"单击"显示 ◇关闭方式：弹框的关闭方式，包括"划过"关闭和"单击"关闭 ◇播放方式：如果选择内容来源是"在弹框上设置"，则需要设置弹框的播放方式（当弹框内容是视频、轮播图片时，不同播放方式会有区别） 阴影：勾选"阴影"时，显示文本框的阴影并可修改阴影颜色，取消勾选则无阴影	

（2）数据源设置　文本组件的数据源类型包括无、数据源和系统时间日期。在进行文本组件数据源设置时，可直接显示数据表中的数据、物模型直连属性对应的实时采集值等。文本组件的数据源设置内容见表 1-2-2。

表 1-2-2

设置内容	设置图示
文本组件的数据源类型选择"数据源"时，会显示右侧图片所示的内容 ① 数据源设置：类型可以选择"无""数据源""系统时间日期" ② 数据源："数据源"右侧的"物模型"有个开关按钮，如果打开，表示该文本组件直接引用页面所绑定的物模型，如果关闭，则需要自行配置 ③ 取值：文本组件显示的数据值 ④ 判断条件：设置不同条件以展示不同的文本内容 ⑤ 参与组件过滤：勾选此项后，本组件的数据源将参与本页面的其他筛选器的筛选。例如，本页面中有"日期筛选器"对某一数据源进行日期筛选，则本组件用到同一个数据源时将只能读取到经"日期筛选器"筛选后的数据	

(续)

设置内容	设置图示
数据源的来源有三种：一是根云平台的物模型数据，包括报警数据、采集点数据、历史数据；二是 iFSM 系统的数据；三是用户创建的数据源，包括通过数据库、本地文件、自定义表、API 等获取的数据。前两种数据是云视界与工业互联网平台（根云平台）和 iFSM 系统做了系统对接，只要用户在这两个系统中有数据即可自动获取。而用户创建的数据源，创建后才会在列表中显示，否则无显示。本书重点介绍和使用工业互联网平台及数据库的数据源	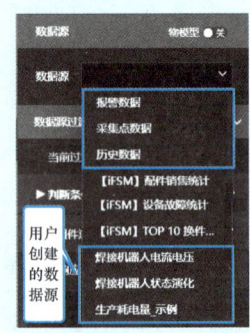
如果数据源选用物模型的数据，如采集点数据，则需要单击数据源下拉列表右侧的设置按钮，并在之后弹出的文本框中设置具体物模型 id 和设备 id	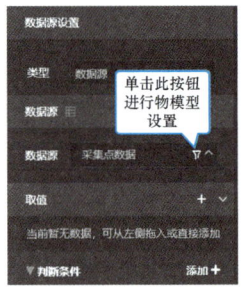
取值：表示该文本需要展示数据源中的哪个字段的数据 判断条件：可以通过单击"+"按钮为文本组件增加判断条件，以实现不同判断结果时展示不同的文本内容 筛选条件：可以设置多种关系运算符（>、≥、<、≤、≠）以及"区间" 文本：设置符合筛选条件时显示的文本内容 字体颜色：设置符合筛选条件时显示的文字颜色 背景颜色：设置符合筛选条件时显示的文本框颜色 举例：右图所示设置文本组件的数据源为采集点的"急停"属性，一旦急停信号采集到的值为"1"时，文本显示"报警，请注意！"的红色字体，否则不显示信息	

2. 基本组件——图片

（1）属性设置　图片组件是基本组件的一种，可以用来展示本地或者网络图片。图片组件的属性设置内容见表 1-2-3。

表 1-2-3

设置内容	设置图示
位置尺寸：设置图片组件的长、宽尺寸和位置 图片组件可以选择普通图片和设备图片两种，设备图片即通过图片传递当前设备的相关信息，如设备 ID	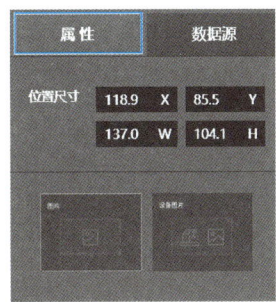
对称：可对组件进行上下或左右对称翻转 旋转：对图片做旋转处理，可以通过滑动条调整，也可以直接输入角度值 图片：可将素材库中的图片拖拽到此处进行替换 填充方式：图片填充方式包括拉伸、填充、覆盖、居中 边框：可设置组件的边框类型，包括实线、虚线、无边框 手动输入数值或单击 ⇅ 按键，可改变边框粗细	
边框颜色：设置组件边框的颜色，可以在调色板中选择颜色和透明度，也可以手动输入 RGB、HSL、HEX 数值，改变颜色	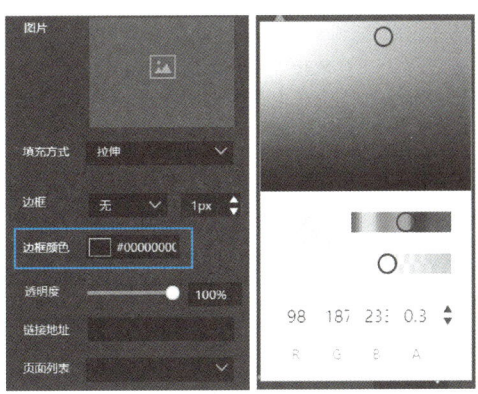

（续）

设置内容	设置图示
透明度：图片组件透明度的取值范围为0~100%，为0时，图片隐藏；为100%时，图片全部显示，默认为100% 链接地址：如果设置链接网址，单击组件时会跳转到相应网页 页面列表：可以设置单击跳转的页面，通过单击组件进行页面切换 图片弹框：与文本弹框的设置相同	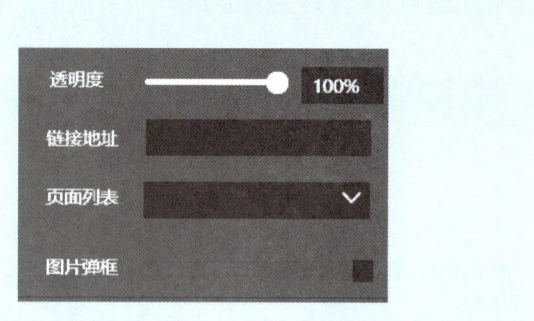
背景阴影：勾选"背景阴影"时，将显示组件的阴影并需要设置相关参数，取消勾选则无"阴影" 阴影：设置阴影的颜色，可以在调色板中选择颜色和透明度；也可以手动输入RGB、HSL、HEX数值，改变颜色	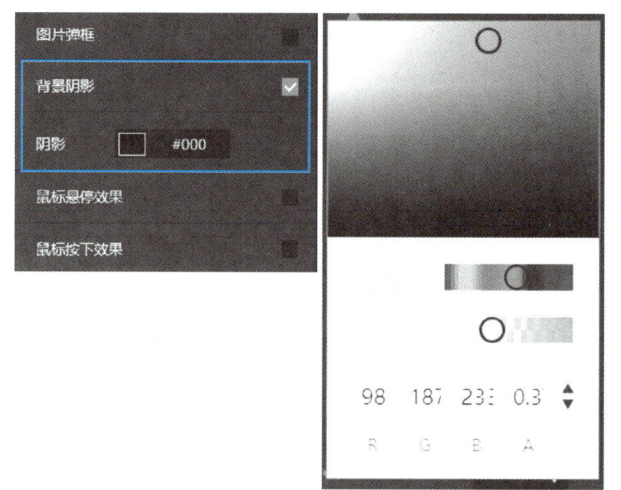
鼠标悬停效果：勾选"鼠标悬停效果"后，通过添加图片，当鼠标指针悬停于图片位置时，显示添加的图片，取消勾选则无此效果 鼠标按下效果：勾选"鼠标按下效果"后，通过添加图片，当在图片位置时单击鼠标，显示添加的图片，取消勾选则无此效果	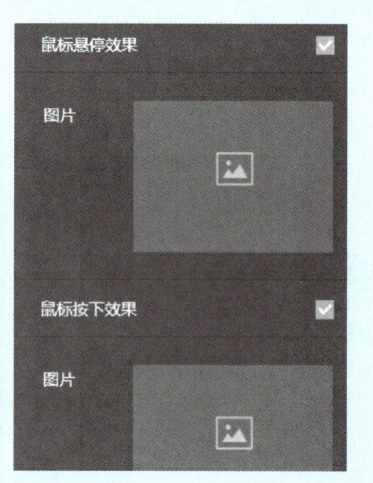

（2）数据源设置　图片组件的数据源设置内容详见表 1-2-4。

表 1-2-4

设置内容	设置图示
图片组件的数据源选择及取值等操作与文本组件的数据源设置相同	
在进行图片组件的数据源设置时，可为展示图片设置判断条件，实现根据不同结果展示不同图片。例如，右图所示的设置中，取值为物模型的"报警"属性，当报警属性采集到的信号值为"1"时，显示报警图片，否则为默认的图片	

3. 基本组件——视频

视频组件可以用来展示本地或者网络视频。视频组件的属性设置内容见表 1-2-5。视频组件无数据源。

表 1-2-5

设置内容	设置图示
位置尺寸：设置视频组件的长、宽尺寸和位置	位置尺寸 44.1 X 702.9 Y / 445.6 W 299.8 H

（续）

设置内容	设置图示
视频来源：选择素材库中的视频或者网址中的引用视频 排布：包括"居中"和"填满"两种布局方式 本地：可以选择已上传到素材库的本地视频进行展示 网址：输入视频网址，可以展示网络视频 自动播放：可以选择是否自动播放 声音设置：默认是静音，可以选择视频播放时声音是否开启	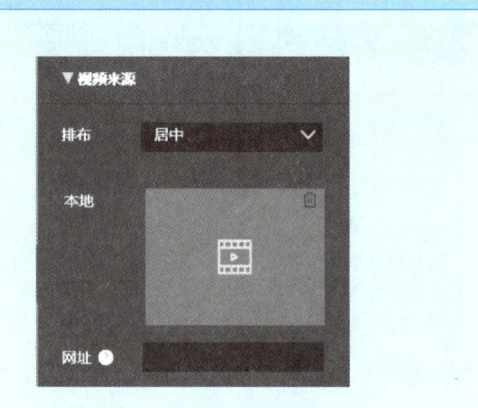
视频半透明：选择视频是否半透明，并可以设置视频背景 重置主题样式：可以重新设置组件的主题样式为默认选项	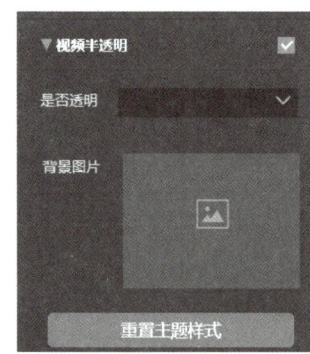

4. 网页组件——图片轮播

图片轮播是网页组件的一种，可以用来轮播展示本地或者网络图片，图片轮播组件的属性设置内容见表 1-2-6，该组件没有数据源设置。

表 1-2-6

设置内容	设置图示
位置尺寸：设置图片轮播组件的长、宽尺寸和位置 对称：可对组件进行上下、左右对称翻转 填充方式：图片填充方式包括拉伸、填充、覆盖、居中 边框：可设置组件的边框类型，包括实线、虚线、无边框	

（续）

设置内容	设置图示
透明度：组件透明度的取值范围为 0~100%，为 0 时，组件隐藏；为 100% 时，组件全部显示，默认为 100%。拉拽或输入数值可改变透明度取值 链接地址：可以给组件链接网址，在单击组件时跳转到相应网页 页面列表：可以设置单击跳转的页面，通过单击组件进行页面切换 轮播速度：设置图片轮播切换速度，有 5 种速度可供选择	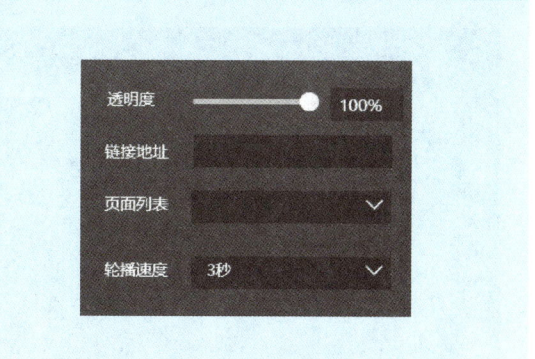
配置选项：当前有"左右移动""图层导航"两种选项，可以通过勾选选择显示或隐藏 背景阴影：勾选"背景阴影"时，将显示组件的背景阴影，取消勾选则无"阴影" 添加图片：单击"+"按钮可以添加需要轮播的图片，或将已上传素材库中的图片拖拽到此处即可	

1.2.3　任务实施

1. 任务分析

在项目背景中，甲方公司需要展示的企业信息内容包括集团介绍、宣传视频（视频介绍）、产品展示、研发创新、集团大楼、当前日期和时间等，相关内容展示需要用的组件见表 1-2-7。

1.2-1　设计标题及集团信息

表 1-2-7

展示内容	条目名称	使用组件	数据源	备注
公司简介	集团介绍	文本组件	无	客户提供文字
	视频介绍	视频组件	无	客户提供视频
	产品展示	图片轮播组件	无	客户提供图片
公司实力	研发创新	图片组件	无	客户提供图片
	集团大楼	图片组件	无	客户提供图片
其他	当前日期和时间	文本组件	系统时间日期	无

2. 设计标题及集团信息

1）把文本组件拖拽添加到页面的标题位置，如图 1-2-1 所示。

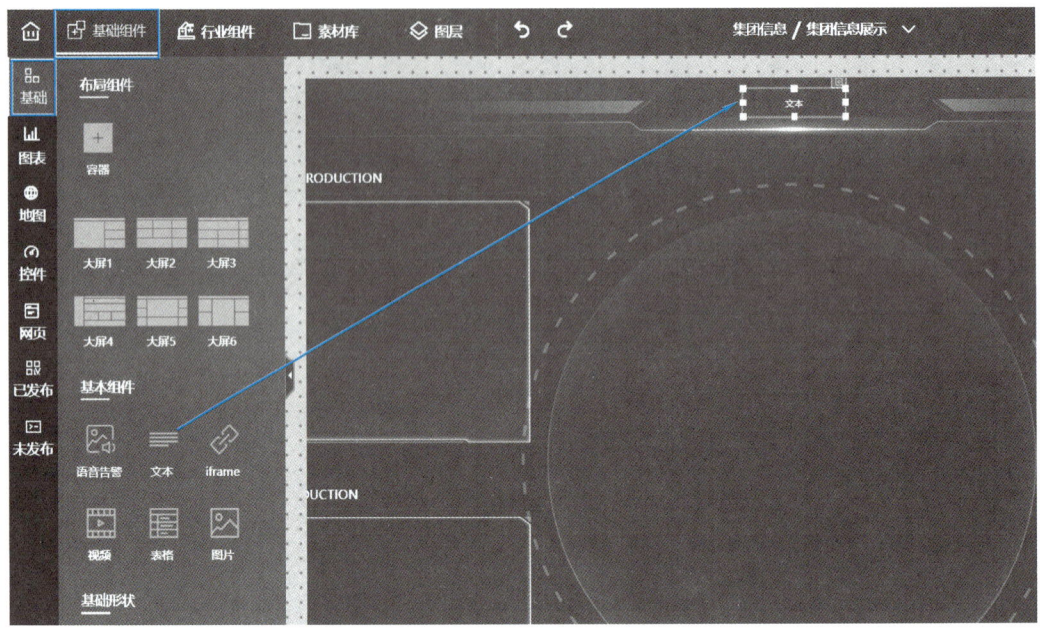

图 1-2-1

2）按照图 1-2-2 所示线框内的参数，修改页面标题的文本属性，其他采用默认设置。

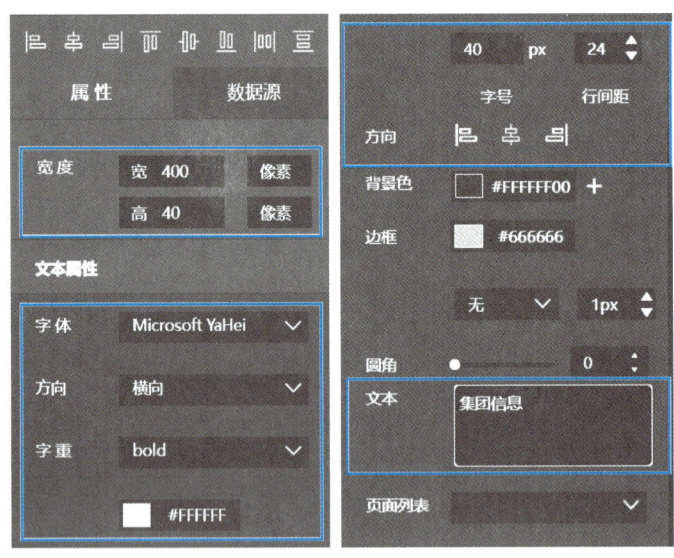

图 1-2-2

3）按上述步骤操作完成之后，页面布局如图 1-2-3 所示。

说明：本书任务实施步骤的示例参数仅供参考，实际可根据用户的审美偏好进行调整。

项目1　工业企业信息的可视化设计

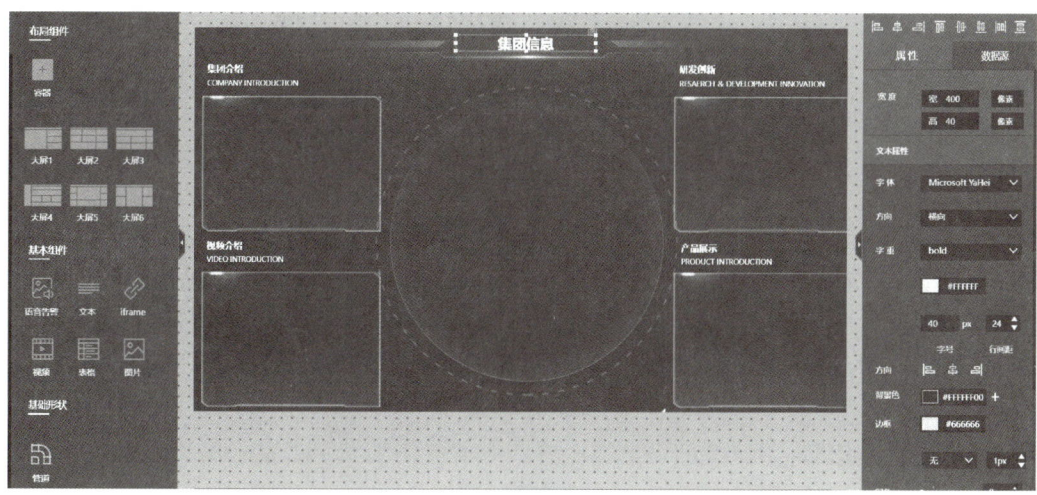

图 1-2-3

4）按照前3个步骤的操作，完成集团介绍栏中文本组件的添加，文字属性可自定义调整，如图1-2-4所示，文字内容可使用本书配套资源中的"集团介绍"文件中的文字内容，读者也可以自行准备。

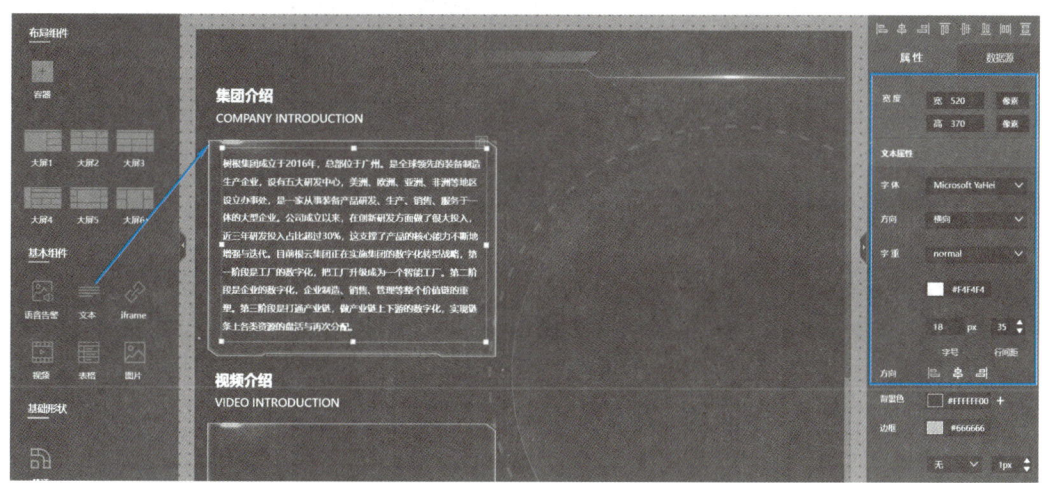

图 1-2-4

5）如图1-2-5所示，在页面右上角添加一个文本组件，并按照图中的文本属性参数进行修改，注意"文本"框中可以不输入信息。

6）属性修改完成之后，切换到数据源编辑区，在"类型"下拉列表中选择"系统时间日期"，在"时间类型"下拉列表中选择合适的时间类型，如图1-2-6所示。

3. 设计宣传视频展示

1）在页面中添加视频组件，如图1-2-7所示，并设置"视频大小"属性，调整组件至居中位置，其他属性不需要调整。

1.2-2　设计宣传视频展示

41

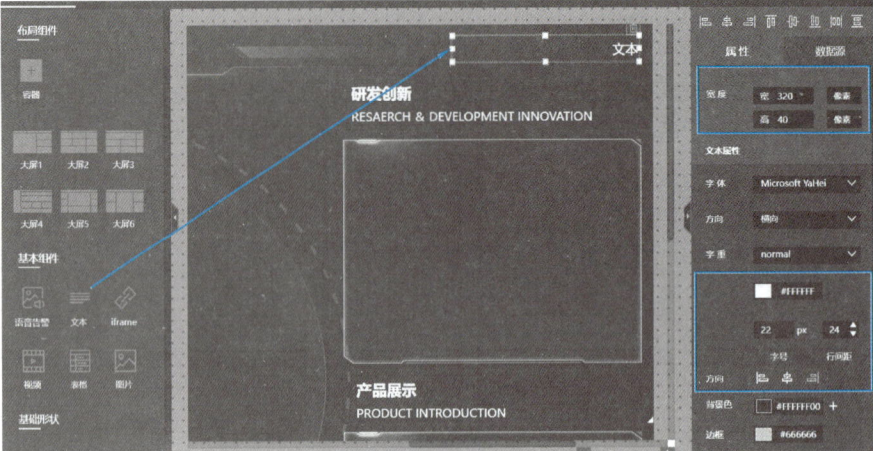

图 1-2-5

图 1-2-6

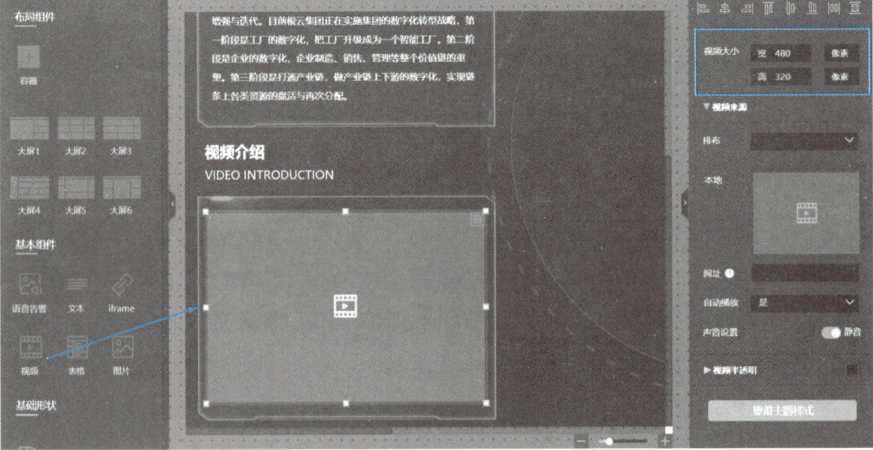

图 1-2-7

项目1　工业企业信息的可视化设计

2）添加视频组件完成后，再选中刚添加的视频组件，开始编辑视频来源。在"我的素材库"中找到视频资源，本书示例使用的是本书配套资源"任务1.2"文件夹中的"公司视频"，将选中的视频拖拽到"视频来源"属性的"本地"框中，如图1-2-8所示。

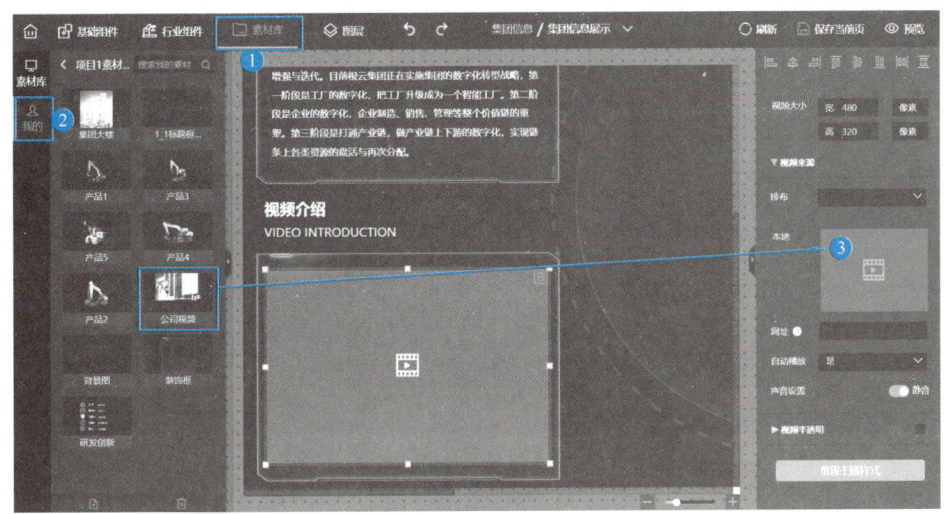

图 1-2-8

4. 设计研发创新展示

1）直接将"任务1.2"文件夹中的"研发创新"图片拖拽到"研发创新"装饰框中，如图1-2-9所示，可以根据需求调整图片的大小，尽量保持长宽比不变。

1.2-3 设计研发创新展示

说明：图片的"屏幕大小"属性可以任意设置，但应尽量保持跟需要加载图片文件像素的长宽比一致，以防止变形。

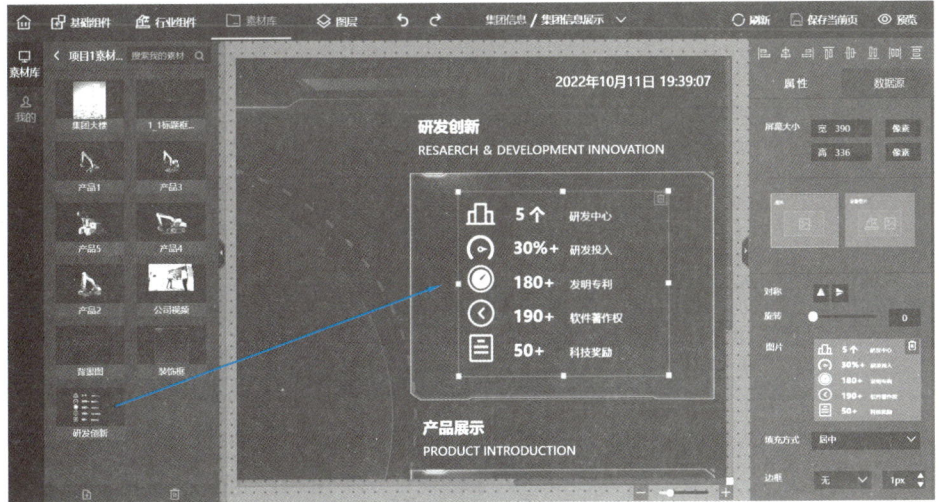

图 1-2-9

43

2）重复前一个步骤，完成页面中间"集团大楼"图片组件的编辑，本书示例中使用的是"任务 1.2"文件夹中的"集团大楼"图片，如图 1-2-10 所示。

图 1-2-10

5. 设计产品轮播展示

1.2-4 设计产品轮播展示

1）在页面"产品展示"装饰框内添加图片轮播组件，在"属性"设置栏中设置"屏幕大小"参数，调整组件至合适位置，其他属性不需要调整，如图 1-2-11 所示。

2）添加图片轮播组件完成后，选中组件，单击"属性"选项卡中"添加图片"后的"+"按钮，可多次单击"+"来增加多个图片，如图 1-2-12 所示。

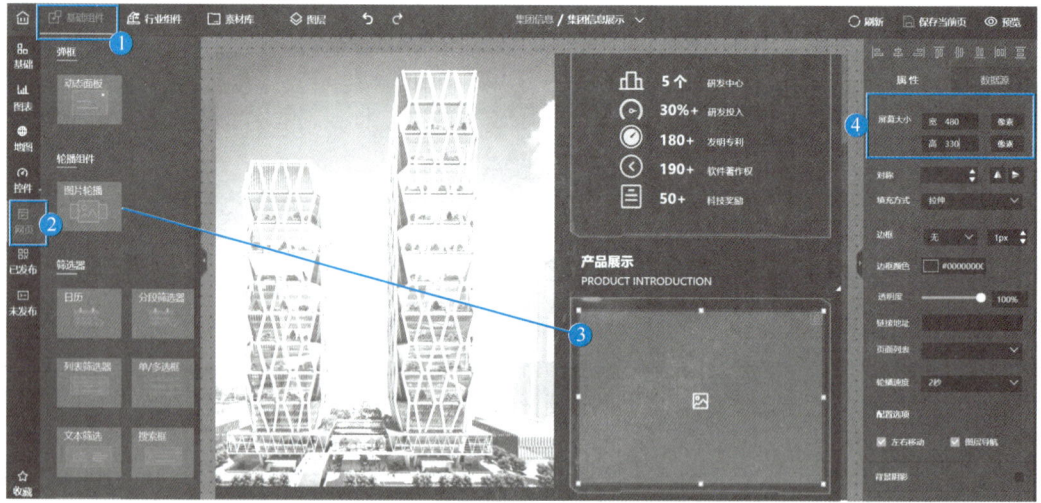

图 1-2-11

3）在"我的素材库"中找到相应的产品图片，本书示例中使用的是本书配套资源中的"任务 1.2"文件夹中的产品图片，依次拖拽到添加的图片框中，如图 1-2-13 所示。

项目1　工业企业信息的可视化设计

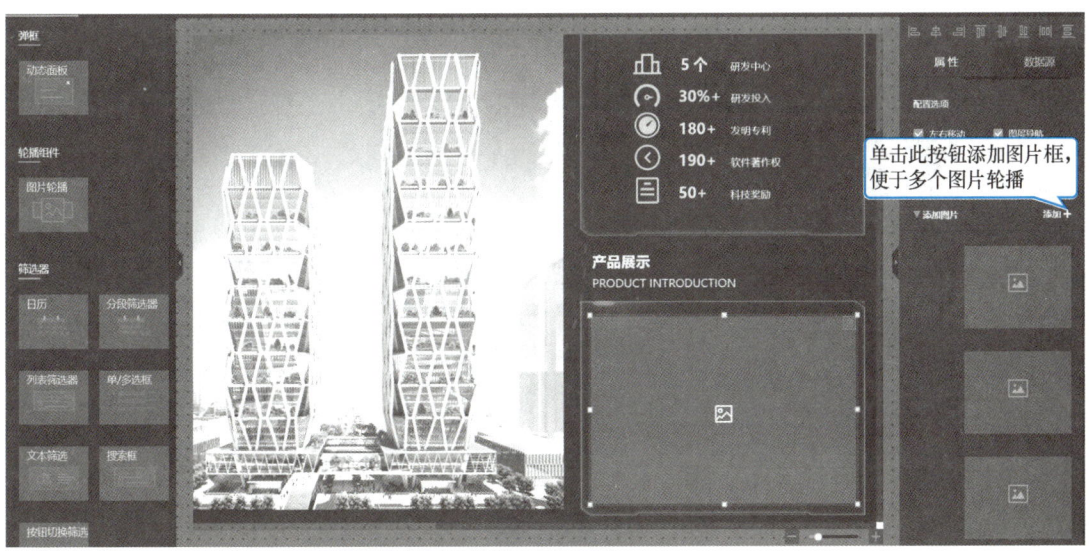

图 1-2-12

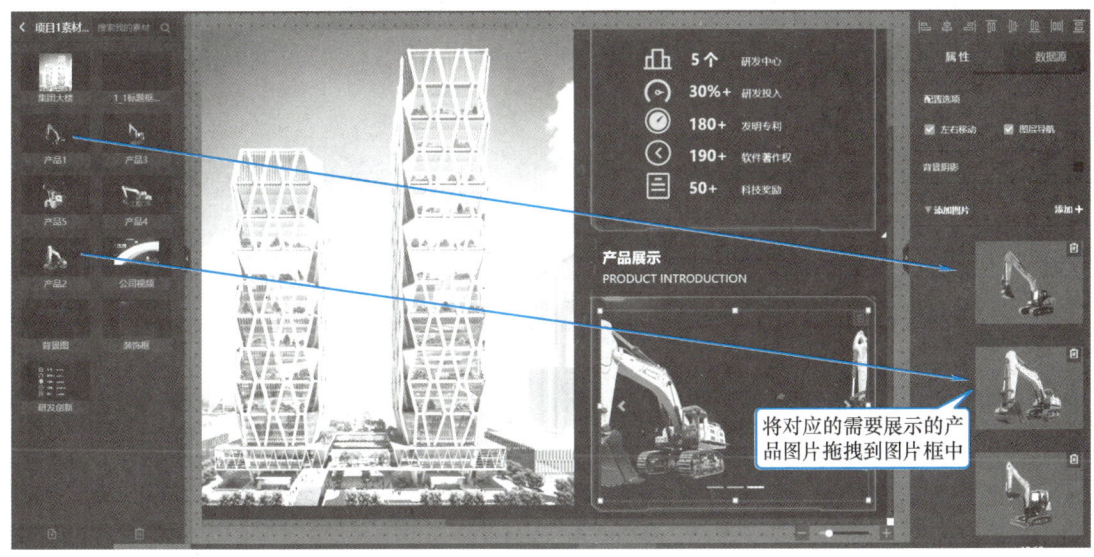

图 1-2-13

6. 预览页面效果

1）页面编辑过程中可以通过单击"保存当前页"按钮手动保存页面设计，完成了所有组件的配置之后，单击"预览"按钮，如图 1-2-14 所示。

2）预览效果分为网页预览、大屏预览和手机预览等，可分别单击查看，图 1-2-15 所示为"网页预览"模式。

3）选择任一预览模式后，单击"全屏"可以查看更真实的效果，图 1-2-16 所示为"网页预览"模式下的全屏效果。

45

图 1-2-14

图 1-2-15

图 1-2-16

项目练习

1. 选择题

（1）组件包含两种特性，分别是_____。（   ）（多选）
A. 组件的属性　　　　　　　　　　B. 组件的大小
C. 组件的颜色　　　　　　　　　　D. 组件的位置
E. 组件的数据源

（2）_____可直观展示统计信息的属性（时间性，数量性等），是对知识挖掘和信息直观、生动展示起关键作用的图形结构。（   ）
A. 图表组件　　　B. 网页组件　　　C. 工件组件　　　D. 文本组件

（3）云视界平台可以通过导入_____创建新的项目。（   ）
A. 项目 ID　　　B. 项目名称　　　C. 页面　　　D. 数据源

（4）_____展示了页面中所有的组件、页面结构及包含关系。（   ）
A. 图层　　　B. 容器　　　C. 数据　　　D. 以上都不是

（5）_____主要用来展示与地理位置相关的数据。（   ）
A. 图表组件　　　B. 控件组件　　　C. 图片组件　　　D. 地图组件

（6）如果需要在云视界平台设计轮播展示的图片，可以使用_____。（   ）
A. 图片组件　　　B. 文本组件　　　C. 视频组件　　　D. 以上都不对

（7）如果需要在云视界的页面中展示系统时间，可以使用_____。（   ）
A. 视频组件　　　B. 折线图组件　　　C. 文本组件　　　D. 仪表盘组件

（8）以下描述错误的是_____。（   ）
A. 视频组件可以用来展示本地或者网络视频
B. 视频组件无须设置数据源
C. 文本是比较常用的基本组件，不过只能展示输入的固定文本内容
D. 进行图片组件的数据源设置时，可为展示图片设置判断条件，实现根据不同结果展示不同图片

2. 判断题

（1）一个项目内可以包含多个展示页面。（   ）
（2）在云视界平台中，组件是可视化文件集，包含项目、页面、数据及相关文件。（   ）
（3）项目是数据可视化的图形化载体，选择不同的组件，数据可以呈现不同的展现方式。（   ）
（4）通过组件的数据源定义组件的图形展示效果。（   ）
（5）云视界平台中的设计流程是先创建页面后，才可以创建项目。（   ）

3. 操作题

请为你们学校（企业）设计一个大屏展示页，要求对学校（企业）进行全方位地展示，表现形式包含但不局限于文字介绍、视频介绍、图片轮播展示等，此外，要求展示的内容丰富、布局合理、画面美观。

项目 2
生产制造的可视化设计

R 公司的资深工程师冯工负责 H 集团数字化转型项目的生产制造可视化设计。为了更好地展示设备及生产车间的管理和过程数据，冯工到 H 集团的第一分厂进行调研，在与生产部吴经理了解需求的过程中得知，生产是制造型企业的核心，然而，越高层级的管理决策者往往因为多种原因远离生产现场，数据都是由生产部门人员层层上报。管理者往往会有以下的疑惑。

1）已经增加了设备，产能却提升不大，问题出在哪里呢？
2）设备是否能在不同部门不同产品间进行灵活调配？
3）各个产品线或生产工艺段的作业情况到底如何？是否还可以提升？
4）各生产工艺段都认为自己已经到达了瓶颈，但公司真实的设备瓶颈在哪？除此之外，瓶颈是不断变化的，怎么去不断优化？
5）各工艺段的能源消耗为何有这么大差别？能否降低用能成本？

以上这些问题需要通过对生产设备效率指标、生产能耗指标、订单产量统计指标等进行分析，从而找出根本原因，进而解决问题。本次 H 集团的数字化转型任务就包含了把设备数据采集上来，进行数据处理与分析之后，以可视化方式呈现给集团管理者或者相关技术人员。

对于车间部门，到底更关心哪些数据传递的信息，以及数据如何呈现以达到更优的信息传达效果，冯工和生产部吴经理经过沟通讨论，最终确认生产制造过程需要设计的信息页面有如下 3 种类型。

（1）生产设备监控页面　主要呈现每一台生产设备的实时运行状态和监控数据。

（2）生产车间信息页面　主要呈现生产订单进度、安全素养、生产效率等信息。

（3）设备驾驶舱页面　主要呈现整个公司的生产设备的效率指标、能耗指标的统计数据、趋势数据等。本项目规划的3个学习任务就是分别基于这3个页面设计过程中所需要掌握的知识和技能展开。

任务 2.1　设计生产设备监控页面

2.1.1　任务说明

【任务描述】

在本任务中，冯工需要把H集团的主要生产设备的运行状态和监控数据设计为可视化页面。首先他设计的是焊接机器人的运行工况可视化，以便让设备管理员和生产组长、主管等可实时查看焊接机器人的运行工况信息，如送丝速度、焊丝用量、焊接电流等；同时需要把焊接机器人的运行状态以演化图的形式展示，便于查看其在不同时间段内的运行状态变化，以评估设备的使用情况。

【学习目标】

/ 知识目标 /
- ◇ 了解状态演化图的作用及其对企业优化生产的意义。
- ◇ 熟悉状态演化图组件的属性及数据源设置内容。
- ◇ 熟悉折线图组件的属性及数据源设置内容。
- ◇ 熟悉数据中维度与度量的含义及区别。

/ 技能目标 /
- ◇ 能配置文本组件数据源，使文本组件根据不同判断条件显示不同文字。
- ◇ 能配置图片组件数据源，使图片组件根据不同判断条件显示不同图片。
- ◇ 能配置设备的状态演化图，显示设备在某个时间段内的运行情况。
- ◇ 能配置折线图，显示有时间趋势的数据。

2.1.2　知识准备

1. 状态演化图组件

状态演化图主要用于展现不同状态的时长，状态演化图的 X 轴显示的是总时长，可分段显示每种状态的时长。例如，展示设备的作业、待机、停机等状态的不同时长，可以获知该设备在一定的时间段内的工作状态是否合理。下面介绍一个通过状态演化图发现问题、查找问题，最终调整生产节省成本的案例。

图2-1-1所示是某工厂的5台设备的状态演化图，这5台设备的性能参数是一样的，图中绿色表示作业状态，黄色表示待机状态，灰色表示停机状态，红色表示离线状态。通过图示对比，可以看到3号设备的绿色比较多，也就是这台设备的作业率非常高，但是1号和5

号大多都是黄色，也就是待机状态比较多，可以推断其设备作业率很低，这5台一样的设备做同样工作的作业率为什么差异这么大呢？

图 2-1-1

根据原因排查，最终发现因为流水线的上一道工序，到了这些设备节点时，会分为5个分支，由这5台设备来完成工作任务，但生产线前一道工序完成的半成品没办法让5台设备都可以加工，那么在这个环节就出现产能过剩的状况，而前一道工序分配这些半成品的时候，优先分配中间的3号设备，3号设备饱和之后，才会分配给旁边的2台设备（也就是2号和4号设备），最后才是1号和5号设备，如图2-1-2所示。这就是5台设备的作业率差异大的原因。

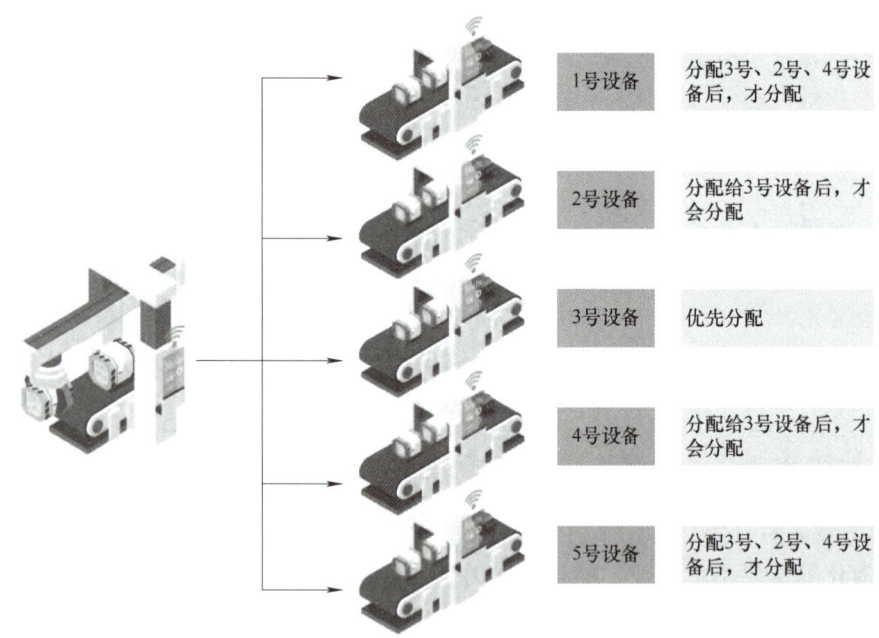

图 2-1-2

经过对状态演化图呈现出的数据进行分析及原因的排查，最终工厂停掉了1台设备，即减少了1台设备的生产用电，节省了企业的能源成本。

通过这个案例说明，如果不对数据进行提炼和有效展示，很难快速发现异常，也就没办法根据异常查找问题、分析问题，进而解决问题。因为管理者没办法时刻待在工业现场查看产线设备的作业情况，而生产操作人员忙于上下料或者关注产品加工过程，也很容易忽略设备间这些不明显的执行差别。通过对设备的数据采集上传以及分析处理，并以合适的可视化图形呈现，以传达这些数据背后的信息，最终辅助企业管理者更好地发现问题、优化工艺流程、排产等，这也是数字化转型的价值所在。

在云视界使用状态演化图组件时，在基础组件下的图表组件中找到状态演化图组件，直接将其拖拽到页面中即可，如图 2-1-3 所示。

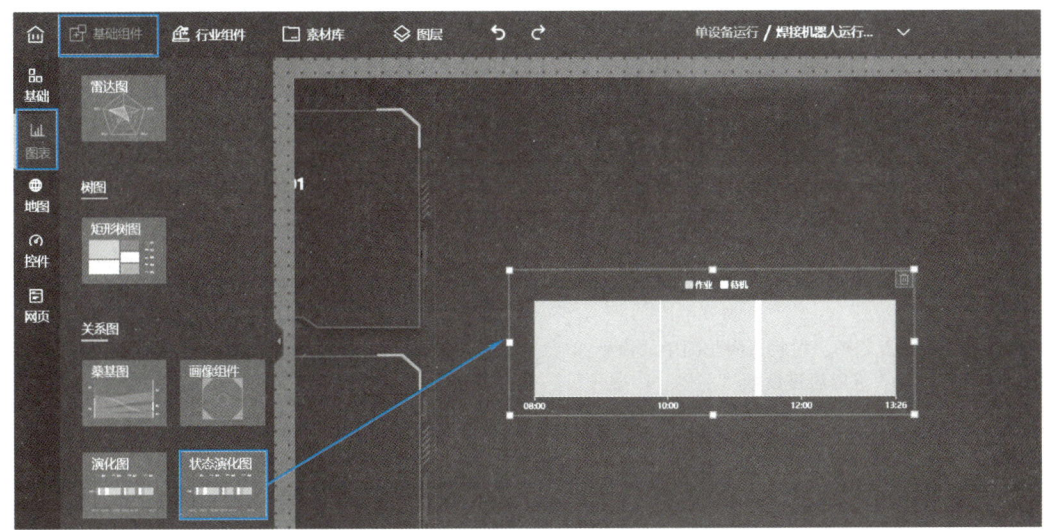

图 2-1-3

（1）属性设置　状态演化图组件的属性设置内容及图示见表 2-1-1。

表 2-1-1

设置内容	设置图示
位置尺寸：设置组件的长、宽尺寸和位置，可直接输入像素值调整大小，也可通过鼠标拖动组件进行大小调整 外观设置：可自定义设置组件名称，显示方式有"居中""填满""自定义"；其中前两种方式有相应的尺寸大小，"自定义"方式可以任意调整尺寸大小	

（续）

设置内容	设置图示
图例：可以设置状态演化图的图例文字的"位置""字体""字号""字重""字色"	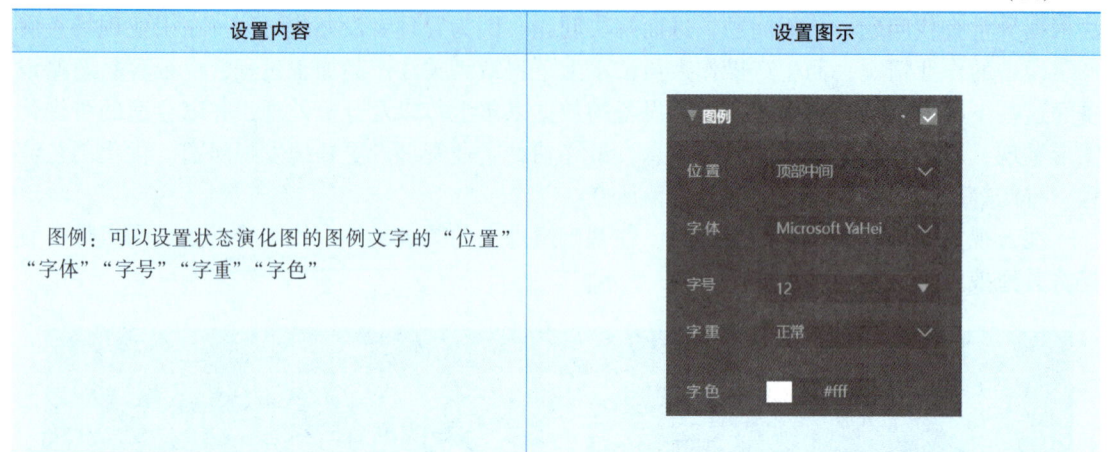
刻度数值：勾选此选项，在状态演化图中的横坐标刻度上将显示数字，可以通过设置"字体""字号""字重""字色""轴颜色"对刻度数字进行设计	

（2）数据源设置　状态演化图主要用于展示有时间趋势的数据，也就是有时间序列做趋势对比的数据，因此其数据源一般自带时间戳，如物模型的历史数据；状态演化图无法展示单点数据，如采集点的直连属性值。状态演化图组件的数据源设置内容及图示见表2-1-2。

表 2-1-2

设置内容	设置图示
数据源：可选择历史数据或者用户创建的数据源 维度：选择数据表的时间 度量：选择展示设备的工作状态 数据源过滤：单击"+"按钮可弹出"添加过滤"对话框，可设置"条件过滤""日期过滤""排序"	

项目 2 生产制造的可视化设计

(续)

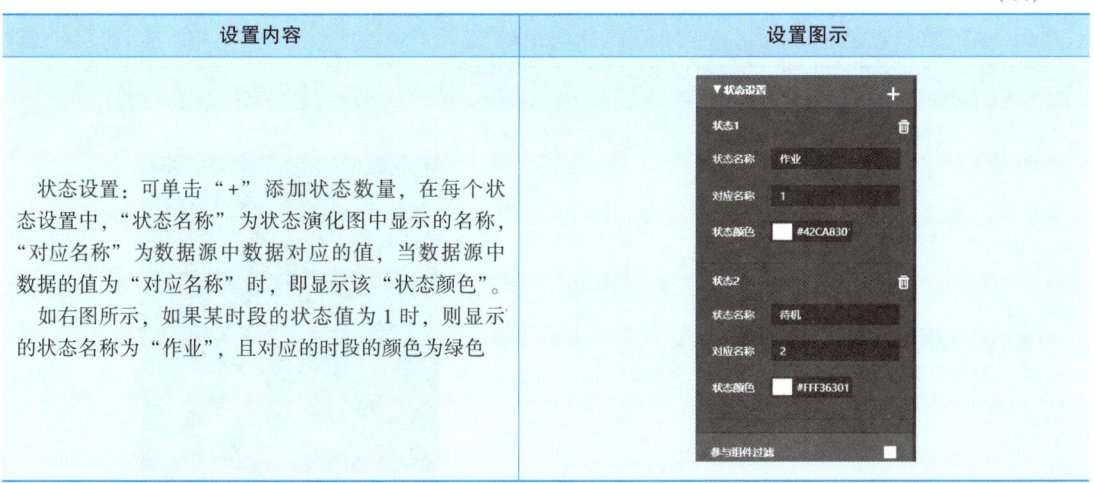

2. 折线图组件

折线图主要用于在连续间隔或时间跨度上展示数值，它的特点是反映事物随时间或有序类别而变化的趋势，常用来显示趋势和对比关系（多个折线之间的对比）。

在折线图中，数据是递增还是递减、变化的速率、变化的规律（周期性、螺旋性等）、峰值等特征都可以清晰地反映出来。所以，折线图常用来分析数据随时间的变化趋势，也可用来分析多组数据随时间变化的相互作用和相互影响。例如，折线图可用来分析某台设备或是某几台设备的电流或运行速度随时间变化的情况，从而判断其是否存在异常。在折线图中，通常用水平轴（X 轴）表示时间的推移，并且间隔相同，而用垂直轴（Y 轴）代表不同时刻的数据的大小。

在云视界中使用折线图时，在基础组件下的图表组件中找到折线图组件，直接将其拖拽到页面中即可，如图 2-1-4 所示。

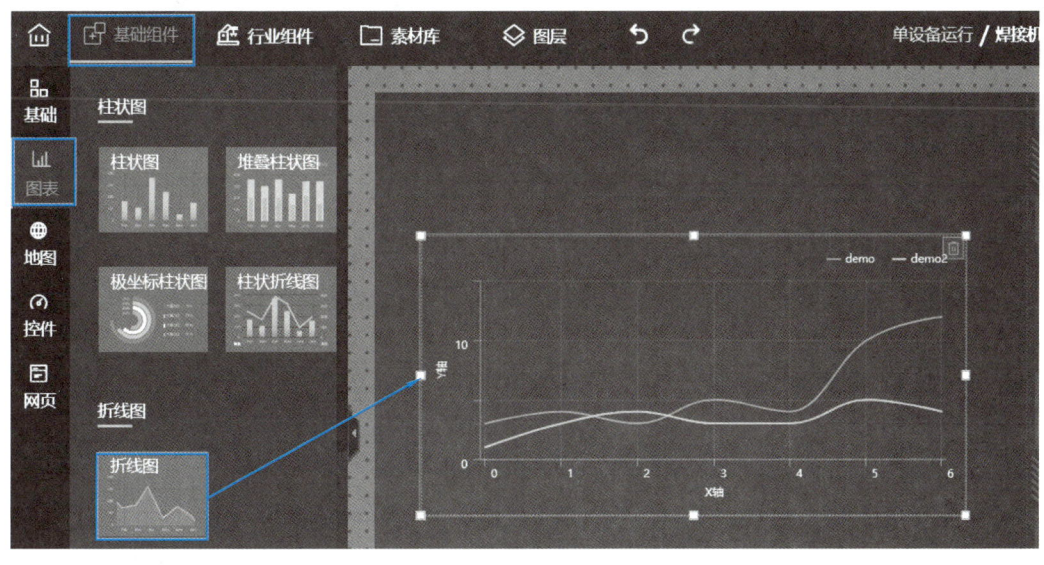

图 2-1-4

(1) 属性设置　折线图组件的属性设置内容及图示见表2-1-3。

表 2-1-3

设置内容	设置图示
位置尺寸：设置组件的长、宽尺寸和位置 折线图类型：有4种类型可选，包含"折线图""折线面积图""曲线图""曲线面积图"	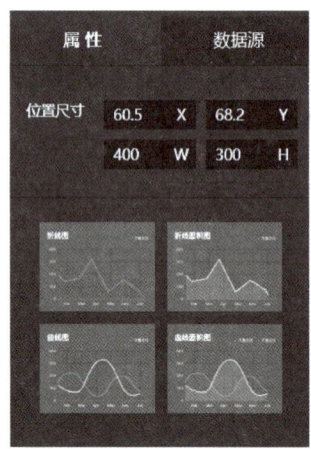
显示：有"居中""填满""自定义"3种方式。其中前两种方式有相应的尺寸大小，"自定义"方式可以任意调整尺寸大小 时间格式：有多种格式可设置，包括"标准""小时""年-月-日"等 图表选项：勾选对应的选项，在折线图中可进行显示	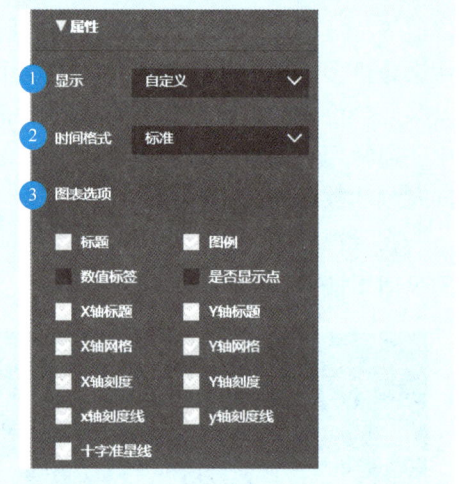
图表主题：预设的图表主题有6种 可对折线图中的"图表字体""字重""颜色""字号"进行显示设置 Y轴极值：可设置折线图Y轴的最大值，超过该最大值部分将不显示在图中	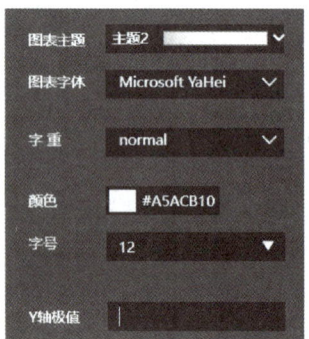

项目 2　生产制造的可视化设计

（续）

设置内容	设置图示
图表参考线：打开此项开关后，会显示需要配置的参考线信息，可以添加多条参考线 Y轴数值：设置参考线的Y轴数值 线样式：可以设置 Solid（实线）、Dot（点）、Dash（短线） 粗细：设置参考线的粗细 区间数值：可选择"无限制"，即显示所有数据，"小于显示"，即只显示小于参考线的数据，"大于显示"，即只显示大于参考线的数据	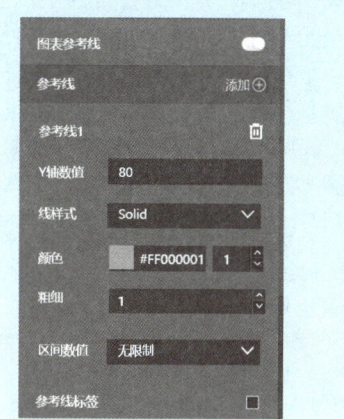
X轴自定义：打开此项开关后，会出现需要配置的标签角度和标签数量。标签角度即X轴标签的显示角度，标签数量即X轴标签的显示数量 Y轴定义：打开此项开关后，会出现需要配置的标签角度，即Y轴标签的显示角度	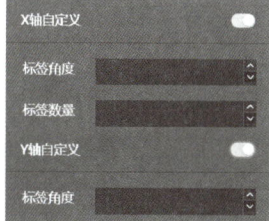
颜色指定方式：完成数据源设置后，对应的度量可以设置不同的颜色，进而在折线图中加以区分 非实时数据处理：折线图不做设置	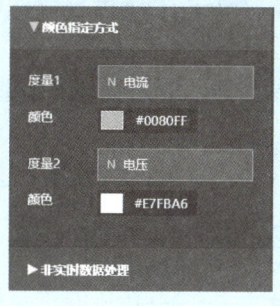

（2）数据源设置　折线图组件的数据源设置内容及图示见表 2-1-4。

表 2-1-4

设置内容	设置图示
物模型：打开"物模型"选项，使用本页面绑定的物模型作为数据源，此时可选的数据源有"历史数据""采集点数据""报警数据" 数据源：在"物模型"选项关闭时，可通过此选项选择数据库中的数据作为数据源 维度：即折线图的X轴，可选时间和字符格式的数据 度量：即折线图的Y轴，可选多个度量值，但只能选择数字类型的数据	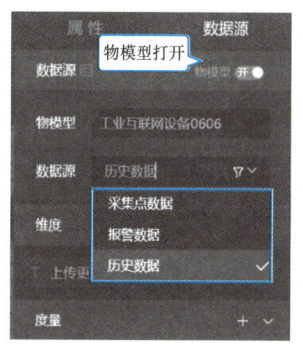

55

(续)

设置内容	设置图示
数据源过滤：单击"+"按钮弹出"添加过滤"对话框，可设置"条件过滤""日期过滤""排序" 参与组件过滤：勾选此项时，本组件的数据源将参与本页面的其他筛选器的筛选。例如，本页面中有"日期筛选器"对某一数据源进行日期筛选，则本组件用到同一个数据源时将只能读取到经"日期筛选器"筛选后的数据 支持数据下载：此项默认关闭，开启时支持数据下载 数据响应：在设置好数据源及数据过滤后，保存再刷新后会在此框中显示出数据	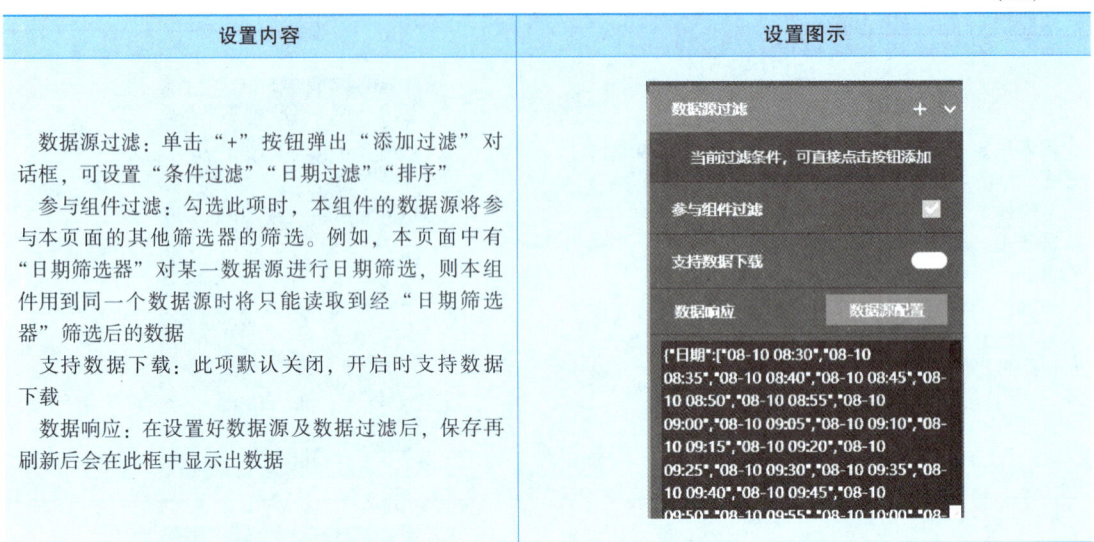

3. 维度与度量

在状态演化图组件和折线图组件的数据源配置中，需要选择维度和度量。维度是用来描述事实的角度，主要用来描述与"谁、何时、何地、如何"等有关的事件。例如，描述某设备的异常电流值在何时出现，那么就是时间维度；描述设备所在的地理位置，就是地理维度；描述生产设备是归属于哪位操作人员负责，那就是人员维度。维度字段一般使用的数据类型是字符串（String）或者日期（Date）类型。

度量是业务流程节点上的一个数值，如耗电量、产量、销量、价格、成本等的数值，度量需要以维度为基础去计算这个结果的数值，例如，耗电量，可以从时间维度去衡量，在不同时间里对应的结果值是多少。度量字段一般使用的数据类型是数值（Number）。

2.1-1 单设备运行任务分析

2.1.3 任务实施

1. 任务分析

本任务的主要目的是显示单设备的运行工况，以焊接机器人为例，需要包括设备的基础信息、设备能效数据、设备状态信息、设备的生产耗材统计信息、设备状态演化趋势、设备的工况趋势等，具体展示内容和所需显示的组件已在表 2-1-5 中列出。

表 2-1-5

展示模块	具体内容	使用组件	数据源
基础信息	设备编号、所属厂房、设备位置、负责人	文本组件	无
设备状态	运行状态	图片组件	物模型—设备状态
	正常/报警	图片组件	物模型—报警信号
耗材统计	焊丝总量	文本组件	物模型—焊丝总量
	焊丝用量	文本组件	物模型—焊丝用量
	送丝速度	文本组件	物模型—送丝速度

单元习题

单项选择题：

（1）神经网络的基本三层结构不包括（　　）。

A. 输入层　　　　　　　　　　B. 输出层

C. 隐藏层　　　　　　　　　　D. 卷积层

（2）tf.nn.conv2d( )是用来搭建（　　）。

A. 卷积层　　　　　　　　　　B. 池化层

C. 激活层　　　　　　　　　　D. 输出层

（3）下面关于图像分类的说法不正确的是（　　）

A. 图像分类是计算机视觉的核心任务，也是最基础的任务。

B. 图像分类在安防领域、交通领域等都有涉及。

C. 英国神经生理学家马尔认为，视觉要解决的问题可归结为"What is Where"，即什么东西在什么地方，这里的"在什么地方"就是图像分类要做的。

D. 图像分类方法大致分为两类，基于传统的分类方法和基于深度学习的分类方法。

（4）（　　）在神经网络中引入了非线性。

A. 随机梯度下降　　　　　　　B. 修正线性单元（ReLu）

C. 卷积函数　　　　　　　　　D．以上都不正确

简答题：

1. 简述 cifar-10 数据集的组成。

2. 简述基于卷积神经网络的图像分类流程。

3. 简述什么是 finetune。

4. 什么是卷积神经网络的池化层？

5. 请对比 Sigmoid、tanh、ReLu 这三个激活函数。

Unit 3

单元3
人脸识别

单元3 人脸识别

单元概述

上一单元中学习了图像识别，了解了神经网络和卷积神经网络，对图像分类有了一定的认识，包括图像分类的概念、意义以及常用方法。同时还讲述了迁移学习，学习了在小规模数据集上如何快速训练的方法。

本单元开始进入人脸识别的学习。人脸识别也属于图像识别的范畴，作为当下视觉领域的一大热门方向，大到安防、科研，小到日常生活等诸多领域都有应用。在学习人脸识别之前，需要先了解目标检测，要学会如何检测到人脸，因此会讲述目标检测的相关内容。接着开始学习人脸检测以及人脸关键点检测，介绍其相关概念及常用的技术。最后正式进入人脸识别的学习。

学习本单元时，会经常用到单元1的图像基础知识，所以在本单元开始之前，大家不妨回顾一下单元1的内容。打起精神，进入新单元的学习。

学习目标

知识目标

- 了解目标检测的概念和意义以及常见的目标检测方法；
- 了解人脸检测的方法以及评价指标；
- 了解人脸识别的发展进程以及常见的人脸识别方法。

技能目标

- 能够使用常见的目标检测方法完成目标检测任务；
- 能够基于 Harr 特征进行人脸检测；
- 能够基于 Hog 特征进行人脸检测；
- 能够基于人脸识别开源库完成人脸识别任务。

素养目标

- 培养学生的记忆和理解能力；
- 培养学生项目设计、实践的能力。

3.1 目标检测

3.1.1 目标检测的概念

在计算机视觉众多的技术领域中,目标检测(Object Detection)是一项基础任务,图像分割、物体追踪、关键点检测等通常都要依赖于目标检测。在目标检测时,每张图像中物体的数量、大小及姿态各有不同,是非结构化的输出。这是与图像分类非常不同的一点,并且物体时常会有遮挡、截断的情况,所以目标检测技术也极富挑战性,从诞生以来始终是研究学者最为关注的焦点领域之一。在计算机视觉中,图像分类、目标检测和图像分割都属于基础领域,也是目前发展最为迅速的 3 个领域,下面具体看一下这几个任务之间的区别。

图像分类:输入图像往往仅包含一个物体,目的是判断每张图像是什么物体,是图像级别的任务,相对简单,发展也最快。

目标检测:输入图像中往往有很多物体,目的是判断出物体出现的位置与类别,是计算机视觉中非常核心的一个任务。

图像分割:输入与物体检测类似,但是要判断出每一个像素属于哪一个类别,属于像素级的分类。图像分割与目标检测任务之间有很多联系,模型也可以相互借鉴。

随着深度学习的流行,神经网络的大量参数可以提取出鲁棒性和语义性更好的特征,并且分类器性能也更优越,拉开了用深度学习做目标检测的序幕。

目标检测技术通常是指在一张图像中检测出物体出现的位置及对应的类别,要求检测器输出 5 个 value:物体类别 class、bounding box 左上角 x 轴坐标 x、bounding box 左上角 y 轴坐标 y、bounding box 右下角 x 轴坐标 x、bounding box 右下角 y 轴坐标 y。如图 3-1-1 所示,目标检测能够大致识别出图片的物体以及物体所在位置并标注出来。

扫码看彩图

图 3-1-1 目标检测

3.1.2 目标检测的意义

目标检测是计算机视觉的一个热门研究方向，广泛应用于自主导航、智能视频监控、工业检测、航空航天等诸多领域。通过计算机视觉降低对人力资源的消耗，具有重要的科研意义。

同时，目标检测也是身份识别领域的基础，对姿势估计以及将要学到的人脸识别有着不可分割的联系。

3.1.3 目标检测的常用方法

那么该如何实现目标检测？大致分为两个方向：基于传统的目标检测算法和基于深度学习的目标检测算法。

1. 基于传统的目标检测算法

在利用深度学习做物体检测之前，传统算法对于目标检测通常分为 3 个阶段：区域选取、特征提取和特征分类。目标检测具体步骤如图 3-1-2 所示。

图 3-1-2　目标检测步骤

区域选取：首先选取图像中可能出现物体的位置，由于物体位置、大小都不固定，因此通常使用滑动窗口（Sliding Windows）算法，但这种算法会存在大量的冗余框，并且计算复杂度高。

特征提取：在得到物体位置后，通常使用人工设计的提取器进行特征提取，如 SIFT 和 HOG 等。由于提取器包含的参数较少，并且人工设计的鲁棒性较低，因此特征提取的质量并不高。

特征分类：最后，对上一步得到的特征进行分类，通常使用如 SVM、AdaBoost 的分类器。

2. 基于深度学习的目标检测算法

目标检测任务可分为两个关键的子任务：目标分类和目标定位。目标分类负责判断所选区域是否有感兴趣类别的物体出现，输出一系列带分数的标签，表明感兴趣的物体在所选区域出现的可能性。目标定位负责确定所选区域感兴趣类别物体的位置和范围，通常存储在 Bounding Box 中。

基于深度学习的目标检测算法大概分为两类：one-stage 目标检测算法和 two-stage 目标检测算法。

one-stage 目标检测算法可以在一个阶段内直接产生物体的类别概率和位置坐标值，相比于 two-stage 目标检测算法不需要产生候选阶段，将目标框的定位问题转化为回归（regression）问题，整体流程比较简单。one-stage 在神经网络的尾部展开（也就是说 CNN 前面保持不变，对 CNN 的结尾处做出改进：加了两个头："分类头"和"回归头"），成为 classification + regression 模式。常见的 one-stage 算法有 YOLO、SSD 等。

two-stage 算法在第一步特征提取后会生成一个有可能包含待检测物体的候选区域（Region Proposal，RP），第二步通过卷积神经网络进行分类和定位回归。常见的 two-stage 算法有 R-CNN（区域卷积神经网络）、SPP-Net、Fast R-CNN（快速区域卷积神经网络）、Faster R-CNN（更快区域卷积神经网络）等，此类算法以准确率高为特点。one-stage 算法和 two-stage 算法流程如图 3-1-3 所示。

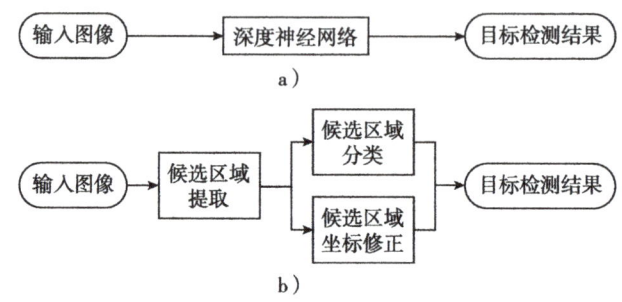

图 3-1-3　one-stage 和 two-stage 检测算法流程
a）one-stage 检测算法　　　b）two-stage 检测算法

3.2　实战案例——基于 YOLOv3 的目标检测

3.2.1　案例描述

在学习了目标检测方法之后，下面将进行实操练习。本案例将学习如何使用预训练的 YOLOv3 模型权重实现测试图片中的物体检测，YOLOv3 属于目标检测深度学习中的 one-stage 算法。

3.2.2　案例目标

1）了解 YOLOv3 目标检测模型的网络组成。
2）调用目标检测中 YOLOv3 预训练模型。
3）使用 YOLOv3 模型对图片进行目标检测。

3.2.3　案例分析

YOLOv3 是 YOLO（You Only Look Once）系列目标检测算法中的第三版，相比之前的算法，尤其是针对小目标，精度有显著提升。YOLOv3 算法使用的骨干网络是 Darknet53。

Darknet53 网络的具体结构如图 3-2-1 所示，在 ImageNet 图像分类任务上取得了很好的成绩。在检测任务中，将图中 C0 后面的平均池化、全连接层和 Softmax 去掉，保留从输入到 C0 部分的网络结构，作为检测模型的基础网络结构，也称为骨干网络。YOLOv3 模型会在骨干网络的基础上，再添加检测相关的网络模块。

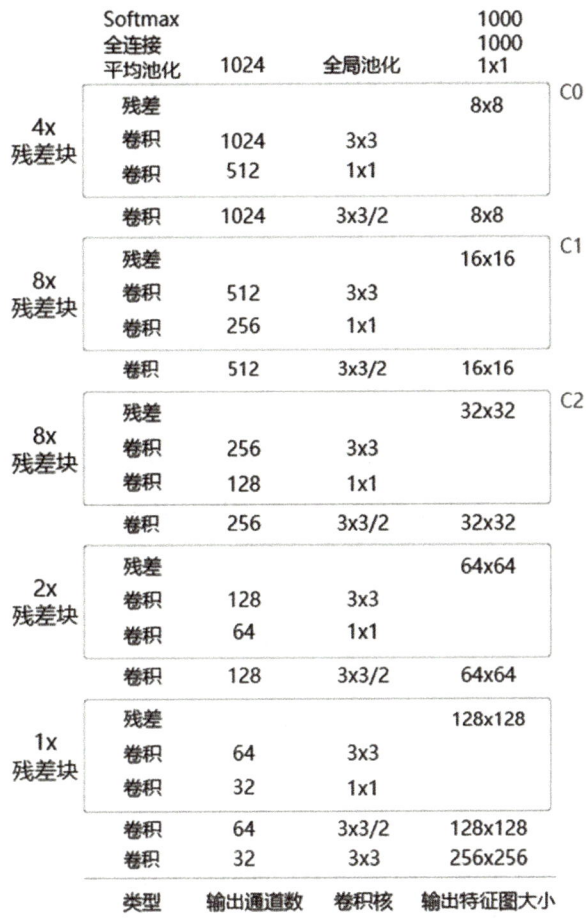

图 3-2-1 Darknet53 网络结构图

YOLOv3 算法的基本思想可以分成两部分：

1) 按一定规则在图片上产生一系列的候选区域，然后根据这些候选区域与图片上物体真实框之间的位置关系对候选区域进行标注。跟真实框足够接近的那些候选区域会被标注为正样本，同时将真实框的位置作为正样本的位置目标。偏离真实框较大的候选区域则会被标注为负样本，负样本不需要预测位置或者类别。

2) 使用卷积神经网络提取图片特征并对候选区域的位置和类别进行预测。这样每个预测框就可以看成一个样本，根据真实框相对它的位置和类别进行标注而获得标签值，通过网络模型预测其位置和类别，将网络预测值和标签值进行比较，就可以建立起损失函数。

本案例的 YOLOv3 是在 COCO 数据集上训练过的。COCO 数据集是一个大型的、丰富的物体检测、分割和字幕数据集。提供的类别有 80 类，包括人、交通工具、动物、水果、生活用品等。

3.2.4 案例实施

1. 导库

通过一个名为 cvlib 的库来使用预训练的 YOLOv3 模型，同时导入 OpenCV 以及 matplotlib 库来对图片进行画框以及显示操作。

```
import cv2
from cvlib.object_detection import YOLO
import matplotlib.pyplot as plt
```

2. 加载数据

接着加载一张测试图片，并加载 YOLOv3 的权重和配置文件。在本案例中，除了检测到目标之外，还希望在框的左上角显示该目标的所属类别。因此还加载了 COCO 的类别信息。

```
img = cv2.imread('data/test.jpg')    # 测试图片
weights = 'data/yolov3.weights'   # YOLO V3 权重
config = 'data/yolov3.cfg'   # YOLO V3 配置
labels = 'data/coco_classes.txt'   # COCO 类别
```

3. 调用 YOLO

接着实例化一个 YOLO 对象，调用 detect_objects 方法，该方法会返回三个值：bbox（位置坐标信息）、label（所属类别标签）以及 conf（配置信息）。

```
yolo = YOLO(weights, config, labels)
bbox, label, conf = yolo.detect_objects(img)
```

调用 draw_bbox 方法会在图片上画框并标注所属类别。

```
yolo.draw_bbox(img, bbox, label, conf)
```

4. 可视化

接着只需显示图片即可。这里使用了 matplotlib 方法，由于和 OpenCV 读取图片的方式不同，需要先转化格式。当然也可以直接用 cv2.imshow() 方法进行显示。

```
img = cv2.cvtColor(img, cv2.COLOR_BGR2RGB)
plt.imshow(img)
plt.axis('on')
plt.title('image')
plt.show()
```

目标检测后的结果如图 3-2-2 所示，在图中检测出的物体有三类，分别为狗、人和马。三个物体都标注出了在图片中的位置并使用方框将其框出，实现了目标检测的任务。

扫码看彩图

图 3-2-2　目标检测结果

3.3　人脸检测

3.3.1　人脸检测概述

人脸检测作为目标检测中的一个分支，在日常生活中非常常见。人脸检测对于人类来说非常容易，人的大脑中有专门的人脸检测模块，对人脸非常敏感。那么人脸检测到底有什么用？

1）自动人脸检测是围绕自动人脸图像分析的所有应用的基础，包括但不限于人脸识别和验证、监控场合的人脸跟踪、面部表情分析、面部属性识别（性别/年龄识别，颜值评估）、面部光照调整和变形、面部形状重建、图像视频检索、数字相册的组织和演示。

2）人脸检测是所有现代基于视觉的人与计算机、人与机器人和交互系统的初始步骤。

3）主流的商业数码相机都内嵌人脸检测，辅助自动对焦。

4）很多社交网络用人脸检测机制实现图像/人物标记。

从问题的领域来看，人脸检测属于目标检测领域，目标检测通常有两大类：

通用目标检测：检测图像中多个类别的目标，比如 ILSVRC2017 的 VID 任务检测 200 类目标，VOC2012 检测 20 类目标，通用目标检测核心是 n（目标）+1（背景）= n+1 分类问题。这类检测通常模型比较大，速度较慢。

特定类别目标检测：仅检测图像中某一类特定目标，如人脸检测、行人检测、车辆检测等，特定类别目标检测核心是 1（目标）+1（背景）= 2 分类问题。这类检测通常模型比较小，速度要求非常高。

从发展历史来看，深度学习在其中的作用非常明显。

非深度学习阶段：此阶段的人脸检测主要有两个应用于人脸的特征，Haar 特征和 Hog 特征，提取特征后再由分类器分类。

深度学习阶段：和目标检测相同，应用于目标检测的算法也适用于人脸检测。

3.3.2 人脸检测的方法

正如上面所说的，基于深度学习的通用目标检测方法也适用于人脸检测，如 SSD、Faster-RCNN 等目标检测算法可以拿来训练人脸标注数据集，得到想要的任务——人脸检测。所以这里着重学习机器学习中的 Haar 特征和 Hog 特征来实现人脸检测任务。

Haar 特征：也称为 Haar-like 特征，分为四类，有边缘特征、线性特征、中心特征和对角线特征，组合为特征模板。特征模板内有白色和黑色两种矩形，并定义该模板的特征值为白色矩形像素和减去黑色矩形像素和。Haar 特征反映的是图像的灰度变化情况。

人脸上最常见的一些共同特征如下：

1）与脸颊相比，眼部颜色较深。

2）与眼睛相比，鼻梁区域较为明亮。

3）眼睛、嘴巴、鼻子的位置较为固定……

这些特征称为 Haar-like 特征。但矩形特征只对一些简单的图形结构，如边缘、线段较敏感，所以只能描述特定走向（水平、垂直、对角）的结构。几种常见的 Haar 特征模板如图 3-3-1 所示。

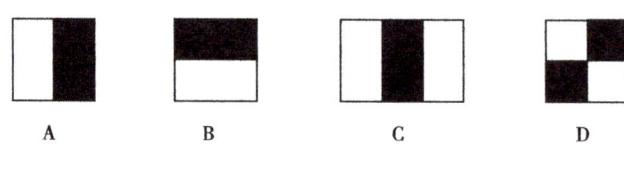

图 3-3-1　Haar 特征模板

对于图中的 A、B 和 D 这类特征，特征数值计算公式为：$v = \Sigma 白 - \Sigma 黑$。而对于 C 来说，计算公式为：$v = \Sigma 白 - 2 \times \Sigma 黑$，之所以将黑色区域像素和乘以 2，是为了使两种矩形区域中的像素数目一致。通常希望矩形放到人脸区域计算出来的特征值和放到非人脸区域计算出来的特征值差别越大越好，这样就可以用来区分人脸和非人脸。

通过改变特征模板的大小和位置，可在图像子窗口中穷举出大量的特征。图 3-3-1 的特征模板称为特征原型，特征原型在图像子窗口中扩展（平移伸缩）得到的特征称为矩形特征，矩形特征的值称为特征值。

图 3-3-2 为使用两个 Haar 矩形特征表示出人脸的某些特征。比如中间一幅表示眼睛区域的颜色比脸颊区域的颜色深，右边一幅表示鼻梁两侧比鼻梁的颜色要深。同样，其他目标，如眼睛等，也可以用一些矩形特征来表示。使用特征比单纯地使用像素点具有很大的优越性，并且速度更快。

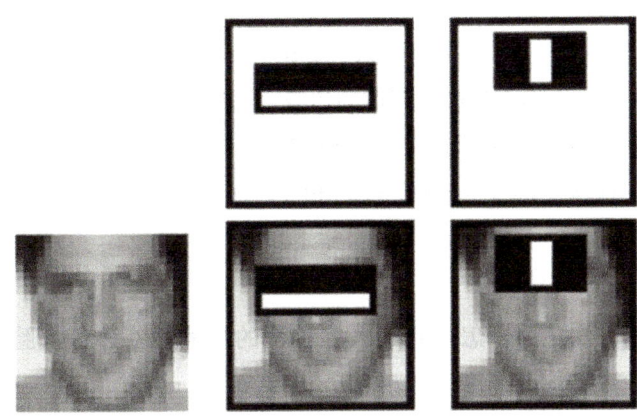

图 3-3-2　Haar-like 特征

矩形特征可位于图像任意位置，大小也可以任意改变，所以矩形特征值是受矩形模版类别、矩形位置和矩形大小这三个因素的影响，这也使得很小的检测窗口含有非常多的矩形特征。

Hog 特征：Hog 特征又叫方向梯度直方图特征（Histogram of Oriented Gradient）。Hog 特征是一种在计算机视觉和图像处理中用来进行物体检测的特征描述子。它通过计算和统计图像局部区域的梯度方向直方图来构成特征。Hog 特征结合 SVM 分类器已经被广泛应用于图像识别中，尤其在行人检测中获得了极大的成功。

Hog 特征提取方法就是将一个 image（要检测的目标或者扫描窗口）：

1）灰度化（将图像看作一个 x、y、z（灰度）的三维图像）。

2）采用 Gamma 校正法对输入图像进行颜色空间的标准化（归一化），目的是调节图像的对比度，降低图像局部的阴影和光照变化所造成的影响，同时可以抑制噪声的干扰。

3）计算图像每个像素的梯度（包括大小和方向），主要是为了捕获轮廓信息，同时进一步弱化光照的干扰。

4）将图像划分成小 cells（例如 6×6px/cell）。

5）统计每个 cell 的梯度直方图（不同梯度的个数），即可形成每个 cell 的 descriptor。

6）将每几个 cell 组成一个 block（例如 3×3 个 cell/block），一个 block 内所有 cell 的特征 descriptor 串联起来便得到该 block 的 Hog 特征 descriptor。

7）将图像 image 内的所有 block 的 Hog 特征 descriptor 串联起来就可以得到该 image（要检测的目标）的 Hog 特征 descriptor。这个就是最终的可供分类使用的特征向量。

与其他的特征描述方法相比，Hog 有很多优点。首先，由于 Hog 是在图像的局部方格单元上操作，所以它对图像几何和光学的形变都能保持很好的不变性，这两种形变只会出现在更大的空间领域上。其次，在粗的空域抽样、精细的方向抽样以及较强的局部光学归一化等条件下，只要行人大体上能够保持直立的姿势，可以容许行人有一些细微的肢体动作，这些细微的动作可以被忽略而不影响检测效果。因此 Hog 特征是特别适合于做图像中的人体检测的。

在一副图像中，局部目标的表象和形状（appearance and shape）能够被梯度或边缘的方向密度分布很好地描述。其本质是检查图像的边缘，而边缘主要通过梯度的统计信息来体现。

当然，也许这两个特征现在听起来"一头雾水"，但不要着急，后续的实战案例中有开源库已经分别集成了这两个特征（opencv 和 dlib）。这两个特征的理论知识作为了解即可。

3.3.3 人脸检测的评价指标

有了人脸检测的方法之后，怎样判断人脸检测的准确性？评价人脸检测效果常用三个指标：召回率、误检数和检测速度。

召回率（recall）：检测器能检测出来的人脸数量越多越好，由于每个图像中包含人脸的数量不一定，所以用检测出来的比例来衡量，这个指标就是召回率 recall。检测器检测出来的矩形框越接近人工标注的矩形框，说明检测结果越好，通常交并比（IoU）大于 0.5 就认为是检测出来了，所以 recall = 检测出来的人脸数量/图像中总人脸数量，IoU = 框与框的交集区域/框与框的并集区域。

误检数（false positives）：检测器也会犯错，可能会把其他东西认为是人脸，这种情况越少越好，通常用检测错误的绝对数量作为误检数指标。与 recall 相对，检测器检测出来的矩形框与任何人工标注框的 IoU 都小于 0.5，则认为这个检测结果是误检。误检越少越好，比如 FDDB（全世界最具权威的人脸检测评测数据库之一）相关的论文中一般比较 1000 个或 2000 个误检时的召回率情况，工业应用中通常比较 100 或 200 个误检的召回率情况。

检测速度（speed）：通常希望检测单张图像所用的时间越短越好，当然在测试图像及测试环境相同的前提下，检测器检测一幅图像所用的时间越少越好，通常用帧率（frame-per-second，FPS）来表示。

3.4 实战案例——基于 Haar 特征的人脸检测

3.4.1 案例描述

本案例将学习如何使用 OpenCV 自带的 Haar 特征检测器来实现人脸检测，Haar 特征检测器只遍历一次图像就可以求出图像中所有区域的像素和，大大提高了图像特征值计算的效率。

3.4.2 案例目标

1）复习 Haar 特征检测的基础知识和操作流程。
2）调用 OpenCV 中的 Haar 特征检测器。
3）使用 Haar 特征检测器对图片进行人脸检测。

3.4.3 案例分析

OpenCV 的基础使用在第 1 单元已经学习过了，其实，OpenCV 还可以实现更多功能，比如人脸检测。在 OpenCV 的库文件中包含一个文件夹 haarcascades，里面有许多 xml 文件，这些文件可用于检测静止图像、视频和摄像头所得到的图像中的人脸、笑容、眼睛等。OpenCV 中的库文件目录如图 3-4-1 所示。

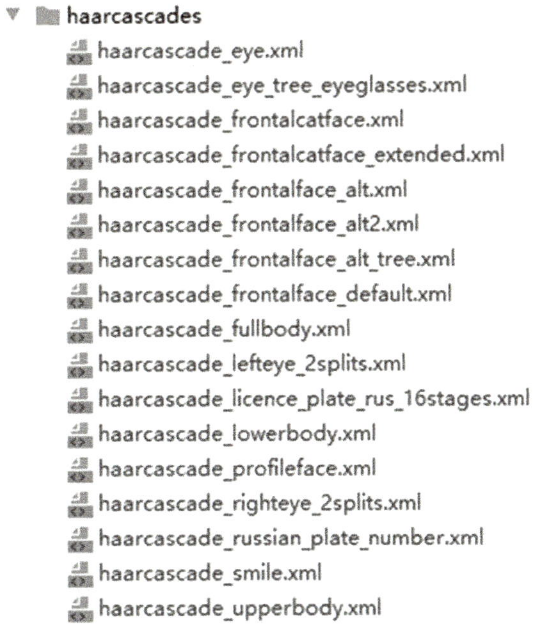

▼ haarcascades
　haarcascade_eye.xml
　haarcascade_eye_tree_eyeglasses.xml
　haarcascade_frontalcatface.xml
　haarcascade_frontalcatface_extended.xml
　haarcascade_frontalface_alt.xml
　haarcascade_frontalface_alt2.xml
　haarcascade_frontalface_alt_tree.xml
　haarcascade_frontalface_default.xml
　haarcascade_fullbody.xml
　haarcascade_lefteye_2splits.xml
　haarcascade_licence_plate_rus_16stages.xml
　haarcascade_lowerbody.xml
　haarcascade_profileface.xml
　haarcascade_righteye_2splits.xml
　haarcascade_russian_plate_number.xml
　haarcascade_smile.xml
　haarcascade_upperbody.xml

图 3-4-1　haarcascades xml 文件

3.4.4 案例实施

1. 导入库和正脸检测器

使用自带的检测器需要通过 CascadeClassifier( )方法来导入,由于该任务是检测人脸,所以导入 haarcascade_frontalface_default.xml 默认的正脸检测器即可。

```
import cv2
import matplotlib.pyplot as plt
filepath = "data/davaid.png"   # 待检测图片
classifier = cv2.CascadeClassifier("data/opencv_xml/haarcascade_frontalface_default.xml")
```

通常 Haar 特征反映的是图像的灰度变化情况,所以先将图片转化为灰度图。接着传给 detectMultiScale(image, scaleFactor, minNeighbors, minSize),返回的是包含人脸坐标的列表,其中,image 表示的是要检测的输入图像;scaleFactor 表示每次图像尺寸减少的比例;minNeighbors 表示每一个目标至少要被检测到 3 次才算是真的目标(因为周围的像素和不同的窗口大小都可以检测到人脸);minSize 为目标的最小尺寸。

```
img = cv2.imread(filepath)
gray = cv2.cvtColor(img, cv2.COLOR_BGR2GRAY)   # 转换为灰度图
color = (0, 255, 0)
faceRects = classifier.detectMultiScale(gray, scaleFactor = 1.2, minNeighbors = 3,
minSize = (32, 32))   # 返回人脸矩形列表
```

2. 人脸框显示

接着判断该列表的长度,如果为 0,代表没有检测到人脸,否则遍历该列表,得到每张人脸的位置坐标,根据位置坐标画出矩形即可。

```
if len(faceRects):   # 大于 0 则检测到人脸
    for faceRect in faceRects:
        x, y, w, h = faceRect
        # 框出人脸
        cv2.rectangle(img, (x, y), (x + h, y + w), color, 2)
img = cv2.cvtColor(img, cv2.COLOR_BGR2RGB)
plt.imshow(img)
plt.axis('on')
plt.title('image')
plt.show()
```

图 3-4-2 即为使用 Haar 特征检测器检测出的人脸，并使用方框框出人脸位置。

扫码看彩图

图 3-4-2 人脸检测结果图

3.5 实战案例——基于 Hog 特征的人脸检测

3.5.1 案例描述

本案例将通过 dlib 库来实现 Hog 特征的人脸检测。Hog 特征的人脸检测是目前计算机视觉、模式识别领域很常用的一种描述图像局部纹理的特征。它的主要思想是在一副图像中，梯度或边缘的方向密度分布能很好地描述局部目标的表象和形状。其本质为梯度的统计信息，而梯度主要存在于边缘的地方。

3.5.2 案例目标

1）复习 Hog 特征检测的基础知识和操作流程。
2）调用 dlib 库中的 Hog 特征检测器。
3）使用 Hog 特征检测器对图片进行人脸检测。

3.5.3 案例分析

dlib 是一款优秀的跨平台开源的工具库，该库使用 C++ 编写，具有优异的性能。dlib 库提供的功能十分丰富，包括线性代数、图像处理、机器学习、网络、最优化算法等众多功能，同时也提供了 Python 接口。

dlib 实现的人脸检测方法便是基于图像的 Hog 特征、综合支持向量机算法实现的人脸检测功能，该算法的大致思路如下：

1）对正、负样本（即包含人脸的图像）数据集提取 Hog 特征，得到 Hog 特征描述子。

2）利用支持向量机算法训练正、负样本，显然这是一个二分类问题，可以得到训练后的模型。

3）利用该模型进行负样本难例检测，也就是难分样本挖掘（hard-negtive mining），以提高最终模型的分类能力。具体思路为：对训练集里的负样本不断进行缩放，直至与模板匹配位置。通过模板滑动窗口搜索匹配（该过程即多尺度检测过程），如果分类器误检出非人脸区域则截取该部分图像加入到负样本中。

4）集合难例样本重新训练模型，反复训练得到最终分类模型。

3.5.4 案例实施

1. 导库

导入案例所需要的 dlib 库、OpenCV 库以及可视化 matplotlib 库。

```
import dlib
import cv2
import matplotlib.pyplot as plt
```

2. 加载图片

首先读取图片，并将图片转化为灰度图。

```
filepath = "data/davaid.png"
img = cv2.imread(filepath)
gray = cv2.cvtColor(img, cv2.COLOR_BGR2GRAY)
```

3. 加载人脸检测器

加载人脸正脸分类器。

```
detector = dlib.get_frontal_face_detector()
dets = detector(gray, 1)
```

4. 标注人脸并显示

detector() 返回的是一个 dlib.dlib.rectangles 的可迭代对象，里面存储了检测到的每张人脸。

```
for face in dets：
    # 在图片中标注人脸并显示
    left = face.left()
    top = face.top()
    right = face.right()
    bottom = face.bottom()
    cv2.rectangle(img, (left, top), (right, bottom), (0, 255, 0), 2)
plt.imshow(img)
plt.axis('on')
plt.title('image')
plt.show()
```

使用 dlib 库中正脸检测器识别出的人脸框图如图 3-5-1 所示，其与使用 Haar 特征检测的人脸几乎相同。

图 3-5-1 dlib 人脸检测图

扫码看彩图

3.6 人脸识别

扫码看视频

3.6.1 人脸识别的发展历程

人脸识别是基于人的脸部特征信息进行身份识别的一种生物识别技术。人脸识别属于目标检测的一个扩展分支，它不仅需要检测出人脸的位置，还需要识别人脸所对应的真实身份。人脸识别技术的发展大致经历了三个阶段：早期研究阶段、蓬勃发展阶段和实际应用阶段。

1. 早期研究阶段

人脸识别的研究大致开始于20世纪50~60年代，并持续至20世纪80年代。在此期间人脸识别的研究仅被当作一个简单的模式识别问题，主要是基于人脸本身的集合特征来实现识别，包括眼睛、鼻子、耳朵、下巴、额头等具体视觉特征之间的几何联系，并使用计算机来建立较高质量的人脸灰度图像模型。这种典型的模式识别的分裂技术始终还是用人脸的正面或侧面特点的距离来测量，但这种方法仅对于变形较少的正面人脸有一定效果，而且这个阶段的人脸识别过程几乎完全离不开操作人员，所构建的系统还不能完全自主运行。

这一阶段的研究主要在高校研究机构的实验室里进行，全部依赖研究人员的手动操作，不能实现自动化的人脸识别，仅处于理论研究阶段。

2. 蓬勃发展阶段

人脸识别技术的蓬勃发展主要在20世纪的90年代，在此期间人脸识别的研究成果非常丰硕，特别是在识别算法以及人脸数据库资源上。主要表现如下：

1）诞生了非常著名的"特征脸"人脸识别方法。

2）采用更具代表性的一些人脸识别先进算法，特别是深度学习算法。

3）建立了庞大的人脸识别数据库资源，例如美国等国家机构投入巨大的人力财力来资助多项人脸识别项目的深入研究，创建了知名的FERET人脸识别数据库，而且该人脸识别数据库也是目前应用最广泛的数据库资源之一。

这一时期诞生的丰硕的人脸识别研究成果极大地推动了人脸识别技术的实用化进程，也为现在的人脸识别先进算法的进一步改进提供了诸多理论及经验上的指导。

3. 实际应用阶段

人脸识别技术自21世纪以来在很多细分行业和领域已经开始有了较为广泛的实际应用，方便了日常工作和生活。随着人脸识别技术的不断成熟，除了在门禁考勤、安防、金融等领域应用之外，还可以应用在其他的场景，例如商业、运动、教育等。

3.6.2 人脸识别的行业前景

从目前我国在人脸识别技术领域领先企业的应用布局来看，安防和金融是相对布局较多的领域，在物流、零售、智能手机、汽车、教育、地产、文娱广告等领域也均开始涉足。人脸识别行业前景将会呈现以下发展趋势：

1）人脸识别应用最广泛领域之一便是安防行业，不仅给整个安防行业注入了新的生命活力，也进一步开拓了新的发展市场。安防市场未来发展方向——智能视频分析的最重要的技术之一就是人脸识别。

2）我国的三维测量技术近年来发展形势较好，3D人脸识别算法对2D投影的缺陷做了补充，此外对于其中的传统难点，包括人脸旋转、遮挡、相似度等都有很好的应对，这也成为人脸识别技术的另一个重要发展路线。

3）大数据深度学习进一步提升了人脸识别的精确度，这也为2D人脸识别的应用做了一定的突破，将其应用于互联网金融行业当中，能够快速普及金融类应用。

4）人脸识别技术由于其便利性、安全性，可在智能家居中用于门禁系统以及鉴权系统，因此智能家居与人脸识别技术的融合是未来发展的重点方向。智能家居中的人脸识别系统是结合嵌入式操作系统和嵌入式硬件平台建立的，加强了人脸识别技术与智能家居应用的结合度，具有概念新、实用性强等特点。

5）人脸识别技术也是大数据领域的重要发展方向之一。如今公安部门引入了大数据技术，弥补了传统技术的缺点，通过人脸识别技术使照片数据再次存储利用，大大提升了公安信息化的管理和统筹，这将成为未来人脸识别的主要发展趋势。

3.6.3　人脸识别的常用方法

人脸识别作为图像识别的一种，可以用图像识别的方法（如卷积神经网络）来实现。不过人脸识别需要更精确的预处理过程，需要将人脸检测出来然后传给神经网络。

1. 基于特征脸的方法

特征脸是一种比较经典而又应用比较广的人脸识别方法，主要原理是把图像做降维算法，使数据处理更容易，同时，速度可以更快。

特征脸的人脸识别方法，实际上是将图像做K-L变换，把一个高维的向量转化为低维的向量，从而消除每个分量存在的关联性，使得变换得到的图像与之对应特征值递减。在图像经过K-L变换后，具有很好的位移不变性和稳定性。所以，特征脸的人脸识别方法具有方便实现、速度更快以及对正面人脸图像的识别率高等优点。

但是该方法也有不足的地方，就是比较容易受人脸表情、姿态和光照改变等因素的影响，导致识别率低。

通过上面的介绍不难发现，在人脸识别系统中，特征脸方法的识别速度比较快，优于其他的大多数方法，因此，在人脸正面识别技术领域中，特征脸方法深受欢迎。

2. 基于几何特征的方法

基于几何特征的识别方法是根据人脸面部器官的特征及其几何形状进行的一种人脸识别方法，是人们最早研究及使用的识别方法。它主要采用不同人脸的不同特征信息进行匹配识别，这种算法具有较快的识别速度，同时占用的内存也比较少，但是识别率并不算高。

流程大体如下：首先对人脸面部的各个特征点及其位置进行检测，例如鼻子、嘴巴和眼睛等位置，然后计算这些特征之间的距离，得到可以表达每个特征脸的矢量特征信息，例如眼睛的位置、眉毛的长度等，其次计算每个特征与之相对应关系，与人脸数据库中已知人脸的特征信息做比较,最后得出更佳匹配的人脸。

基于几何特征的方法符合人们对人脸特征的认识,另外,每幅人脸只存储一个特征,所以占用的空间比较小。同时,这种方法对光照引起的变化并不会降低识别率,而且特征模板的匹配和识别率比较高。但是,基于几何特征的方法鲁棒性不好,如果表情和姿态稍微变化,识别效果将大打折扣。

3. 基于神经网络的方法

神经网络模型在图像识别中的应用已经有比较长的时间,如 BP 神经网络等,它是模仿人类大脑活动方式去实现的。目前,比较有代表性的神经网络模型设计的方法主要有混合型神经网络、主元神经网以及卷积神经网络等方法。神经网络方法目前可以做到比较高的识别率,当然也存在着网络训练时间长以及难以收敛等问题。

4. 基于支持向量机的方法

支持向量机(SVM)的方法在人脸识别中的应用起源于统计学理论,它研究的方向是如何构造有效的学习机器,并用来解决模式的分类问题。其特点是将图像变换空间,在其他空间做分类。

支持向量机结构相对简单,而且可以达到全局更优等特点,所以支持向量机目前在人脸识别领域取得了广泛的应用。但是该方法和神经网络的方法一样有不足,就是需要很大的存储空间,并且训练速度比较慢。

5. 其他综合方法

以上是几种比较常用的人脸识别方法,每一种识别方法都不能做到完美的识别率与更快的识别速度,都有着各自的优点和缺点。因此,现在许多研究人员更喜欢将多种识别方法综合应用,取各种识别方法的优势,以达到更高的识别率和识别效果。

当然,Python 作为一门简洁方便的语言,有专门的人脸识别库——face_recognition。下面就开始介绍人脸识别开源库 face_recognition。

3.7 认识 face_recognition 开源库

3.7.1 face_recognition 基本介绍

face_recognition 是一个开源的、简洁的人脸识别库,基于 C++ 的开源库 dlib,具有深度学习功能。可以使用 Python 和命令行工具提取人脸特征、识别人脸。face_recognition 的安装也很简单,由于依赖 dlib 库,所以安装之前需要先安装好 dlib,接着只需通过"pip install face_recognition"命令安装即可。

face_recognition 可以实现的功能包括人脸检测、人脸关键点检测、人脸识别等。

3.7.2　face_recognition 识别人脸流程

face_recognition 进行人脸识别的主要步骤有人脸编码和人脸匹配。其中人脸匹配又涉及了人脸距离（相似度）的计算。

在人脸编码中，使用了 face_recognition.face_encodings（）函数，作用是将加载的图片转换成一个 128 维的包含人脸特征的数组。所谓人脸特征距离，就是用当前的人脸编码与人脸编码库中的编码做欧几里得距离运算得出的值。使用 face_distance（face_encodings，face_to_compare）函数来计算人脸特征距离，其中 face_encodings 为人脸编码列表（库），face_to_compare 为要比较的人脸编码。该函数返回的是一个列表，里面是要比较的人脸编码与人脸编码库中每一张人脸经过欧几里得计算的距离。

所谓人脸匹配，就是在人脸编码库中查找有没有与测试人脸最为相似的，其实跟相似度计算是一个道理。这里用到的是 compare_faces（）方法。compare_faces（known_face_encodings，face_encoding_to_check，tolerance = 0.6）有三个参数：

1）known_face_encodings：人脸编码列表。

2）face_encoding_to_check：要比较的单张人脸。

3）tolerance：两张脸之间有多少距离才算匹配，默认是 0.6。

函数返回值是一个经过相似度计算的布尔值列表。

3.8　实战案例——基于 face_recognition 的人脸识别

3.8.1　案例描述

在熟悉了人脸识别库 face_recognition 的流程步骤后，接下来的案例就是基于 face_recognition 来实现人脸识别。

3.8.2　案例目标

1）熟悉 face_recognittion 人脸识别库的基础知识和操作流程。

2）计算人脸特征距离，在人脸编码库中查找出最为相似的人脸，并为其打上标签。

3.8.3　案例分析

face_recognition 实现人脸识别的流程是编写目标代码，并在识别后用框标注出人脸所对应的名字。

3.8.4 案例实施

1. 导入人脸识别库和 OpenCV 库

```
import face_recognition
import cv2
```

2. 创建人脸库

这里使用两张人脸作为人脸编码库。

```
davia_image = face_recognition.load_image_file("data/Davia.jpg")
davia_face_encoding = face_recognition.face_encodings(davia_image)[0]
lina_image = face_recognition.load_image_file("data/Lina.jpg")
lina_face_encoding = face_recognition.face_encodings(lina_image)[0]
```

把每张人脸的编码放在一个列表中，作为人脸编码库。

```
known_encodings = [
    davia_face_encoding,
    lina_face_encoding
]
```

3. 计算匹配度

建立完人脸编码库之后，使用另一张 Davia 图片作为测试图片。

```
image2 = face_recognition.load_image_file("data/Davia2.jpg")
face_encoding2 = face_recognition.face_encodings(image2)[0]
```

计算距离。

```
face_distances = face_recognition.face_distance(known_encodings, face_encoding2)
```

计算匹配度。

```
matches = face_recognition.compare_faces(known_encodings, face_encoding2)
```

4. 标注人脸姓名

这里需要再建立一个人脸名字列表，列表中的名字顺序与人脸编码列表中的顺序一一对应。

```
known_names = [
    'Davia',
    'Lina'
]
```

5. 定位人脸位置

接着使用 face_locations 方法定位人脸,然后遍历在这张图片上找到的每一张脸。这里采用一张新的图片(有两张人脸的)进行验证。

```
test_image = face_recognition.load_image_file('data/two_people.jpg')
face_locations = face_recognition.face_locations(test_image)
```

face_locations 是一个列表,里面存储着每张人脸的位置坐标。

同样的,对其进行编码。

```
face_encodings = face_recognition.face_encodings(test_image, face_locations)
```

前面用框标注的时候使用的是 OpenCV 方法,这里学习使用 pillow 模块来绘制人脸框。

```
import numpy as np
from PIL import Image, ImageDraw
import matplotlib.pyplot as plt
pil_image = Image.fromarray(test_image)
draw = ImageDraw.Draw(pil_image)
```

6. 找出匹配图片并可视化

先初始化 name 变量,即为 Unknown。接下来取人脸距离相似度计算中最小值的索引,然后在 matches 列表中进行值判断,如果为 True,则再取索引对应的名字赋值给 name。整个流程如下:

1) 测试图片中的每张人脸与人脸编码库进行匹配计算,得到 matches 列表。
2) 进行相似度计算,得到最小索引。
3) 根据索引找名字。
4) 标注名字。

下面查找与所标注的人脸匹配的人脸编码并将查找到的名字赋值给人脸,然后将识别出的人脸进行可视化。

```python
for (top, right, bottom, left), face_encoding in zip(face_locations, face_encodings):
    matches = face_recognition.compare_faces(known_encodings, face_encoding)
    name = 'Unknown'
    face_distances = face_recognition.face_distance(known_encodings, face_encoding)
    best_match_index = np.argmin(face_distances)
    if matches[best_match_index]:
        name = known_names[best_match_index]
    draw.rectangle(((left, top), (right, bottom)), outline=(0, 0, 255))
    # 在脸下面画一个有名字的标签
    text_width, text_height = draw.textsize(name)
    draw.rectangle(((left, bottom - text_height - 10), (right, bottom)), fill=(0, 0, 255), outline=(0, 0, 255))
    draw.text((left + 6, bottom - text_height - 5), name, fill=(255, 255, 255, 255))
del draw
plt.figure(figsize=(14, 24))
plt.imshow(pil_image)
plt.axis('on')
plt.title('image')
plt.show()
```

使用 face_recognittion 人脸识别库中的函数识别出的人脸如图 3-8-1 所示，可以看到，已经在建立的人脸编码库中找到相似的人脸，将匹配的名字赋值给人脸并显示在方框下方。

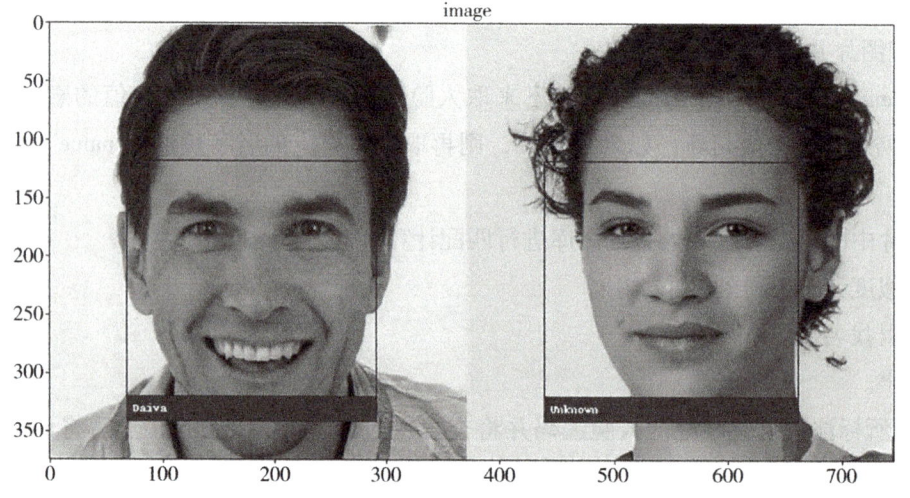

扫码看彩图

图 3-8-1　人脸识别

单元小结

本单元主要讲解了计算机视觉中应用最广的人脸识别任务,首先需要学会目标检测的基本概念和使用 YOLOv3 进行目标检测,然后掌握人脸检测方法中基于 Haar 特征和基于 Hog 特征方法来对人脸图片进行检测,最后了解人脸识别的常用方法并学会使用 face_recongnition 开源库进行人脸识别。

学习评估

课程名称:计算机视觉应用开发			
学习任务:人脸识别			
课程性质:理实一体课程		综合得分:	

知识掌握情况评分(45分)

序号	知识考核点	配分	得分
1	目标检测的基础知识以及常用方法	10	
2	人脸检测的基础知识	5	
3	了解基于 Haar 特征和 Hog 特征的人脸检测方法	10	
4	人脸检测的评价指标	10	
5	了解 face_recognittion 人脸识别库的流程	10	

工作任务完成情况评分(55分)

序号	能力操作考核点	配分	得分
1	使用 YOLOv3 进行目标检测	10	
2	基于 Haar 特征的人脸检测任务	15	
3	基于 Hog 特征的人脸检测任务	15	
4	使用 face_recognition 人脸识别库进行人脸识别	15	

单元习题

单项选择题：

（1）以下是 one-stage 检测算法的是（　　）。

A. R-CNN　　　　　　　　　　B. Fast R-CNN

C. Faster R-CNN　　　　　　　D. YOLO

（2）以下说法不正确的是（　　）

A. COCO 数据集有 81 个类别。

B. OpenCV 人脸检测是基于 Haar 特征实现的。

C. dlib 人脸检测是基于 Hog 特征实现的。

D. 评价人脸检测效果的好坏常用三个指标：召回率、误检数和检测速度。

（3）face_recognition 可以实现的功能不包括（　　）。

A. 人脸检测　　　　　　　　　B. 人脸关键点检测

C. 人脸识别　　　　　　　　　D. 人脸变形

（4）以下（　　）环境/条件有助于提升人脸识别的准确率。

A. 光照较弱的场景　　　　　　B. 遮挡部分人脸

C. 头部较大角度的倾斜　　　　D. 采用图像增强技术后的人脸图像

（5）通过比对，两张人脸的特征相似度（　　）阈值，即判定两张人脸属于同一人。

A. 大于　　　　　　　　　　　B. 等于

C. 小于　　　　　　　　　　　D. 不相关

简答题：

1. 简述 IoU 的计算方式和用途。

2. 简述人脸识别的大致流程步骤。

3. 简述任意一种基于机器学习的人脸检测方法。

Unit 4

单元4
图像增强

单元概述

前面已经学习了分类、检测任务，本单元开始学习计算机视觉的新任务——图像增强。无论是图像分类还是人脸识别，训练数据的多少都会影响到最后分类的精确性。对于小规模的数据分类工作，如何取得良好的分类效果呢？

图像增强作为计算机视觉中非常重要的数据补充，能够利用有限的数据创造尽可能多的利用价值，更好地完成图像分类任务。那究竟什么是图像增强和怎样实现图像增强呢？本单元会详细介绍图像增强的概念和技术，并介绍多种方法来实现图像增强。

接下来进入本单元的学习吧！

学习目标

知识目标
- 了解图像增强的基本概念和意义；
- 了解有监督图像增强的概念以及方法；
- 了解无监督图像增强的概念以及方法。

技能目标
- 能够使用基于 mixup 算法的图像增强方法实现图像增强；
- 能够使用基于 cutmix 算法的图像增强方法实现图像增强；
- 能够使用 Autoaugmentation 方法实现图像增强；
- 能够使用 Randaugment 方法实现图像增强。

素养目标
- 培养学生的记忆和理解能力；
- 培养学生项目设计、实践的能力。

单元4 图像增强

4.1 图像增强概述

4.1.1 图像增强的基本概念

在工业场景中,因为工艺技术现在发展比较好,所以很难收集到大量的缺陷数据用于深度学习的学习和训练,针对这种情况,可以利用数据增强来帮助深度学习算法更好地学习小样本中的特征。数据增强(Data Augmentation)是一种通过让有限的数据产生更多的等价数据来人工扩展训练数据集的技术。它是克服训练数据不足的有效手段,目前在深度学习的各个领域中应用广泛。

扫码看视频

扫码看视频

扫码看视频

例如经典的机器学习例子——哈士奇误分类为狼:通过可解释性方法,可发现错误分类是由于图像上的雪。如图 4-1-1 所示,通常狗对比狼的图像里面雪地背景比较少,分类器学会使用雪作为一个特征来将图像分类为狼还是狗,而忽略了动物本体的特征。此时,可以通过数据增强的方法,增加变换后的数据(如背景换色、加入噪声等方式)来训练模型,帮助模型学习到本体的特征,提高泛化能力。

扫码看彩图

图 4-1-1 哈士奇与狼

需要关注的是,数据增强样本也有可能引入片面噪声,导致过拟合。此时需要考虑调整数据增强方法,或者通过算法(可借鉴 Pu-Learning 思路)选择增强数据的最佳子集,以提高模型的泛化能力。

4.1.2 图像增强的意义

深度神经网络在许多任务中表现良好，但这些网络通常需要大量数据才能避免过度拟合。遗憾的是，许多场景无法获得大量数据，例如医学图像分析。对于分类模型来说，有这样一个结论：

$$P\left(test\ error < training\ error + \sqrt{\frac{h\left(log\left(\frac{2N}{h}+1\right)-log\left(\frac{\eta}{4}\right)\right)}{N}}\right) = 1-\eta$$

其中，N 是训练样本数量；$0 \leq \eta \leq 1$；h 是分类模型的 VC dimension（用于衡量布尔函数的复杂度）。

$\sqrt{\frac{h\left(log\left(\frac{2N}{h}+1\right)-log\left(\frac{\eta}{4}\right)\right)}{N}}$ 这项也叫作 model complexity penalty。从公式中可以看出如果想要使模型的泛化能力比较好，就要保证 training error 和 model complexity penalty 都比较小。从 model complexity penalty 这一项可以看出，h 越大，model complexity penalty 就会越大；N 越大，model complexity penalty 就会越小。大致上来说，越复杂的模型有着越大的 h（VC dimension），所以为了模型有较好的 generalization，需要有较大的 N 来压低 model complexity penalty，这就是为什么深度学习需要大量的数据来训练，否则模型的泛化能力会比较差。

关于数据是否是新模型驱动的讨论，无论结果如何都无法改变在实际工作中获取数据成本很高这一事实（人工费用、许可证费用、设备运行时间等方面）。另外图像分类准确度随着训练集的增大而增大，然而模型的鲁棒性在到达某个阈值之后便开始下降。

对于计算机视觉来说，深度学习图像分类的经验法则是每一个分类需要至少 1000 幅图像，如果使用预训练模型，这个需求可以显著下降。数据增强技术的存在是为了解决这个问题，这是针对有限数据问题的解决方案。数据增强技术可提高训练数据集的大小和质量，以便构建更好的深度学习模型。在计算视觉领域，生成增强图像相对容易。即使引入噪声或裁剪图像的一部分，模型仍可以对图像进行分类。数据增强有一系列简单有效的方法可供选择，有一些机器学习库来进行计算视觉领域的数据增强，比如 imgaug 封装了很多数据增强算法，给开发者提供了方便。

总体来说，数据增强的作用在于：

1）避免过拟合。当数据集具有某种明显的特征，例如数据集中图片基本在同一个场景中拍摄，使用 Cutout 方法和风格迁移变化等相关方法可避免模型学习到与目标无关的信息。

2）提升模型鲁棒性，降低模型对图像的敏感度。当训练数据都属于比较理想的状态，碰到一些特殊情况，如遮挡、亮度、模糊等情况时容易识别错误，对训练数据加上噪声、掩码等方法可提升模型的鲁棒性。

3）增加训练数据，提高模型泛化能力。

4）避免样本不均衡。在工业缺陷检测、医疗疾病识别方面，容易出现正负样本极度不平衡的情况，通过对小样本进行数据增强，降低样本的不均衡比例。

计算视觉领域的图像增强算法大致可以分为两类：第一类是基于基本图像处理技术的数据增强，第二类是基于深度学习的数据增强算法。按照有无图像作为参考依据，图像增强也可分为有监督的图像增强和无监督的图像增强，下面将以有无图像作为参考来逐步介绍有哪些方法可以实现图像增强。

4.2 有监督的图像增强

扫码看视频

有监督图像增强，即采用预设的图像变换规则，在已有图像的基础上进行图像的扩增，包含单样本图像增强和多样本图像增强，其中单样本又包括几何操作类、颜色变换类。

4.2.1 单样本图像增强

单样本图像增强主要有几何操作、颜色变换、随机擦除、添加噪声等方法。

1. 裁剪

进行裁剪操作主要是考虑原始图像的宽高扰动。在大多数图像分类网络中，样本在输入网络前必须要统一大小，所以通过调整图像的尺寸可以扩展大量的数据。通过裁剪有两种扩展方式，一种是对大尺寸的图像直接按照输入网络的需要尺寸进行裁剪，比如原始图像的尺寸是 256×256 px，现在网络需要输入的图像像素尺寸是 224×224 px，可以直接在原始图像上随机裁剪出 224×224 px 的大小，这样一张图可以扩充为 32×32 张图片。另外一种是随机裁剪固定尺寸大小的图片，然后将图像通过插值算法调整到网络需要的尺寸大小。由于数据集中的数据通常大小不一，第二种方法使用较多。

使用 OpenCV 进行图像裁剪，利用随机数确定图像的裁剪范围，代码如下：

首先导入所需的库。

```
import cv2
import matplotlib.pyplot as plt
import numpy as np
from matplotlib.font_manager import FontProperties
```

生成随机数，对图片进行随机裁剪。

```
img_path = 'img.jpg'
img = cv2.imread(img_path)
img = cv2.cvtColor(img, cv2.COLOR_BGR2RGB)
h, w, _ = img.shape
new_h1, new_h2 = np.random.randint(0, h-512, 2)
new_w1, new_w2 = np.random.randint(0, w-512, 2)
img_crop1 = img[new_h1:new_h1+512, new_w1:new_w1+512, :]
img_crop2 = img[new_h2:new_h2+512, new_w2:new_w2+512, :]
```

可视化原图以及随机裁剪的图片。

```
font = FontProperties(fname=r"c:\\windows\\fonts\\simsun.ttc", size=14)
plt.figure(figsize=(15, 10))
plt.subplot(1,3,1), plt.imshow(img)
plt.axis('off'); plt.title('原图', fontproperties=font)
plt.subplot(1,3,2), plt.imshow(img_crop1)
plt.axis('off')
plt.subplot(1,3,3), plt.imshow(img_crop2)
plt.axis('off')
plt.show()
```

裁剪结果如图 4-2-1 所示，左侧为原图片，中间与右侧则为随机裁剪后的图片。从图中可以看出，随机裁剪的图片是将原图片放大后随机选取了一部分。

扫码看彩图

图 4-2-1　原图与随机裁剪的两张图片

2. 翻转和旋转

翻转和旋转都是将原始的图像像素在位置空间上做变换，图像的翻转是将原始的图像进行镜像操作，镜像操作在数据增强中会经常被使用，并且起了非常重要的作用。主要包括水平镜像翻转、垂直镜像翻转和原点镜像翻转。在具体使用中，需要结合数据形式选择相应的翻转操作，比如数据集是汽车图像数据，训练集和测试集都是正常拍摄的图片。此时只使用水平镜像操作，如果加入垂直或者原点镜像翻转，会对原始图像产生干扰。

角度旋转操作和图像镜像相对，它主要是沿着画面的中心进行任意角度的变换，该变换是通过将原图像和仿射变换矩阵相乘实现的。为了实现图像的中心旋转，除了要知道旋转角度，还要计算平移的量才能让仿射变换的效果等效于旋转轴的画面中心。仿射变换矩阵是一个余弦矩阵，在 OpenCV 中有对应的库 cv2.getRotationMatrix2D（center，angle，scale），该函数中 center 是旋转中心，angle 是逆时针旋转角度，scale 是缩放倍数，对于只是旋转的情况参数值是 1，返回值就是仿射变换的矩阵。然后通过 cv2.warpAffine（）将原图像矩阵乘以旋转矩阵得到最终的结果。

通过上述的操作，旋转的图像会存在黑边，如果想去除图片的黑边，需要裁切原始图像。对旋转后的图像取最大内接矩阵，该矩阵的长宽比和原始图像相同，如图 4-2-2 所示。要计算内切矩阵的坐标 Q，需要通过旋转角度和原始图像矩阵的边长 OP 得到。

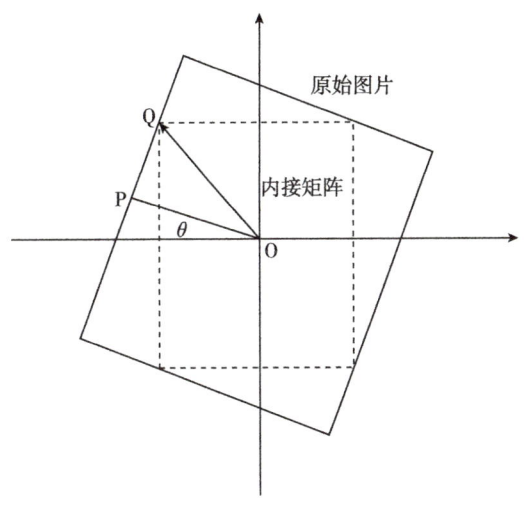

图 4-2-2 图片旋转

利用 OpenCV 实现图片旋转操作的代码如下：
首先定义去除黑边的剪切函数。

```
crop_image = lambda img, x0, y0, w, h: img[y0:y0 + h, x0:x0 + w]   # 定义裁切函数,
后续裁切黑边使用
```

然后定义图像旋转的函数,可选择增加去除黑边操作。

```
def rotate_image(img, angle, crop):
    """
    angle:旋转的角度
    crop:是否需要进行裁剪,布尔向量
    """
    w, h = img.shape[:2]
    # 旋转角度的周期是360°
    angle %= 360
    # 计算仿射变换矩阵
    M_rotation = cv2.getRotationMatrix2D((w/2, h/2), angle, 1)
    # 得到旋转后的图像
    img_rotated = cv2.warpAffine(img, M_rotation, (w, h))

    # 如果需要去除黑边
    if crop:
        # 裁剪角度的等效周期是180°
        angle_crop = angle % 180
        if angle > 90:
            angle_crop = 180 - angle_crop
        # 转化角度为弧度
        theta = angle_crop * np.pi/180
        # 计算高宽比
        hw_ratio = float(h)/float(w)
        # 计算裁剪边长系数的分子项
        tan_theta = np.tan(theta)
        numerator = np.cos(theta) + np.sin(theta) * np.tan(theta)

        # 计算分母中和高宽比相关的项
        r = hw_ratio if h > w else 1/hw_ratio
```

```
        # 计算分母项
        denominator = r * tan_theta + 1
        # 最终的边长系数
        crop_mult = numerator/denominator

        # 得到裁剪区域
        w_crop = int(crop_mult * w)
        h_crop = int(crop_mult * h)
        x0 = int((w - w_crop)/2)
        y0 = int((h - h_crop)/2)
        img_rotated = crop_image(img_rotated, x0, y0, w_crop, h_crop)
    return img_rotated
```

分别对图片进行水平镜像、垂直镜像、水平垂直镜像、90°旋转、45°旋转和去黑边旋转45°。

```
# 水平镜像
h_flip = cv2.flip(img,1)
# 垂直镜像
v_flip = cv2.flip(img,0)
# 水平垂直镜像
hv_flip = cv2.flip(img,-1)
# 90 度旋转
rows, cols, _ = img.shape
M = cv2.getRotationMatrix2D((cols/2, rows/2), 45, 1)
rotation_45 = cv2.warpAffine(img, M, (cols, rows))
# 45 度旋转
M = cv2.getRotationMatrix2D((cols/2, rows/2), 135, 2)
rotation_135 = cv2.warpAffine(img, M, (cols, rows))
# 去黑边旋转 45 度
image_rotated = rotate_image(img, 45, True)
```

可视化上述操作后的图片。

```
plt.figure(figsize=(15,10))
plt.subplot(2,3,1), plt.imshow(img)
plt.axis('off'); plt.title('原图', fontproperties=font)
plt.subplot(2,3,2), plt.imshow(h_flip)
plt.axis('off'); plt.title('水平镜像', fontproperties=font)
plt.subplot(2,3,3), plt.imshow(v_flip)
plt.axis('off'); plt.title('垂直镜像', fontproperties=font)
plt.subplot(2,3,4), plt.imshow(hv_flip)
plt.axis('off'); plt.title('水平垂直镜像', fontproperties=font)
plt.subplot(2,3,5), plt.imshow(rotation_45)
plt.axis('off'); plt.title('旋转45度', fontproperties=font)
plt.subplot(2,3,6), plt.imshow(image_rotated)
plt.axis('off'); plt.title('去黑边旋转45度', fontproperties=font)
plt.show()
```

上述代码通过 OpenCV 自带的 flip 函数实现了翻转操作，flip 函数的第二个参数是控制翻转的方向。通过内切矩阵公式计算可得到无黑边剪切结果。上述代码执行后的效果图如图 4-2-3 所示。

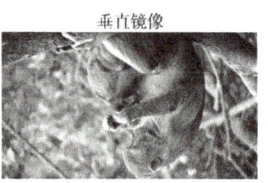

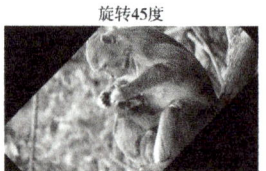

图 4-2-3　图片的镜像和旋转

3. 缩放

图像可以向外或向内缩放。向外缩放时，最终图像尺寸将大于原始图像尺寸，为了保持原始图像的大小，通常需要结合裁剪，从缩放后的图像中裁剪出和原始图像大小一样的图像。另一种方法是向内缩放，它会缩小图像的大小，缩小到预设的大小。缩放也会带来一些问题，例如缩放后的图像尺寸和原始图像尺寸的长宽比差异较大，会出现图像失真的现象。如果在实验中对最终的结果有一定的影响，则需要做等比例缩放，对不足的地方进行边缘填充。以下是缩放图片和可视化图片的代码。

```
img_2 = cv2.resize(img, (int(h * 1.5), int(w * 1.5)))
img_2 = img_2[int((h-512)/2):int((h+512)/2), int((w-512)/2):int((w+512)/2), :]
img_3 = cv2.resize(img, (512, 512))

## 显示
plt.figure(figsize = (15, 10))
plt.subplot(1, 3, 1), plt.imshow(img)
plt.axis('off'); plt.title('原图', fontproperties = font)
plt.subplot(1, 3, 2), plt.imshow(img_2)
plt.axis('off'); plt.title('向外缩放', fontproperties = font)
plt.subplot(1, 3, 3), plt.imshow(img_3)
plt.axis('off'); plt.title('向内缩放', fontproperties = font)
plt.show()
```

图 4-2-4 中分别显示了原图、向外缩放后的图和向内缩放后的图。可以看出缩放后的图片相比较于原图，长和宽上都进行了改变。

原图

向外缩放

向内缩放

扫码看彩图

图 4-2-4　图片向内和向外缩放

4. 移位

移位只涉及沿 x 或 y 方向（或两者）移动图像，如果图像的背景是单色，使用该方法可以很有效地增强数据数量，可以通过 cv2.warpAffine(img, mat_shift, (h, w)) 实现图像移位功能，其中，img 代表需要进行移位的图片，mat_shift 代表移动的坐标，内部为一个两行三列的数组，分别记录沿 x 方向和 y 方向移动的距离，(h, w) 为输出图像的大小。下面代码将图片沿 x 方向和 y 方向分别进行正向移动和负向移动。

```
mat_shift = np.float32([[1,0,100],[0,1,200]])
img_1 = cv2.warpAffine(img, mat_shift, (h, w))
mat_shift = np.float32([[1, 0, -150],[0, 1, -150]])
img_2 = cv2.warpAffine(img, mat_shift, (h, w))
```

下面代码将原图片和移动后的图片一起进行可视化。

```
plt.figure(figsize = (15, 10))
plt.subplot(1,3,1), plt.imshow(img)
plt.axis('off'); plt.title('原图', fontproperties = font)
plt.subplot(1,3,2), plt.imshow(img_1)
plt.axis('off'); plt.title('向右下移动', fontproperties = font)
plt.subplot(1,3,3), plt.imshow(img_2)
plt.axis('off'); plt.title('左上移动', fontproperties = font)
plt.show()
```

如图 4-2-5 所示，从左往右分别为原图、向右移动 100 个像素同时向下移动 200 个像素的图片和向左移动 150 个像素同时向上移动 150 个像素的图片。

扫码看彩图

图 4-2-5　图片向右下和左上移动

5. 高斯噪声

当神经网络试图学习可能无用的高频特征（即图像中大量出现的模式）时，通常会发生过度拟合。具有零均值的高斯噪声基本上在所有频率中具有数据点，从而有效地扭曲高频特征。这也意味着较低频率的组件也会失真，但向神经网络中添加适量的噪声可以增强其学习能力。

基于噪声的数据增强就是在原图片的基础上，随机叠加一些噪声，最常见的做法就是添加高斯噪声。更复杂一点的就是在面积大小可选定、位置随机的矩形区域上丢弃像素产生黑色矩形块，从而产生一些彩色噪声，以 Coarse Dropout 方法为代表，甚至还可以在图片上随机选取一块区域并擦除图像信息。以下是定义添加高斯噪声的函数。

```python
def gasuss_noise(img, mean=0, var=0.005):
    """
    添加高斯噪声
    mean：均值
    var：方差
    """
    image = img.copy()
    image = np.array(image/255, dtype=float)
    noise = np.random.normal(mean, var**0.5, image.shape)
    out = image + noise
    if out.min() < 0:
        low_clip = -1.
    else:
        low_clip = 0.
    out = np.clip(out, low_clip, 1.0)
    out = np.uint8(out*255)
    return out
```

以下是显示添加高斯噪声后的图片可视化程序：

```python
img_s1 = gasuss_noise(img, 0, 0.005)
img_s2 = gasuss_noise(img, 0, 0.05)
plt.figure(figsize=(15, 10))
plt.subplot(1, 3, 1), plt.imshow(img)
plt.axis('off'); plt.title('原图', fontproperties=font)
```

```
plt.subplot(1,3,2), plt.imshow(img_s1)
plt.axis('off'); plt.title('方差为 0.005', fontproperties=font)
plt.subplot(1,3,3), plt.imshow(img_s2)
plt.axis('off'); plt.title('方差为 0.05', fontproperties=font)
plt.show()
```

图 4-2-6 显示的从左往右分别为原图、添加方差为 0.005 噪声后的图片和添加方差为 0.05 噪声后的图片。

图 4-2-6　图片添加方差为 0.005 和 0.05 的高斯噪声

扫码看彩图

6. 色彩抖动

上面提到的图像中有一个比较大的难点是背景干扰，在实际工程中为了消除图像在不同背景中存在的差异性，通常会做一些色彩抖动操作，扩充数据集合。色彩抖动主要是在图像的颜色方面做增强，主要调整的是图像的亮度、饱和度和对比度。这种方法不是任何数据集都适用，通常如果不同背景的图像较多，加入色彩抖动会有很好的提升。下面是改变图片背景色彩的随机函数。

```
import random
from PIL import Image
from PIL import ImageEnhance

def randomColor(image, saturation=0, brightness=0, contrast=0, sharpness=0):
    if random.random() < saturation:
        random_factor = np.random.randint(0, 31)/10.    # 随机因子
        image = ImageEnhance.Color(image).enhance(random_factor)    # 调整图像的饱和度
    if random.random() < brightness:
        random_factor = np.random.randint(10, 21)/10.    # 随机因子
        image = ImageEnhance.Brightness(image).enhance(random_factor)    # 调整图像的亮度
```

```
        if random.random() < contrast:
            random_factor = np.random.randint(10, 21)/10.    # 随机因子
            image = ImageEnhance.Contrast(image).enhance(random_factor)    # 调整图像的对比度
        if random.random() < sharpness:
            random_factor = np.random.randint(0, 31)/10.    # 随机因子
            ImageEnhance.Sharpness(image).enhance(random_factor)    # 调整图像的锐度
        return image
```

改变图片背景色彩,包括色彩饱和度、亮度、对比度和锐度等,并通过程序将这些图片进行可视化。

```
cj_img = Image.fromarray(img)
sa_img = np.asarray(randomColor(cj_img, saturation = 1))
br_img = np.asarray(randomColor(cj_img, brightness = 1))
co_img = np.asarray(randomColor(cj_img, contrast = 1))
sh_img = np.asarray(randomColor(cj_img, sharpness = 1))
rc_img = np.asarray(randomColor(cj_img, saturation = 1,
                                brightness = 1, contrast = 1, sharpness = 1))
plt.figure(figsize = (15, 10))
plt.subplot(2,3,1), plt.imshow(img)
plt.axis('off'); plt.title('原图', fontproperties = font)
plt.subplot(2,3,2), plt.imshow(sa_img)
plt.axis('off'); plt.title('调整饱和度', fontproperties = font)
plt.subplot(2,3,3), plt.imshow(br_img)
plt.axis('off'); plt.title('调整亮度', fontproperties = font)
plt.subplot(2,3,4), plt.imshow(co_img)
plt.axis('off'); plt.title('调整对比度', fontproperties = font)
plt.subplot(2,3,5), plt.imshow(sh_img)
plt.axis('off'); plt.title('调整锐度', fontproperties = font)
plt.subplot(2,3,6), plt.imshow(rc_img)
plt.axis('off'); plt.title('调整所有项', fontproperties = font)
plt.show()
```

改变图片背景色彩,包括色彩饱和度、亮度、对比度、锐度和所有项,并通过程序将这些图片进行可视化后的效果如图 4-2-7 所示。

扫码看彩图

图 4-2-7　对图片进行色彩调整后的对比图片

4.2.2　多样本增强

多样本增强是通过先验知识组合及转换多个样本,主要有 Smote、SamplePairing、Mixup 等方法在特征空间内构造已知样本的邻域值。

1. Smote（Synthetic Minority Over-sampling Technique）

Smote 方法较常用于样本均衡学习,核心思想是将训练集随机同类的两近邻样本合成一个新的样本,可以分为三步：

1）对于各样本 X_i,计算与同类样本的欧式距离,确定其同类的 k 个（如图 4-2-8 中选择 3 个）近邻样本。

2）从该样本的 k 个近邻中随机选择一个样本,如近邻 X_{ik},生成新的样本,计算公式如下：

$$X_{smote\_ik} = X_i + Rand(0,1) \times | X_i - X_{ik} |$$

3）重复步骤2）迭代 N 次,可以合成 N 个新的样本。

Smote 算法示例图如图 4-2-8 所示。

Python 程序中可以通过调用 from imblearn. over_ sampling import SMOTE 来实现 Smote 数据增强。具体代码如下：

```
from imblearn. over_sampling import SMOTE
print( "Before OverSampling, counts of label\n{}". format( y_train. value_counts( ) ) )
smote = SMOTE( )
x_train_res, y_train_res = smote. fit_resample( x_train, y_train)
print( "After OverSampling, counts of label\n{}". format( y_train_res. value_counts( ) ) )
```

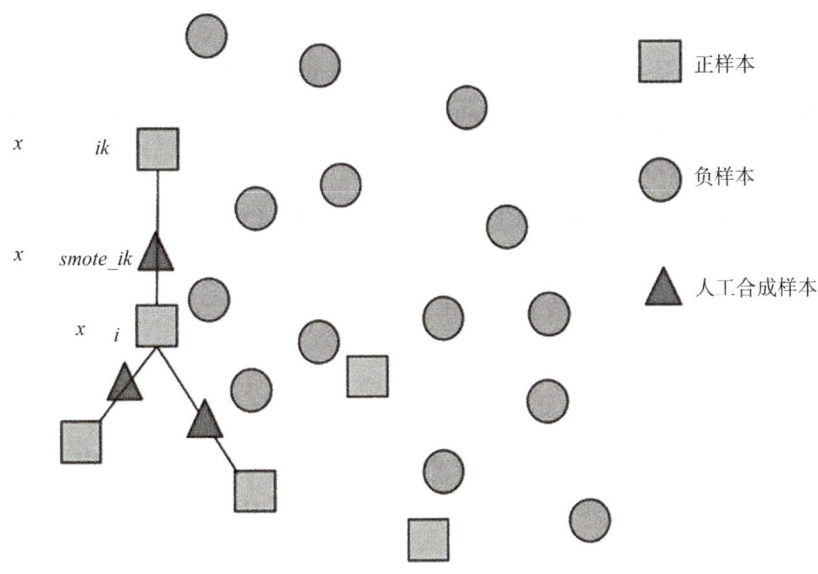

图 4-2-8　Smote 算法

2. SamplePairing

SamplePairing 算法的核心思想是从训练集随机抽取的两幅图像叠加合成一个新的样本（像素取平均值），使用第一幅图像的 label 作为合成图像的正确 label。SamplePairing 算法的基本流程图如图 4-2-9 所示。

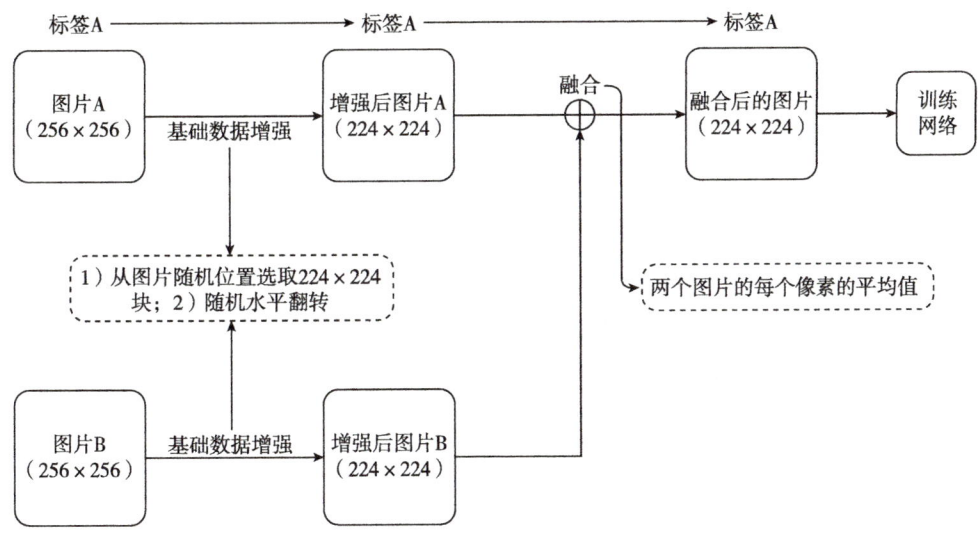

图 4-2-9　SamplePairing 算法

3. mixup

mixup 算法的核心思想是按一定的比例随机混合两个训练样本及其标签,这种混合方式不仅能够增加样本的多样性,还能使决策边界更加平滑,也增强了难例样本的识别,模型的鲁棒性得到提升。该方法可以分为两步:

1)从原始训练数据中随机选取的两个样本 (x_i, y_i) 和 (x_j, y_j)。其中 y(原始label)用 one-hot 编码。

2)对两个样本按比例组合,形成新的样本和带权重的标签:

$$\tilde{x} = \lambda x_i + (1 - \lambda) x_j$$

$$\tilde{y} = \lambda y_i + (1 - \lambda) y_j$$

最终的 loss 为各标签上分别计算的 cross-entropy loss 的加权求和。其中 $\lambda \in [0, 1]$,λ 是 mixup 的超参数,控制两个样本插值的强度。mixup 算法的基本流程图如图 4-2-10 所示。

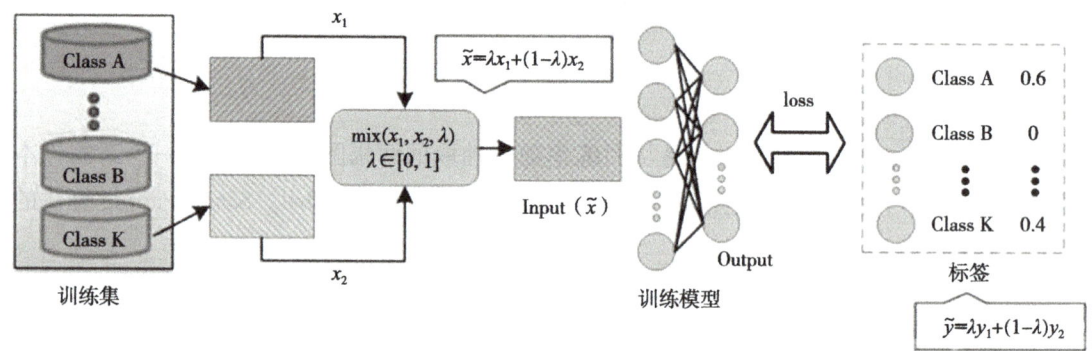

图 4-2-10 mixup 算法

4. cutmix

cutmix 作为 mixup 的改进版数据增强工具,解决了 mixup 算法的一些短板。mixup 的问题在于,图片数据在局部是模糊的、非自然的,因此会使模型混淆。cutmix 和 mixup 的区别是,混合位置采用的是 hard 0-1 掩码,而不是 soft 操作,相当于新合成的两张图是来自两张图片的 hard 结合,而不是 mixup 的线性组合,但是其 label 还是和 mixup 一样是线性组合。cutmix 方法的计算公式如下:

$$\tilde{x} = M \odot x_A + (1 - M) \odot x_B$$

$$\tilde{y} = \lambda y_A + (1 - \lambda) y_B$$

式中,M 是与原图大小相同的 {0, 1} 掩码矩阵;λ 用于控制标签融合的线性混合度,并且通过 λ 参数控制裁剪矩形大小,因为 λ 本身就是权衡两个图像的比例参数,可以反映到图像的大小上。

4.3 实战案例——基于 mixup/cutmix 算法的图像增强

4.3.1 案例描述

本案例对手写数字数据进行数据增强,然后对数字进行分类,对比两种数据增强算法 mixup 和 cutmix 的效果。

4.3.2 案例目标

1) 熟悉 mixup 算法和 cutmix 算法基础知识和操作流程。
2) 分别利用 mixup 和 cutmix 增强算法对图片进行数据增强。
3) 对增强后的图片进行图片分类。

4.3.3 案例分析

在上一节中已经讲解了两种算法 mixup 和 cutmix 的原理以及方法步骤。在接下来的案例中,将使用代码分别实现两种算法的手写数据图像增强,利用分类网络进行分类,对比两种算法的优劣。

4.3.4 案例实施

1. 导入库以及加载手写数字数据集

```
import numpy as np
import tensorflow as tf
from tensorflow.keras import *
import tensorflow.keras.backend as B
import matplotlib.pyplot as plt
import math

(x_train, y_train), (x_test, y_test) = datasets.mnist.load_data()
x_train = np.repeat(np.expand_dims(x_train/255.0/2, -1), 3, axis=-1).astype(np.float32)    # 扩展到3个通道
x_test = np.repeat(np.expand_dims(x_test/255.0/2, -1), 3, axis=-1).astype(np.float32)    # 扩展到3个通道
```

```python
y_train = np.eye(10)[np.reshape(y_train, -1)].astype(np.float32)    # one-hot
y_test = np.eye(10)[np.reshape(y_test, -1)].astype(np.float32)    # one-hot

print(x_train.shape, y_train.shape)    #(60000, 28, 28, 3) (60000, 10)
print(x_test.shape, y_test.shape)    #(10000, 28, 28, 3) (10000, 10)
```

2. 对图片进行可视化

```python
def xy_visualization(x, y):
    plt.imshow(x)
    plt.axis('off')
    plt.show()
    print(y.numpy())
```

3. mixup 多图融合

首先建立 mixup 算法的函数 aug_mixup()。

```python
@tf.function
def aug_mixup(img_batch, label_batch):
    # img_batch [N, image_h, img_w, img_channels]
    # label_batch [N, num_classes]
    batch_size = tf.shape(img_batch)[0]
    weight = tf.math.sqrt(1 - tf.random.uniform([batch_size]))    # beta distribution
    x_weight = tf.reshape(weight, [batch_size, 1, 1, 1])
    y_weight = tf.reshape(weight, [batch_size, 1])
    index = tf.random.shuffle(tf.range(batch_size, dtype=tf.int32))
    x1, x2 = img_batch, tf.gather(img_batch, index)
    img_batch = x1 * x_weight + x2 * (1. - x_weight)
    y1, y2 = label_batch, tf.gather(label_batch, index)
    label_batch = y1 * y_weight + y2 * (1. - y_weight)
    return img_batch, label_batch
```

对手写数据集中的数字进行 mixup 图片增强操作，并选取第一张图片进行可视化。

```
batch = tf.data.Dataset.from_tensor_slices((x_train, y_train)).shuffle(20).repeat(1).batch(512)
batch = batch.map(lambda a, b: aug_mixup(a, b))

x, y = batch.__iter__().__next__()
xy_visualization(x[0], y[0])
```

经过 mixup 图片增强后取第一张图片进行显示,如图 4-3-1 所示。

图 4-3-1　mixup 图像增强后的图片

mixup 图像增强后的图片标签为:

```
[0.         0.9544475  0.         0.         0.         0.
 0.         0.04555249 0.         0.        ]
```

4. cutmix 多图融合

首先定义 cutmix 算法的函数 cutmix( )。

```
@tf.function
def cutmix(img_batch, label_batch):
    batch_size, img_h, img_w = tf.shape(img_batch)[0], img_batch.shape[1], img_batch.shape[2]
```

```python
    # 随机选择位置
    cut_xs = tf.cast(tf.random.uniform([batch_size], 0, tf.cast(img_w, tf.float32)), tf.int32)    #(Batch Size)
    cut_ys = tf.cast(tf.random.uniform([batch_size], 0, tf.cast(img_h, tf.float32)), tf.int32)    #(Batch Size)
    cut_ratios = tf.math.sqrt(1 - tf.random.uniform([batch_size], 0, 1))    # 切割比率
    cut_ws = tf.cast(tf.cast(img_w, tf.float32) * cut_ratios, tf.int32)    # 切割宽度
    cut_hs = tf.cast(tf.cast(img_h, tf.float32) * cut_ratios, tf.int32)    # 切割高度
    yas = tf.math.maximum(0, cut_ys - cut_hs//2)          #(Batch Size)
    ybs = tf.math.minimum(img_h, cut_ys + cut_hs//2)     #(Batch Size)
    xas = tf.math.maximum(0, cut_xs - cut_ws//2)          #(Batch Size)
    xbs = tf.math.minimum(img_w, cut_xs + cut_ws//2)     #(Batch Size)
    # 选择要进行 cutmix 的随机图像
    index = tf.random.shuffle(tf.range(batch_size, dtype=tf.int32))
    x1, x2 = img_batch, tf.gather(img_batch, index)
    y1, y2 = label_batch, tf.gather(label_batch, index)

    X, Y = tf.meshgrid(tf.range(img_w), tf.range(img_h))
    X = tf.expand_dims(X, axis=0)#(1, img_h, img_w)
    Y = tf.expand_dims(Y, axis=0)#(1, img_h, img_w)
    img_weight = tf.math.logical_and(tf.math.logical_and(tf.reshape(xas, (-1, 1, 1)) <= X, X <= tf.reshape(xbs, (-1, 1, 1))), tf.math.logical_and(tf.reshape(yas, (-1, 1, 1)) <= Y, Y <= tf.reshape(ybs, (-1, 1, 1))))
    img_weight = tf.expand_dims(img_weight, axis=-1)    #(Batch Size, img_h, img_w, 1)
    img_batch = tf.where(img_weight, x2, x1)

    label_weight = tf.cast((ybs - yas) * (xbs - xas)/(img_h * img_w), tf.float32)    #(Batch Size)
    label_weight = tf.expand_dims(label_weight, axis=-1)    #(Batch Size, 1)
    label_batch = (label_weight) * y2 + (1 - label_weight) * y1
    return img_batch, label_batch
```

将手写数字数据集中的图片进行 cutmix 图像增强，并可视化前 5 个增强后的数字图片。

```
batch_size = 32
batch = tf.data.Dataset.from_tensor_slices((x_train, y_train)).repeat(1).batch(batch_size)
batch = batch.map(lambda a, b: cutmix(a, b))

x, y = batch.__iter__().__next__()
for i in range(5):
    xy_visualization(x[i], y[i])
```

经过 cutmix 图像增强后的数字 5 图片如图 4-3-2 所示。

图 4-3-2　cutmix 图像增强后的图片

cutmix 图像增强后的图片标签为：

| [0. | 0.04591837 | 0. | 0. | 0. | 0.95408165 |
| 0. | 0. | 0. | 0. |] | |

4.4 无监督的图像增强

扫码看视频

无监督的图像增强方法包括两类：

1）通过模型学习数据的分布，随机生成与训练数据集分布一致的图片，代表方法为 GAN。

2）通过模型学习，找出适合当前任务的图像增强方法，代表方法为 AutoAugment。

4.4.1 基于 GAN 的图像增强

生成对抗网络（Generative Adversarial Networks，GANs）由 Ian Goodfellow 于 2014 年推出，近年来成为机器学习研究中非常活跃的话题。GAN 是一种无监督生成模型，它隐含地学习底层分布。在 GAN 框架中，学习过程是两个网络之间的极大极小博弈，一个是生成器，生成给定随机噪声向量的合成数据；一个是鉴别器，区分真实数据和生成器的合成数据。详细的 GAN 知识将在单元 6 中介绍，并且将 GAN 用于图像风格迁移中。

在 2019 年 4 月的一篇论文 *Data Augmentation Using GANs* 中，作者为一个二分类问题（癌症检测）生成了完全合成的数据。引人注目的是，他们展示了决策树分类器在这个完全合成的数据集上比在原始的小数据集上训练时表现得更好。然而，这似乎是一个例外，在深度学习的图像分类中使用 GAN 来进行数据增强，并不如其他的增强策略有效。但是在少样本学习中，使用 GAN 进行数据增强仍然是非常有效的方式。还有很多基于 GAN 的数据增强方法的变体，例如 ACGAN、DAGAN、BAGAN。

在非常小或有限的数据集的情况下，使用 GAN 进行简单的数据增强有时可以提高分类器的性能，基于 GAN 的数据增强同样可以应用在迁移学习或少量学习上。随着 GAN 网络训练的稳定性和可靠性不断提高，GAN 数据增强将越来越多地应用于分类问题中。

4.4.2 Autoaugmentation

Autoaugment 是 Google 提出的自动选择最优图像增强方案的研究，是无监督图像增强的重要研究方向。它的基本思路是使用增强学习从数据本身寻找最佳图像变换策略，对于不同的任务学习不同的增强方法，流程如下：

1）准备 16 个常用的数据增强操作。

2）从 16 个中选择 5 个操作，随机产生使用该操作的概率和相应的幅度，将其称为 1

个 sub-policy，一共产生 5 个 sub-polices。

3）对训练过程中每一个 batch 的图片，随机采用 5 个 sub-polices 操作中的一种。

4）通过模型在验证集上的泛化能力来反馈，使用的优化方法是增强学习方法。

5）经过 80～100 个 epoch 后网络开始学习到有效的 sub-policies。

6）之后串接这 5 个 sub-policies，然后进行最后的训练。

对于 ImageNet 图像分类任务，Autoaugment 的学习侧重于微调颜色和色相分布。Autoaugment 虽然有着优秀的表现，但是即使是在 cifar-10 这样的小数据集，探索出一个数据增强策略，都要花费 5000 个 GPU hours，这显然是一个致命缺陷。因此，针对一些常用的数据集，例如 cifar-10、手写数字 SVHN 和 ImageNet，Autoaugment 都提供了最佳的图像变换策略，只需要在其中随机挑选出 5 个操作生成图像增强的图片即可。通过下面的代码来学习怎么使用 Autoaugment 算法进行图像增强。

1）首先利用 PIL 库对图像进行增强操作。PIL 库支持图像存储、显示和处理，它能够处理几乎所有图片格式，可以完成对图像的缩放、剪裁、叠加以及向图像添加线条、图像和文字等操作。PIL 库可以完成图像归档和图像处理两方面功能需求。①图像归档：对图像进行批处理、生成图像预览、图像格式转换等；②图像处理：包括图像基本处理、像素处理、颜色处理等。下面介绍 Autoaugmen 算法中的 14 种常见数据增强操作。

```
from PIL import Image, ImageEnhance, ImageOps
import random

# ShearX 沿 X 轴剪切
class ShearX(object):
    def __init__(self, fillcolor=(128, 128, 128)):
        self.fillcolor = fillcolor

    def __call__(self, x, magnitude):
        return x.transform(x.size, Image.AFFINE, (1, magnitude * random.choice([-1, 1]), 0, 0, 1, 0), Image.BICUBIC, fillcolor=self.fillcolor)

# ShearY 沿 Y 轴剪切
class ShearY(object):
    def __init__(self, fillcolor=(128, 128, 128)):
        self.fillcolor = fillcolor
```

```python
    def __call__(self, x, magnitude):
        return x.transform(x.size, Image.AFFINE, (1, 0, 0, magnitude * random.choice([-1, 1]), 1, 0), Image.BICUBIC, fillcolor = self.fillcolor)

# TranslateX 沿 X 轴翻转
class TranslateX(object):
    def __init__(self, fillcolor = (128, 128, 128)):
        self.fillcolor = fillcolor

    def __call__(self, x, magnitude):
        return x.transform(x.size, Image.AFFINE, (1, 0, magnitude * x.size[0] * random.choice([-1, 1]), 0, 1, 0), fillcolor = self.fillcolor)

# TranslateY 沿 Y 轴翻转
class TranslateY(object):
    def __init__(self, fillcolor = (128, 128, 128)):
        self.fillcolor = fillcolor

    def __call__(self, x, magnitude):
        return x.transform(x.size, Image.AFFINE, (1, 0, 0, 0, 1, magnitude * x.size[1] * random.choice([-1, 1])), fillcolor = self.fillcolor)

# Rotate 旋转
class Rotate(object):
    def __call__(self, x, magnitude):
        rot = x.convert("RGBA").rotate(magnitude * random.choice([-1, 1]))
        return Image.composite(rot, Image.new("RGBA", rot.size, (128,) * 4), rot).convert(x.mode)

# Color 色彩变换
class Color(object):
    def __call__(self, x, magnitude):
        return ImageEnhance.Color(x).enhance(1 + magnitude * random.choice([-1, 1]))
```

```python
# Posterize 色调
class Posterize(object):
    def __call__(self, x, magnitude):
        return ImageOps.posterize(x, magnitude)

# Solarize 曝光度
class Solarize(object):
    def __call__(self, x, magnitude):
        return ImageOps.solarize(x, magnitude)

# Contrast 对比度
class Contrast(object):
    def __call__(self, x, magnitude):
        return ImageEnhance.Contrast(x).enhance(1 + magnitude * random.choice([-1, 1]))

# Sharpness 锐度
class Sharpness(object):
    def __call__(self, x, magnitude):
        return ImageEnhance.Sharpness(x).enhance(1 + magnitude * random.choice([-1, 1]))

# Brightness 亮度
class Brightness(object):
    def __call__(self, x, magnitude):
        return ImageEnhance.Brightness(x).enhance(1 + magnitude * random.choice([-1, 1]))

# AutoContrast 自动对比度
class AutoContrast(object):
    def __call__(self, x, magnitude):
        return ImageOps.autocontrast(x)

# Equalize 均衡
class Equalize(object):
    def __call__(self, x, magnitude):
        return ImageOps.equalize(x)
```

```python
# Invert 倒置
class Invert(object):
    def __call__(self, x, magnitude):
        return ImageOps.invert(x)
```

2）以 cifar-10 为例，加载在 cifar-10 数据集上最佳的图像变换策略。

```python
import numpy as np

#在 cifar-10 数据集上最佳的图像变换组合
class CIFAR10Policy(object):
    def __init__(self, fillcolor=(128, 128, 128)):
        self.policies = [
            SubPolicy(0.1, "invert", 7, 0.2, "contrast", 6, fillcolor),
            SubPolicy(0.7, "rotate", 2, 0.3, "translateX", 9, fillcolor),
            SubPolicy(0.8, "sharpness", 1, 0.9, "sharpness", 3, fillcolor),
            SubPolicy(0.5, "shearY", 8, 0.7, "translateY", 9, fillcolor),
            SubPolicy(0.5, "autocontrast", 8, 0.9, "equalize", 2, fillcolor),

            SubPolicy(0.2, "shearY", 7, 0.3, "posterize", 7, fillcolor),
            SubPolicy(0.4, "color", 3, 0.6, "brightness", 7, fillcolor),
            SubPolicy(0.3, "sharpness", 9, 0.7, "brightness", 9, fillcolor),
            SubPolicy(0.6, "equalize", 5, 0.5, "equalize", 1, fillcolor),
            SubPolicy(0.6, "contrast", 7, 0.6, "sharpness", 5, fillcolor),

            SubPolicy(0.7, "color", 7, 0.5, "translateX", 8, fillcolor),
            SubPolicy(0.3, "equalize", 7, 0.4, "autocontrast", 8, fillcolor),
            SubPolicy(0.4, "translateY", 3, 0.2, "sharpness", 6, fillcolor),
            SubPolicy(0.9, "brightness", 6, 0.2, "color", 8, fillcolor),
            SubPolicy(0.5, "solarize", 2, 0.0, "invert", 3, fillcolor),

            SubPolicy(0.2, "equalize", 0, 0.6, "autocontrast", 0, fillcolor),
            SubPolicy(0.2, "equalize", 8, 0.6, "equalize", 4, fillcolor),
            SubPolicy(0.9, "color", 9, 0.6, "equalize", 6, fillcolor),
```

```
            SubPolicy(0.8, "autocontrast", 4, 0.2, "solarize", 8, fillcolor),
            SubPolicy(0.1, "brightness", 3, 0.7, "color", 0, fillcolor),

            SubPolicy(0.4, "solarize", 5, 0.9, "autocontrast", 3, fillcolor),
            SubPolicy(0.9, "translateY", 9, 0.7, "translateY", 9, fillcolor),
            SubPolicy(0.9, "autocontrast", 2, 0.8, "solarize", 3, fillcolor),
            SubPolicy(0.8, "equalize", 8, 0.1, "invert", 3, fillcolor),
            SubPolicy(0.7, "translateY", 9, 0.9, "autocontrast", 1, fillcolor)
        ]

    def __call__(self, img):
        policy_idx = random.randint(0, len(self.policies) - 1)
        return self.policies[policy_idx](img)

    def __repr__(self):
        return "AutoAugment CIFAR10 Policy"
```

3）图像变换策略的具体操作流程如下。

```
class SubPolicy(object):
    def __init__(self, p1, operation1, magnitude_idx1, p2, operation2, magnitude_idx2, fillcolor = (128, 128, 128)):
        ranges = {
            "shearX": np.linspace(0, 0.3, 10),
            "shearY": np.linspace(0, 0.3, 10),
            "translateX": np.linspace(0, 150/331, 10),
            "translateY": np.linspace(0, 150/331, 10),
            "rotate": np.linspace(0, 30, 10),
            "color": np.linspace(0.0, 0.9, 10),
            "posterize": np.round(np.linspace(8, 4, 10), 0).astype(np.int),
            "solarize": np.linspace(256, 0, 10),
            "contrast": np.linspace(0.0, 0.9, 10),
            "sharpness": np.linspace(0.0, 0.9, 10),
            "brightness": np.linspace(0.0, 0.9, 10),
```

```python
        "autocontrast": [0] * 10,
        "equalize": [0] * 10,
        "invert": [0] * 10
    }

    func = {
        "shearX": ShearX(fillcolor = fillcolor),
        "shearY": ShearY(fillcolor = fillcolor),
        "translateX": TranslateX(fillcolor = fillcolor),
        "translateY": TranslateY(fillcolor = fillcolor),
        "rotate": Rotate(),
        "color": Color(),
        "posterize": Posterize(),
        "solarize": Solarize(),
        "contrast": Contrast(),
        "sharpness": Sharpness(),
        "brightness": Brightness(),
        "autocontrast": AutoContrast(),
        "equalize": Equalize(),
        "invert": Invert()
    }

    self.p1 = p1
    self.operation1 = func[operation1]
    self.magnitude1 = ranges[operation1][magnitude_idx1]
    self.p2 = p2
    self.operation2 = func[operation2]
    self.magnitude2 = ranges[operation2][magnitude_idx2]

def __call__(self, img):
    if random.random() < self.p1:
        img = self.operation1(img, self.magnitude1)
    if random.random() < self.p2:
        img = self.operation2(img, self.magnitude2)
    return img
```

4）输入一张图片，并加载图片运行上述代码。

```
import matplotlib.pyplot as plt
imgPath = 'img.jpg'
policy = CIFAR10Policy()
img = Image.open(imgPath, mode = 'r')
transformed = policy(img)
```

5）将原图片与 Autoaugment 图像增强后的图片进行可视化。

```
plt.subplot(121)
plt.imshow(img)
plt.subplot(122)
plt.imshow(transformed)
plt.show()
```

原图和图像增强后的图片对比如图 4-4-1 所示，右侧图片相比于左侧原图进行了色彩上的变换。

扫码看彩图

图 4-4-1　Autoaugment 图像增强后的图片对比

4.4.3　Randaugment

有研究者在 Autoaugment 的基础上，实现了大幅提速，例如 PBA、Fast Autoaugment。考虑到以往数据增强方法都包含 30 多个参数，为了减少参数空间的同时保持图像的多样性，Randaugment 用无参数过程替代了学习的策略和概率。这些策略和概率适用于每次变换（transformation），该过程始终选择均匀概率为 1/k 的变换。也就是说，给定训练图像的 N 个变换，Randaugment 就能表示 kN 个潜在策略。最后，需要考虑到的一组参数是每个增强失真（augmentation distortion）的大小。

Randaugment 方法为:

1) 设定一个操作集,操作集由 14 种操作构成:Identity、AutoContrast、Equalize、Rotate、Solarize、Color、Posterize、Contrast、Brightness、Sharpness、ShearX、ShearY、TranslateX、TranslateY。这里使用图像工具库 OpenCV 来对图像进行增强处理,14 种操作的代码如下。

```python
import cv2
import numpy as np

# Identity
def identity_func(img):
    return img


# AutoContrast 自动对比度
def autocontrast_func(img, cutoff=2):
    n_bins = 256

    def tune_channel(ch):
        n = ch.size
        cut = cutoff * n // 100
        if cut == 0:
            high, low = ch.max(), ch.min()
        else:
            hist = cv2.calcHist([ch], [0], None, [n_bins], [0, n_bins])
            low = np.argwhere(np.cumsum(hist) > cut)
            low = 0 if low.shape[0] == 0 else low[0]
            high = np.argwhere(np.cumsum(hist[::-1]) > cut)
            high = n_bins - 1 if high.shape[0] == 0 else n_bins - 1 - high[0]
        if high <= low:
            table = np.arange(n_bins)
        else:
            scale = (n_bins - 1) / (high - low)
            offset = -low * scale
            table = np.arange(n_bins) * scale + offset
```

```python
                table[table < 0] = 0
                table[table > n_bins - 1] = n_bins - 1
            table = table.clip(0, 255).astype(np.uint8)
            return table[ch]

    channels = [tune_channel(ch) for ch in cv2.split(img)]
    out = cv2.merge(channels)
    return out

# Equalize 均衡
def equalize_func(img):
    n_bins = 256

    def tune_channel(ch):
        hist = cv2.calcHist([ch], [0], None, [n_bins], [0, n_bins])
        non_zero_hist = hist[hist != 0].reshape(-1)
        step = np.sum(non_zero_hist[:-1])//(n_bins - 1)
        if step == 0: return ch
        n = np.empty_like(hist)
        n[0] = step//2
        n[1:] = hist[:-1]
        table = (np.cumsum(n)//step).clip(0, 255).astype(np.uint8)
        return table[ch]

    channels = [tune_channel(ch) for ch in cv2.split(img)]
    out = cv2.merge(channels)
    return out

# Rotate 旋转
def rotate_func(img, degree, fill=(0, 0, 0)):
    H, W = img.shape[0], img.shape[1]
    center = W/2, H/2
    M = cv2.getRotationMatrix2D(center, degree, 1)
    out = cv2.warpAffine(img, M, (W, H), borderValue=fill)
    return out
```

```python
# Solarize 曝光度
def solarize_func(img, thresh = 128):
    table = np.array([el if el < thresh else 255 - el for el in range(256)])
    table = table.clip(0, 255).astype(np.uint8)
    out = table[img]
    return out

# Color 色彩
def color_func(img, factor = 5):
    M = (np.float32([
            [0.886, -0.114, -0.114],
            [-0.587, 0.413, -0.587],
            [-0.299, -0.299, 0.701]]) * factor
        + np.float32([[0.114], [0.587], [0.299]]))
    out = np.matmul(img, M).clip(0, 255).astype(np.uint8)
    return out

# Posterize 色调
def posterize_func(img, bits):
    out = np.bitwise_and(img, np.uint8(255 << (8 - bits)))
    return out

# Contrast 对比度
def contrast_func(img, factor = 5):
    mean = np.sum(np.mean(img, axis = (0, 1)) * np.array([0.114, 0.587, 0.299]))
    table = np.array([(
        el - mean) * factor + mean
        for el in range(256)
    ]).clip(0, 255).astype(np.uint8)
    out = table[img]
    return out

# Brightness 亮度
def brightness_func(img, factor = 2):
    table = (np.arange(256, dtype = np.float32) * factor).clip(0, 255).astype(np.uint8)
    out = table[img]
    return out
```

```python
# Sharpness 锐度
def sharpness_func(img, factor=2):
    kernel = np.ones((3, 3), dtype=np.float32)
    kernel[1][1] = 5
    kernel /= 13
    degenerate = cv2.filter2D(img, -1, kernel)
    if factor == 0.0:
        out = degenerate
    elif factor == 1.0:
        out = img
    else:
        out = img.astype(np.float32)
        degenerate = degenerate.astype(np.float32)[1:-1, 1:-1, :]
        out[1:-1, 1:-1, :] = degenerate + factor * (out[1:-1, 1:-1, :] - degenerate)
        out = out.astype(np.uint8)
    return out


# ShearX 沿 X 轴剪切
def shear_x_func(img, factor, fill=(0, 0, 0)):
    H, W = img.shape[0], img.shape[1]
    M = np.float32([[1, factor, 0], [0, 1, 0]])
    out = cv2.warpAffine(img, M, (W, H), borderValue=fill, flags=cv2.INTER_LINEAR).astype(np.uint8)
    return out


# ShearY 沿 Y 轴剪切
def shear_y_func(img, factor, fill=(0, 0, 0)):
    H, W = img.shape[0], img.shape[1]
    M = np.float32([[1, 0, 0], [factor, 1, 0]])
    out = cv2.warpAffine(img, M, (W, H), borderValue=fill, flags=cv2.INTER_LINEAR).astype(np.uint8)
    return out
```

```python
# TranslateX 沿 X 轴翻转
def translate_x_func(img, offset=10, fill=(0, 0, 0)):
    H, W = img.shape[0], img.shape[1]
    M = np.float32([[1, 0, -offset], [0, 1, 0]])
    out = cv2.warpAffine(img, M, (W, H), borderValue=fill, flags=cv2.INTER_LINEAR).astype(np.uint8)
    return out

# TranslateY 沿 Y 轴翻转
def translate_y_func(img, offset, fill=(0, 0, 0)):
    H, W = img.shape[0], img.shape[1]
    M = np.float32([[1, 0, 0], [0, 1, -offset]])
    out = cv2.warpAffine(img, M, (W, H), borderValue=fill, flags=cv2.INTER_LINEAR).astype(np.uint8)
    return out

func_dict = {
    'Identity': identity_func,
    'AutoContrast': autocontrast_func,
    'Equalize': equalize_func,
    # 'Rotate': rotate_func,
    'Solarize': solarize_func,
    'Color': color_func,
    'Contrast': contrast_func,
    'Brightness': brightness_func,
    'Sharpness': sharpness_func,
    'ShearX': shear_x_func,
    'TranslateX': translate_x_func,
    'TranslateY': translate_y_func,
    'Posterize': posterize_func,
    'ShearY': shear_y_func,
}
```

2) Randaugment 只有两个参数：N 和 M。其中 N 是指在每次增强时使用 N 次操作（这 N 个操作都是从操作集中等概率抽取的，例如操作集中有 14 种操作，则每种操作被选中的概率为 1/14，每张图像的 N 次增强中，选到的操作可能是一样的），M 为正整数，表示所有操作在应用时，幅度都为 M。14 种操作每次增强的幅度计算代码如下。

```python
def enhance_level_to_args(MAX_LEVEL):
    def level_to_args(level):
        return ((level/MAX_LEVEL) * 1.8 + 0.1,)
    return level_to_args


# 剪切幅度
def shear_level_to_args(MAX_LEVEL, replace_value):
    def level_to_args(level):
        level = (level/MAX_LEVEL) * 0.3
        if np.random.random() > 0.5: level = -level
        return (level, replace_value)
    return level_to_args


# 翻转幅度
def translate_level_to_args(translate_const, MAX_LEVEL, replace_value):
    def level_to_args(level):
        level = (level/MAX_LEVEL) * float(translate_const)
        if np.random.random() > 0.5: level = -level
        return (level, replace_value)
    return level_to_args


# 遮挡调节幅度
def cutout_level_to_args(cutout_const, MAX_LEVEL, replace_value):
    def level_to_args(level):
        level = int((level/MAX_LEVEL) * cutout_const)
        return (level, replace_value)
    return level_to_args
```

```python
# 曝光度调节幅度
def solarize_level_to_args(MAX_LEVEL):
    def level_to_args(level):
        level = int((level/MAX_LEVEL) * 256)
        return (level,)
    return level_to_args


def none_level_to_args(level):
    return ()


# 色调调节幅度
def posterize_level_to_args(MAX_LEVEL):
    def level_to_args(level):
        level = int((level/MAX_LEVEL) * 4)
        return (level,)
    return level_to_args


# 旋转调节幅度
def rotate_level_to_args(MAX_LEVEL, replace_value):
    def level_to_args(level):
        level = (level/MAX_LEVEL) * 30
        if np.random.random() < 0.5:
            level = -level
        return (level, replace_value)
    return level_to_args


translate_const = 10
MAX_LEVEL = 10
replace_value = (128, 128, 128)
arg_dict = {
    'Identity': none_level_to_args,
    'AutoContrast': none_level_to_args,
    'Equalize': none_level_to_args,
```

```
    'Rotate': rotate_level_to_args(MAX_LEVEL, replace_value),
    'Solarize': solarize_level_to_args(MAX_LEVEL),
    'Color': enhance_level_to_args(MAX_LEVEL),
    'Contrast': enhance_level_to_args(MAX_LEVEL),
    'Brightness': enhance_level_to_args(MAX_LEVEL),
    'Sharpness': enhance_level_to_args(MAX_LEVEL),
    'ShearX': shear_level_to_args(MAX_LEVEL, replace_value),
    'TranslateX': translate_level_to_args(translate_const, MAX_LEVEL, replace_value),
    'TranslateY': translate_level_to_args(translate_const, MAX_LEVEL, replace_value),
    'Posterize': posterize_level_to_args(MAX_LEVEL),
    'ShearY': shear_level_to_args(MAX_LEVEL, replace_value),
}
```

3）使用网格搜索或者更为高端的方法（如反向传播等）在完整数据集、完整网络上实验，找到最适合的 N 和 M。这样一来，假如 N 的搜索空间为 1 和 2，M 为 1~10，则搜索空间仅为 $10^2 = 100$，远小于之前的自动增强方法。

```
class Randaugment(object):

    def __init__(self, N = 2, M = 10):
        self.N = N
        self.M = M

    def get_random_ops(self):
        sampled_ops = np.random.choice(list(func_dict.keys()), self.N)
        return [(op, 1., self.M) for op in sampled_ops]

    def __call__(self, img):
        ops = self.get_random_ops()
        for name, prob, level in ops:
            if np.random.random() > prob:
                continue
            args = arg_dict[name](level)
            img = func_dict[name](img, *args)
        return img
```

4）输入一张图片进行 Randaugment 图像增强并可视化。

```
if __name__ == '__main__':
    import matplotlib.pyplot as plt
    a = Randaugment()
    imgPath = 'img.jpg'
    img = cv2.imread(imgPath)
    img2 = a(img)
    plt.subplot(121)
    plt.imshow(img)
    plt.subplot(122)
    plt.imshow(img2)
    plt.show()
```

通过更改 N、M 的值，便能控制训练时的正则化强度。N、M 越大，正则化强度越高。随机两次图像增强后的图像对比如图 4-4-2 所示。

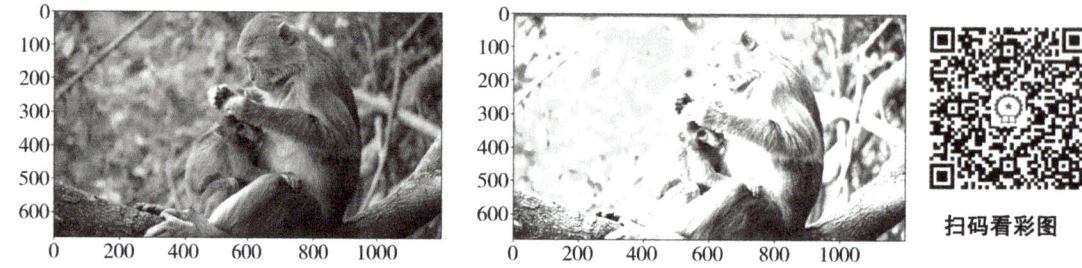

图 4-4-2　Randaugment 图像增强后的图片对比

扫码看彩图

单元小结

本单元主要讲解了图像增强的基本概念和图像增强的方法，经过本单元的学习，学生了解了图像增强中有监督的数据增强方法并掌握了利用 mixup 和 cutmix 算法进行图像增强的操作。同时，学生需要了解无监督的数据增强方法中 Autoaugmention 和 Randaugment 数据增强方法以及 Python 实现。

学习评估

课程名称：计算机视觉应用开发	
学习任务：图像增强	
课程性质：理实一体课程	综合得分：

知识掌握情况评分（35 分）

序号	知识考核点	配分	得分
1	图像增强的基本概念与意义	5	
2	有监督中单样本的图像增强方法	10	
3	有监督中多样本的图像增强方法	10	
4	无监督的图像增强方法	10	

工作任务完成情况评分（65 分）

序号	能力操作考核点	配分	得分
1	使用有监督单样本图像增强方法进行图像增强	5	
2	使用基于 mixup 算法的图像增强算法进行图像增强	15	
3	使用基于 cutmix 算法的图像增强算法进行图像增强	15	
4	使用 Autoaugment 算法进行图像增强	15	
5	使用 Randaugment 算法进行图像增强	15	

单元习题

单项选择题：

（1）有关数据增强的说法正确的有（　　）

A. 对于分类问题，数据增强是减少数据不平衡的一种方法。

B. 对于手写体的识别，对样本的反转、旋转、裁剪、变形和缩放等操作会提高神经网络的识别效果。

C. 数据增强会增加样本的个数，因此可能会减少过拟合。

D. 数据增强带来了噪声，因此一般会降低神经网络模型的效果。

（2）下面（　　）操作不属于基本图像增强操作。

A. 裁剪　　　　　　　　　　B. 增加噪声

C. 加大图片尺寸　　　　　　D. 提高亮度

简答题：

1. 简述常用的单样本图像增强的几种方法。

2. 简述使用 GAN 图像增强方法的优劣。

3. 简述 Autoaugmentation/Randaugment 图像增强的流程。

Unit 5

单元 5
图像语义分割

单元概述

前面已经学习了分类、检测任务,本单元开始学习计算机视觉的新任务——图像分割。在单元1介绍过阈值分割,它是一种简单的图像分割,本单元要学习的是比较复杂的图像语义分割。语义分割其实也是一种图像分类任务,但不是针对多个图像去分辨出每张图片对应的类别信息,而是针对一张图像中的不同物体进行像素分类。本单元首先从图像语义分割的基本概念讲起,接着会讲解实现方式以及涉及的相关名词,最后会通过一个综合案例来实现语义分割。

接下来进入本单元的学习吧!

学习目标

知识目标
- 了解语义分割的基本概念和应用场景;
- 了解语义分割的常见方法和评价标准;
- 熟悉语义分割的网络结构以及网络中结合的相关知识。

技能目标
- 能够搭建常见的语义分割网络;
- 能够使用语义分割网络 U-Net 实现图像的语义分割。

素养目标
- 培养学生的记忆和理解能力;
- 培养学生项目设计、实践的能力。

5.1 语义分割概述

扫码看视频

5.1.1 语义分割的基本概念

语义分割是当今计算机视觉领域的关键问题之一,是图像理解的重要一环。那什么是语义分割呢?下面有两张图片,如图 5-1-1 和图 5-1-2 所示。

单元5
图像语义分割

扫码看彩图

图 5-1-1　场景图

扫码看彩图

图 5-1-2　语义分割后的场景图

通常如果想知道图 5-1-1 中所有人的位置、形状，在图中直接找出似乎有点烦琐。可是在图 5-1-2 中，所有人的位置、形状一目了然，就是深绿色所代表的物体。当然也可以确定图中车、房屋、人行道的位置……

有时想知道一个物体在一张图像中的位置、形状以及哪个像素属于哪个物体等，这种情况下就需要分割图像，也就是给图像中的每个像素各分配一个标签。

在图像领域，语义指的是对图像意思的理解。语义分割就是按照"语义"给图像上目标类别中的每一点打上一个标签，使得不同种类的东西在图像上被区分开来，可以理解成像素级别的分类任务。语义分割是一种典型的计算机视觉问题,其涉及将一些原始数据(例如平面图像)作为输入并将它们转换为具有突出显示的感兴趣区域的掩模。许多人使用术语全像素语义分割(Full-Pixel Semantic Segmentation),图像中的每个像素根据其所属的感兴趣对象被分配类别 ID。早期的计算机视觉问题只发现边缘(线条和曲线)或渐变等元素,但它们从未完全按照人类感知的方式提供像素级别的图像理解。语义分割将属于同一目标的图像部分聚集在一起来解决这个问题,从而扩展了其应用领域。

5.1.2 语义分割的类型

语义分割大致可分为两类:标准语义分割和实例感知语义分割。

标准语义分割(Standard Semantic Segmentation)也称为全像素语义分割,它是将每个像素分类为属于对象类的过程。

实例感知语义分割(Instance Aware Semantic Segmentation)是标准语义分割或全像素语义分割的子类型,它将每个像素分类为属于对象类以及该类的实体 ID。

5.1.3 语义分割的特征

为了理解语义分割的特征,还要与其他常见的图像分类技术相比较。下面将介绍以下三类技术领域:

1)图像分类:识别图像是什么。

2)目标检测和识别:识别图像中的位置。

3)语义分割:理解图像的意义。

1. 图像分类

这类技术主要是识别图像。例如分类数字手写体,"手写一个数字,这个数字是 0~9 中的哪一个数字"。最初亚马逊发布的 Amazon Rekognition 也属于此图像分类,需要反区分"杯子、智能手机和瓶子"等,但现在已经将杯子和咖啡杯作为整个图像的标签,这样处理后,它将不能用于分类图像中有多个物体的场景。在这种情况下,应该使用"目标检测"技术。

2. 目标检测

这类技术主要是识别图像中有什么和它在哪里。

3. 语义分割

这类技术主要是识别图像区域。语义分割标记每个像素所指的含义,而不是检测整个图像或图像的一部分。

5.1.4 语义分割的应用场景

目前图像语义分割的应用场景主要有四大领域:地理信息、无人驾驶、医疗影像分析和机器人领域。

地理信息系统：给计算机输入卫星遥感图像，主要通过训练神经网络对图中每个像素点进行标注，自动识别建筑物、道路、河流等。图 5-1-3 的左侧为卫星遥感图像，右侧为期待的预测结果图（蓝色为建筑物，绿色为树，天蓝色为草木，红色为车）。现在我国的陆地遥感卫星已经具备全色、多光谱、红外、合成孔径雷达、视频和夜光等多种手段的观测能力；气象遥感卫星已经能够基本满足大气科学研究、天气分析和数字天气预报应用需求；海洋遥感卫星能够实现海洋水色和关键海洋参数的大面积同步观测，可用于海洋权益维护、海域管理使用和海洋生态环境保护等领域；随着高分系列卫星的发射部署，我国光学遥感卫星总体水平已进入国际先进行列。

扫码看彩图

图 5-1-3　卫星遥感图像与预测图

无人驾驶：语义分割是无人驾驶的核心算法技术，车载摄像头或者激光雷达探查到图像后输入到神经网络中，将图像分割归类，以避让行人、车辆，实现自动驾驶，如图 5-1-4 所示。对交通场景的有效认知是自动驾驶中的关键一环，尤其是对道路可行域的识别和检测、对前方车辆行人的识别和轨迹预测，这些行为的预测准确性直接决定了无人驾驶汽车的安全性能，例如几年前一辆自动驾驶汽车由于将一辆白色大货车误识别为天空，导致车毁人亡。单纯的物体检测会丢失场景的相对位置信息，因此快速准确的图像语义分割将给自动驾驶对环境的感知带来极大帮助。

扫码看彩图

图 5-1-4　无人驾驶分割图

医疗影像分析：随着人工智能的崛起，深度学习与医疗诊断的结合也成为研究热点，智能医疗研究逐渐成熟。在智能医疗领域，语义分割主要应用有肿瘤图像分割、龋齿诊断等。如图 5-1-5 所示，医学影像的语义分析能够将读片和生成报告结构化为一个线型工作流，从而提高读片的效率、精度。医学影像语义分析也是放射治疗、干预和外科手术在手术规划中的先决条件。

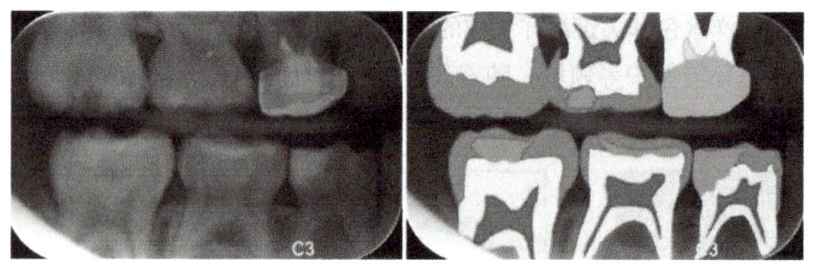

扫码看彩图

图 5-1-5　龋齿诊断图

机器人领域：语义分割在机器人领域主要有场景识别、行为预测以及路径规划。

5.1.5　分割方法

目前主流的语义分割网络一般是遵循下采样、上采样、特征融合，然后重复该过程，最后经过 softmax 像素分类。

5.1.6　评价准则

语义分割的评价准则为：

1）像素精度（Pixel Accuracy）：每一类像素正确分类的个数/每一类像素的实际个数，计算公式如下：

$$PA = \frac{\sum_{i=0}^{k} p_{ii}}{\sum_{i=0}^{k}\sum_{j=0}^{k} p_{ij}} = \frac{\sum_{i=0}^{k} p_{ii}}{\sum_{i=0}^{k} t_i} \left(t_i = \sum_{j=0}^{k} p_{ij} \right)$$

2）均像素精度（Mean Pixel Accuracy）：每一类像素的精度的平均值，计算公式如下：

$$MPA = \frac{1}{k+1}\sum_{i=0}^{k} \frac{p_{ii}}{\sum_{j=0}^{k} p_{ij}} = \frac{1}{k+1}\sum_{i=0}^{k} \frac{p_{ii}}{t_i}$$

3）平均交并比（Mean Intersection over Union）：求出每一类的 IoU 取平均值。IoU 指的是两块区域相交的部分（两个部分的并集），即图 5-1-6 中绿色部分/总面积。这样的评价指标可以判断目标的捕获程度（使预测标签与标注尽可能重合），也可以判断模型的精确程度（使并集尽可能重合），计算公式如下：

$$MIoU = \frac{1}{k+1}\sum_{i=0}^{k} \frac{p_{ii}}{\sum_{j=0}^{k} p_{ij} + \sum_{j=0}^{k} p_{ji} - p_{ii}} = \sum_{i=0}^{k} \frac{1}{k+1} \frac{p_{ii}}{t_i + \sum_{j=0}^{k} p_{ji} - p_{ii}} = \sum_{i=0}^{k} \frac{1}{k+1} IoU$$

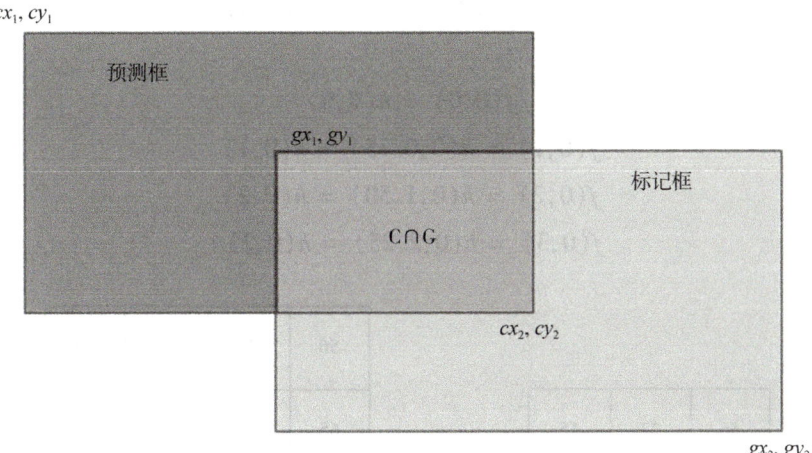

图 5-1-6　IoU 取平均值

4）权频交并比（Frequency Weight Intersection over Union）：每一类出现的频率作为权重。

下面将按照语义分割的过程逐步介绍其中的知识点，下采样在之前的神经网络环节已经介绍过了，接下来将介绍上采样和特征融合的基本概念以及方法。

5.2　上采样

5.2.1　上采样的概念

上采样是一种可以让图像变成更高分辨率的技术。在图像识别过程中，需要对图像进行像素级别的分类，因此在卷积提取特征后需要通过上采样将 feature map 还原到原图中。在语义分割 FCN、U – Net 等网络结构中，涉及了上采样。

5.2.2　上采样的实现方法

常见的上采样方法有插值、unsampling、反卷积、unpooling 等。

1. 插值

常见的插值方式有最近邻插值、双线性插值等。

最近邻插值是指将目标图像中的点对应到源图像后，找到最相邻的整数点作为插值后的输出。用 $f(x, y)$ 表示目标图像，$h(x, y)$ 表示源图像，公式如下：

$$f(\mathrm{dst}_x, \mathrm{dst}_y) = h\left(\frac{\mathrm{dst}_x \, \mathrm{src}_{\mathrm{Width}}}{\mathrm{dst}_{\mathrm{Width}}}, \frac{\mathrm{dst}_y \, \mathrm{src}_{\mathrm{Height}}}{\mathrm{dst}_{\mathrm{Height}}}\right)$$

式中，$\mathrm{src}_{\mathrm{Width}}$、$\mathrm{src}_{\mathrm{Height}}$ 分别为源图像的宽和高；$\mathrm{dst}_{\mathrm{Width}}$、$\mathrm{dst}_{\mathrm{Height}}$ 分别为目标图像的宽和

高。举个例子,将一幅 3×3px 的图像放大到 4×4px,放大后的像素点的值通过计算后如图 5-2-1 所示。

$$f(0,0) = h(0,0)$$
$$f(0,1) = h(0,0.75) = h(0,1)$$
$$f(0,2) = h(0,1.50) = h(0,2)$$
$$f(0,3) = h(0,2.25) = h(0,2)$$

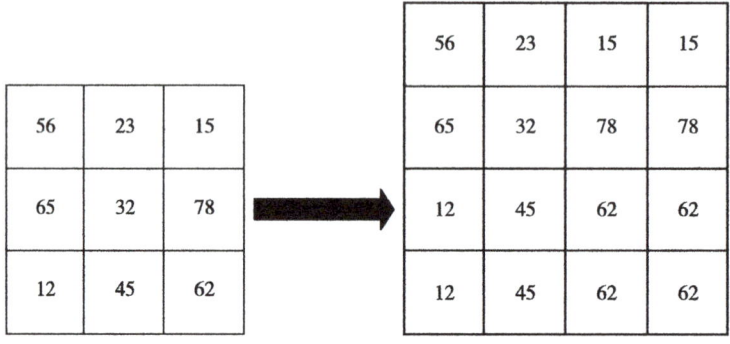

图 5-2-1　最近邻插值计算

但是用该方法做放大处理时,在图像中可能会出现明显的块状效应,就像打了马赛克一样。

在讲双线性插值之前,先看一下线性插值,线性插值多项式为:

$$f(x) = a_1 x + a_0$$

以图 5-2-2 的平面坐标系为例,插值后的值为:

$$y = y_0 + (x - x_0)\frac{y_1 - y_0}{x_1 - x_0} = y_0 + \frac{(x - x_0)y_1 - (x - x_0)y_0}{x_1 - x_0}$$

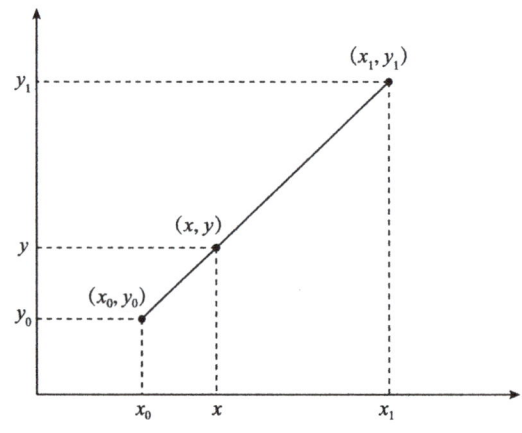

图 5-2-2　平面坐标系

对于图像来说，都是二维的，故只需做推广即可。双线性插值就是线性插值在二维的推广，在两个方向上做三次线性插值。具体操作如图 5-2-3 所示。

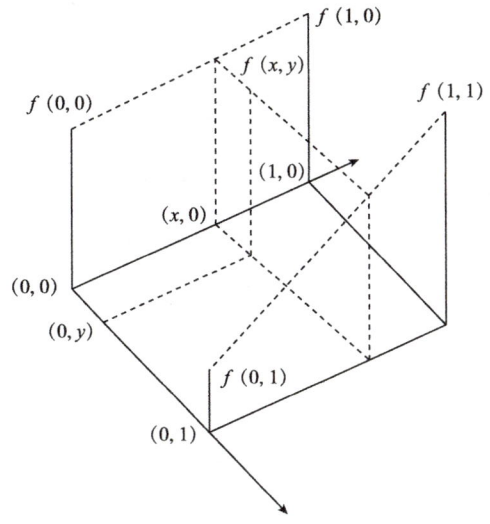

图 5-2-3　二维三次线性插值

令 $f(x, y)$ 为两个变量的函数，其在单位正方形顶点的值已知。假设希望通过插值得到正方形内任意点的函数值，则可由双线性方程：$f(x, y) = ax + by + cxy + d$ 来定义的一个双曲抛物面与四个已知点拟合。

首先对上端的两个顶点进行线性插值得：$f(x,0) = f(0,0) + x[f(1,0) - f(0,0)]$

类似地，再对底端的两个顶点进行线性插值有：$f(x,1) = f(0,1) + x[f(1,1) - f(0,1)]$

最后，做垂直方向的线性插值，以确定：$f(x,y) = f(x,0) + y[f(x,1) - f(x,0)]$

整理得：$f(x,y) = [f(1,0) - f(0,0)]x + [f(0,1) - f(0,0)]y + [f(1,1) + f(0,0) - f(0,1) - f(1,0)]xy + f(0,0)$

2. unsampling

unsampling 的原理图如图 5-2-4 所示。直接将内容复制来扩充 feature map。

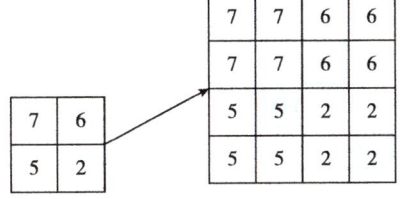

图 5-2-4　unsampling

3. 反卷积

在介绍反卷积之前，需要深入了解一下卷积。假设有一个 4×4 的矩阵，将在这个矩阵上应用 3×3 的卷积核，并且不添加任何填充（padding），步进参数（stride）设置为 1，如图 5-2-5 所示，输出为一个 2×2 的矩阵。

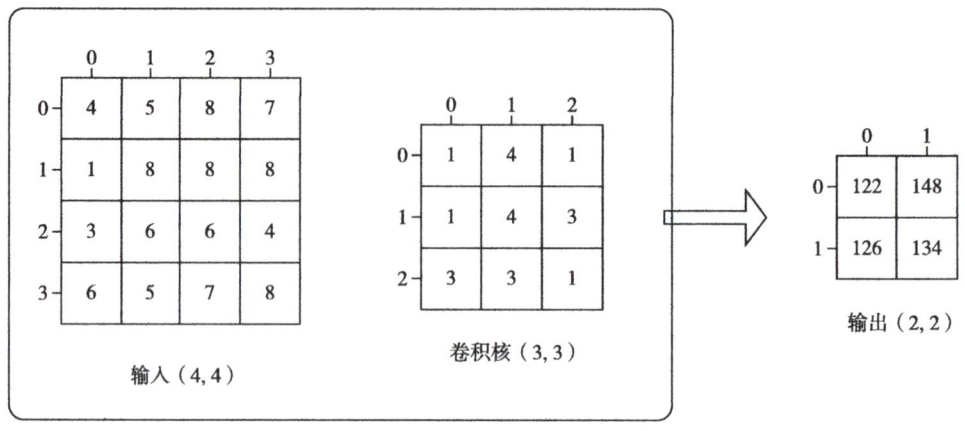

图 5-2-5　卷积计算

这个卷积操作在输入矩阵和卷积核中，对每个元素的乘积进行相加。因为没有任何填充和使用 1 为步进长度，因此只能对这个操作进行 4 次，因此输出矩阵尺寸为 2×2。4 次卷积操作如图 5-2-6 所示。

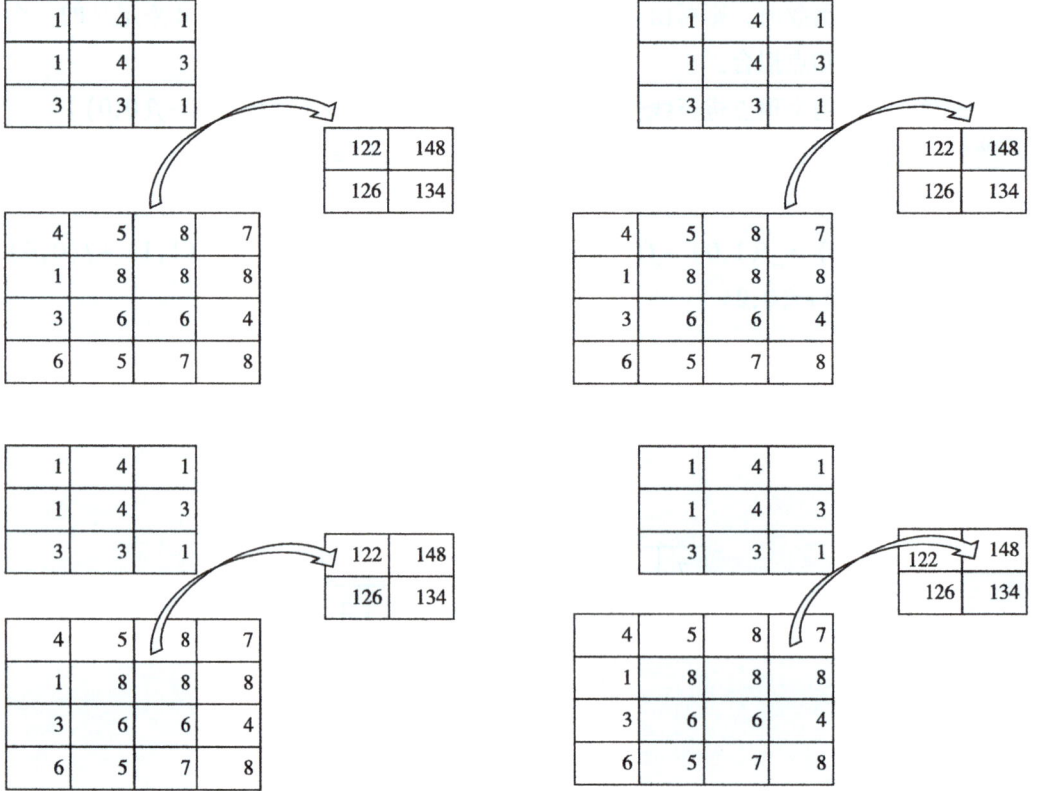

图 5-2-6　4 次卷积计算

这种卷积操作使得输入值和输出值之间存在位置上的连接关系，举例来说，输入矩阵左上方的值将会影响到输出矩阵左上方的值。更具体而言，3×3 的卷积核是用来连接输入矩阵中的 9 个值，并且将其转变为输出矩阵的一个值的。一个卷积操作是一个多对一（many-to-one）的映射关系。

假设想要反过来操作，将输入矩阵中的一个值映射到输出矩阵的 9 个值，这将是一个一对多（one-to-many）的映射关系。就像是卷积操作的反操作，其核心观点就是用转置卷积。举个例子，对一个 2×2 的矩阵进行上采样转化为 4×4 的矩阵，反卷积计算如图 5-2-7 所示。

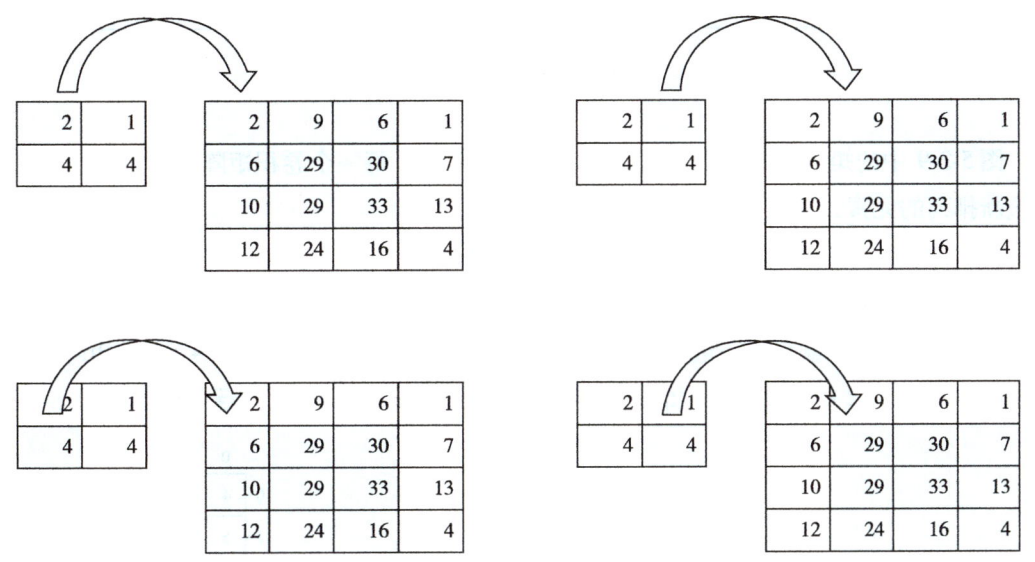

图 5-2-7　4 次反卷积计算

因此就结论而言，卷积操作是多对一，而反卷积操作是一对多，如图 5-2-7 所示，每一个卷积"对"都需要有一个权值。那么如何具体操作呢？为了接下来的讨论，需要定义卷积矩阵（convolution matrix）和相应的转置卷积矩阵（transposed convolution matrix）。

卷积矩阵：可以将一个卷积操作用一个矩阵表示。这个表示很简单，就是将卷积核重新排列，可以用普通的矩阵乘法进行矩阵卷积操作。图 5-2-8 就是一个 3×3 的原始卷积核。

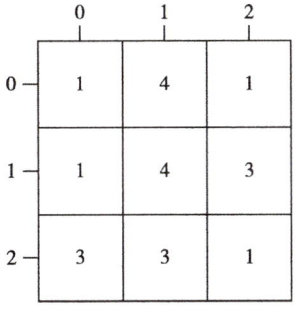

图 5-2-8　卷积核

对这个 3×3 的卷积核进行重新排列,得到了下面这个 4×16 的卷积矩阵,如图 5-2-9 所示。

	0	1	2	3	4	5	6	7	8	9	10	11	12	13	14	15
0	1	4	1	0	1	4	3	0	3	3	1	0	0	0	0	0
1	0	1	4	1	0	1	4	3	0	3	3	1	0	0	0	0
2	0	0	0	0	1	4	1	0	1	4	3	0	3	3	1	0
3	0	0	0	0	0	1	4	1	0	1	4	3	0	3	3	1

图 5-2-9 卷积矩阵

图 5-2-9 中的矩阵的每一行都定义了一个卷积操作。每一个卷积矩阵的行都是卷积核经过重新排列的元素,并且添加了 0 (zero padding) 元素。

为了将卷积操作表示为卷积矩阵和输入矩阵的向量乘法,将输入矩阵 4×4 摊平 (flatten) 为一个列向量,形状为 16×1。可以将这个 4×16 的卷积矩阵和 1×16 的输入列向量进行矩阵乘法,这样就得到了输出列向量,操作过程如图 5-2-10 所示。这个输出的 4×1 的矩阵可以重新塑形为一个 2×2 的矩阵,而这个矩阵和一开始通过传统的卷积操作得到的一模一样。

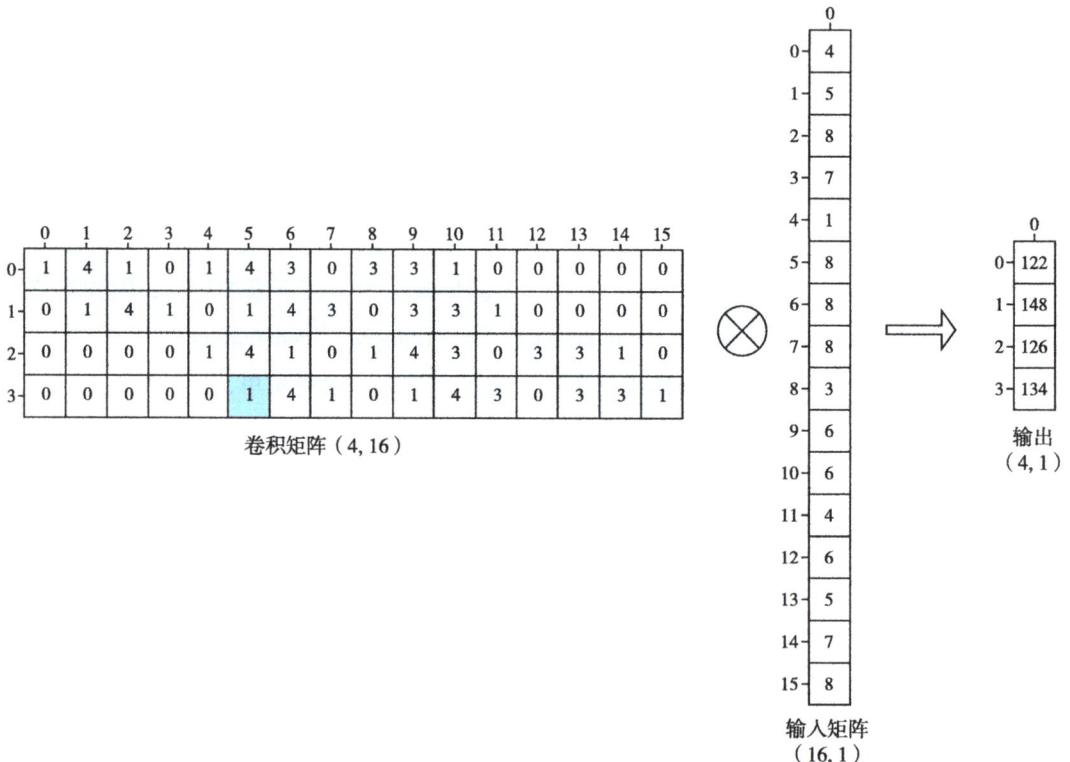

图 5-2-10 卷积矩阵和输入矩阵的向量乘法

转置卷积矩阵：但是想要从 4（2×2）到 16（4×4），就需要使用一个 16×4 的矩阵，但是还有一件事情需要注意，还需要维护一个 1 到 9 的映射关系。假设转置这个卷积矩阵 C（4×16）变为 C^T（16×4）。可以对 C^T 和列向量（4×1）进行矩阵乘法，从而生成一个 16×1 的输出矩阵。这个转置矩阵正是将一个元素映射到了 9 个元素，反卷积计算过程如图 5-2-11 所示。

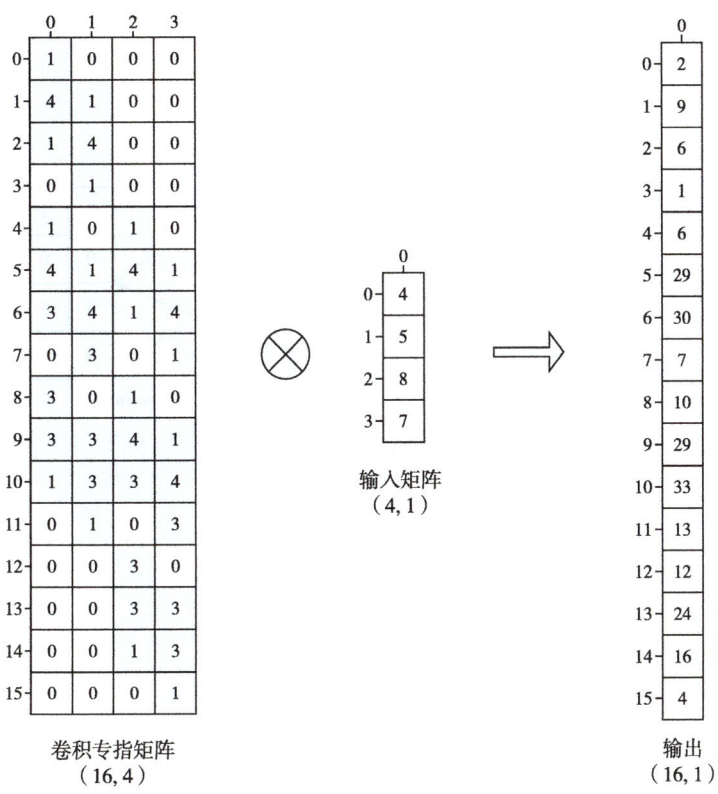

图 5-2-11　反卷积计算

这个输出可以塑形为 4×4 的矩阵，输出矩阵如图 5-2-12 所示。

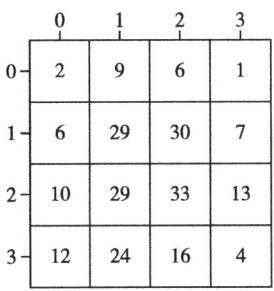

图 5-2-12　输出矩阵

对小矩阵（2×2）进行上采样转化为一个更大尺寸的矩阵（4×4）。这个转置卷积矩阵维护了一个1个元素到9个元素的映射关系，因为这个关系表现在了转置卷积元素上。

4. unpooling

unpooling 的过程如图 5-2-13 所示，特点是在最大池化时保留的位置信息，在之后的 unpooling 阶段会使用该信息来扩充 feature map。可以清晰地看到与 unsampling 的不同，在 unpooling 中，除了最大位置外，其余位置补 0。图 5-2-13 为 unpooling 具体的计算步骤。

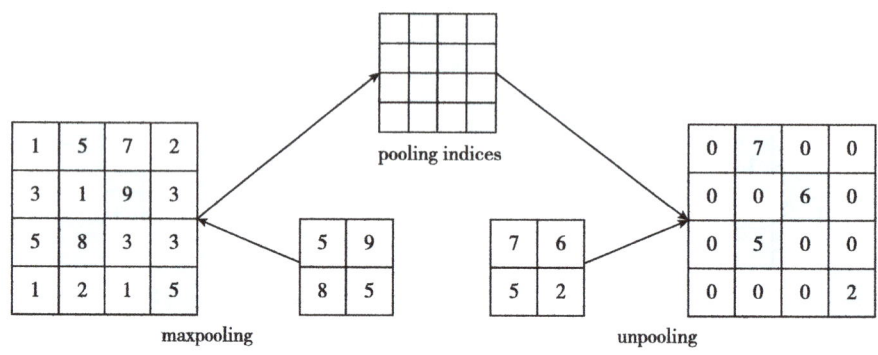

图 5-2-13　unpooling

5.3　特征融合

5.3.1　特征融合的概念

通常已知卷积网络的低层特征分辨率更高，包含更多位置、细节信息，但由于经过的卷积更少，其语义性更低、噪声更多。高层特征具有更强的语义信息，但是分辨率较低，对细节的感知能力较差。

特征融合，即融合不同尺度（低层和高层）的特征。在很多工作中，融合不同尺度的特征是提高分割性能的一个重要手段。如何将低层特征和高层特征高效融合，是改善分割模型的关键。

特征融合是为了提高网络对特征的表达能力，进而使网络得到更准确的分割结果。不同的特征融合方法有着不同的效果，如何寻求更有效的特征方法对网络性能有着进一步的提升，是目前语义分割研究的一个热点问题。

5.3.2　特征融合的方法

按照融合与预测的先后顺序，特征融合的方法可以分为早融合（Early fusion）与晚融合（Late fusion）。

早融合：就是在特征上进行融合，进行不同特征的连接，输入到一个模型中进行训练。先融合多层特征，然后在融合后的特征上训练预测器，只有在完全融合之后才进行检测。这类方法也被称为 skip connection，即采用 concat、add 操作。这一思路的代表是 Inside-Outside Net（ION）和 HyperNet。

两个经典的特征融合的方法：

1）concat：系列特征融合，直接将两个特征进行连接。如果两个输入特征 x 和 y 的维数为 p 和 q，则输出特征 z 的维数为 $p+q$。

2）add：并行策略，将这两个特征向量组合成复合向量，对于输入特征 x 和 y，$z = x + iy$，其中 i 是虚数单位。

晚融合（Late fusion）：指的是在预测分数上进行融合，做法就是训练多个模型，每个模型都会有一个预测分数，对所有模型的结果进行融合，得到最后的预测结果。通过结合不同层的检测结果改进检测性能，尚未完成最终融合之前，在部分融合的层上就开始检测，会有多层的检测，最终将多个检测结果进行融合。

5.4 语义分割网络

5.4.1 常见的语义分割网络

目前，在语义分割任务中，绝大多数的主流算法都是基于深度学习，尤其是卷积神经网络。

2015 年，加州大学伯克利分校的 Jonathan Long 等人提出了用于语义分割的全卷积神经网络（Fully Convolutional Networks，FCN），在语义分割方面进行了开创性的工作，解决了像素分割的问题。全卷积神经网络提出将传统神经网络后面的全连接层全部替换为卷积层，这也是全卷积名字的由来。基于卷积神经网络的语义分割技术也由此快速发展起来。

同年，U-Net 网络也被提出，U-Net 网络是一种典型的"编码器 – 解码器"结构，这种结构也是目前一种比较主流的语义分割结构。采用相似结构的还有 segnet，基于"编码器 – 解码器"结构的语义分割网络 U-Net 和 segnet 都有着很好的性能，在分割任务中有着较好的表现。

一般在基于"编码器 – 解码器"结构的语义分割网络中，都会在"解码器"部分进行特征融合。比如在 FCN 中特征融合采用相加（add）的方式，在 U-Net 中特征融合采用拼接（concat）的方式。特征融合是为了提高网络对特征的表达能力，进而使得网络可以得到更准确的分割结果。

那么什么是"编码器 – 解码器"结构？下面将进行讲解。

5.4.2 编码器-解码器

编码器（encoder）：编码器本身就是一连串的卷积神经网络，由卷积层和池化层组成。卷积层负责提取图像的特征，池化层对图像进行下采样并且将尺度不变的特征传送到下一层。概括地说，encoder 对图像的低级局域像素值进行归类与分析，从而获得高阶语义信息。

解码器（decoder）：既然 encoder 已经获取了所有的物体信息与大致的位置信息，那么下一步就需要将这些物体对应到具体的像素点上。decoder 对缩小后的特征图像进行上采样，然后对上采样后的图像进行卷积处理，目的是完善物体的几何形状，从而弥补 encoder 中池化层将物体缩小造成的细节损失。

可以看出，"编码器-解码器"结构所做的事与"下采样-上采样"所做的事基本一致，所以有时候将它们当成同种概念来看待。

5.4.3 U-Net 结构解析

在了解了常见的语义分割网络之后，以 U-Net 为例，接下来具体看一下网络的结构。

U-Net 是在 ISBI Challenge 比赛上提出的一种分割网络，能够适应很小的训练集（大约 30 张图）。U-Net 的结构图，如图 5-4-1 所示。

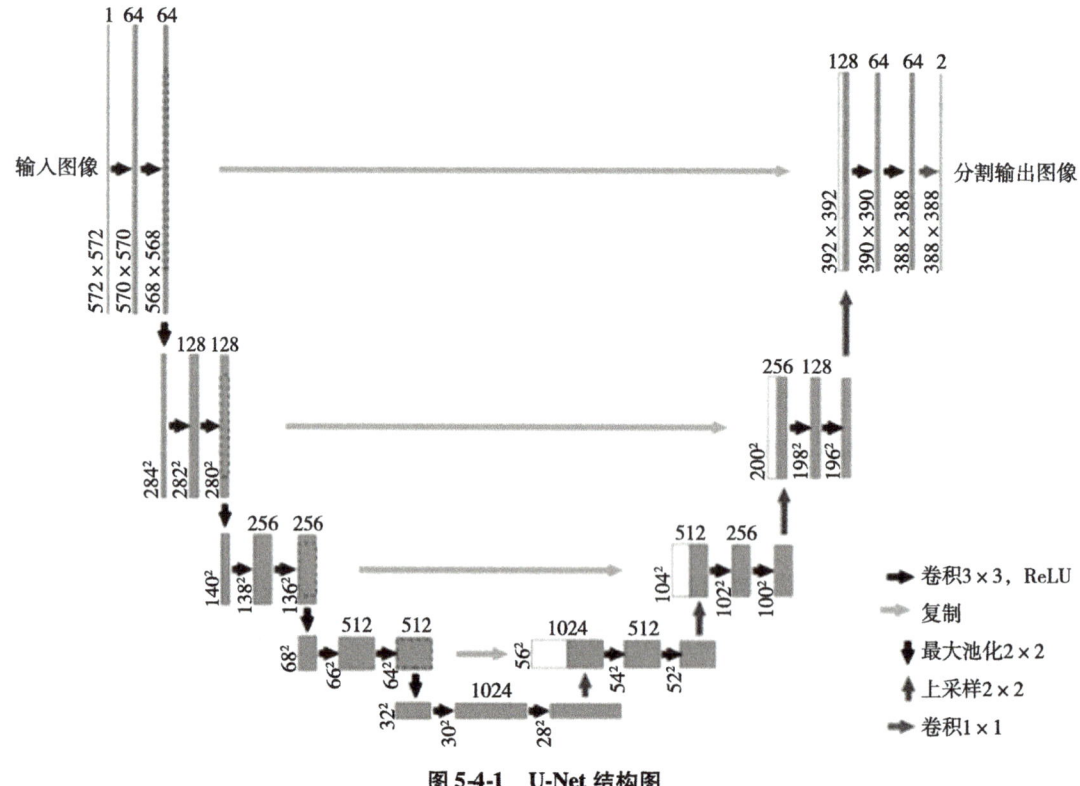

图 5-4-1　U-Net 结构图

将输入进行 2 次 3×3 的卷积操作之后，再进行 1 次 2×2 的最大池化，同时卷积核数目翻倍（1→64→128→256→512→1024），进行 4 次这样的 down（下采样）操作。然后进行 2 次 3×3 卷积，取一半的卷积核进行上采样（转置卷积），再剪切对应 down 层的 feature map 和上采样得到的 feature map 拼接在一起，然后重复这样的过程。最后输出是深度为 n_classes 个 feature map，进行分类。

这个 feature map 拼接的操作，就是 5.3 节中所讲的特征融合。U-Net 的特征融合方式采用的是 concat，可以恢复部分的语义信息，从而保证分割的精度。相似的，在 FCN 中（语义分割"开山之作"）是通过 feature map 相加（add）的方式来恢复语义信息的。U-Net 还有以下几个优点：

1）5 个 pooling layer 实现了网络对图像特征的多尺度特征识别。

2）上采样部分会融合特征提取部分的输出，这样做实际上是将多尺度特征融合在了一起，以最后一个上采样为例，它的特征既来自第一个卷积 block 的输出（同尺度特征），也来自上采样的输出（大尺度特征），这样的连接是贯穿整个网络的，可以看到上图的网络中有 4 次融合过程，相对应的 FCN 网络只在最后一层进行融合。

5.5 实战案例——基于 U–Net 的图像语义分割

5.5.1 案例描述

本案例学习如何搭建 U-Net 网络，训练 Oxford-IIIT Pet 数据，实现图像语义分割。

5.5.2 案例目标

1）搭建 U-Net 全卷积神经网络。
2）对 Oxford-IIIT Pet 数据集中的数据进行语义分割。

5.5.3 案例分析

Oxford–IIIT Pet 数据集是 37 个类别的宠物图像数据集，其中有犬类 25 类、猫类 12 类，每个类别大约有 200 张图像。图像在比例、姿势和亮度方面有很大的差异。

该数据集由图像、图像所对应的标签以及对像素逐一标记的掩码组成。掩码其实就是给每个像素的标签。每个像素分别属于以下 3 个类别中的一个：

类别 1：像素是宠物的一部分。
类别 2：像素是宠物的轮廓。
类别 3：以上都不是（外围像素）。

5.5.4 案例实施

1. 加载数据

首先导入所需要的库。

```
from __future__ import absolute_import, division, print_function, unicode_literals
import tensorflow as tf
from tensorflow_examples.models.pix2pix import pix2pix
import tensorflow_datasets as tfds
tfds.disable_progress_bar()
from IPython.display import clear_output
import matplotlib.pyplot as plt
```

接着加载数据集。

```
dataset, info = tfds.load(data_dir = 'data/oxford', name = 'oxford_iiit_pet:3.2.0', with_info = True)
```

这个数据集已经集成在 Tensorflow datasets 中，只需下载即可（数据集已经下载，只需从指定目录加载）。图像分割掩码在版本 3.0.0 中才被加入，因此特别选用这个版本。

2. 数据预处理

先将图像标准化到 [0, 1] 范围内。由于像素点在图像分割掩码中被标记为 {1, 2, 3} 中的一个，为了方便起见，将分割掩码都减 1，得到标签 {0, 1, 2}。

```
def normalize(input_image, input_mask):
    input_image = tf.cast(input_image, tf.float32)/128.0 - 1
    input_mask -= 1
    return input_image, input_mask
```

接着将图片规范成 (128, 128) 大小的，以匹配神经网络的输入。同时，还随机水平翻转了一些图片，用来扩充测试数据集。

```
def load_image_train(datapoint):
    input_image = tf.image.resize(datapoint['image'], (128, 128))
    input_mask = tf.image.resize(datapoint['segmentation_mask'], (128, 128))
```

```python
        if tf.random.uniform(()) > 0.5:
            #按水平(从左向右)随机翻转图像
            input_image = tf.image.flip_left_right(input_image)
            input_mask = tf.image.flip_left_right(input_mask)
        input_image, input_mask = normalize(input_image, input_mask)
        return input_image, input_mask

def load_image_test(datapoint):
    input_image = tf.image.resize(datapoint['image'], (128, 128))
    input_mask = tf.image.resize(datapoint['segmentation_mask'], (128, 128))
    input_image, input_mask = normalize(input_image, input_mask)
    return input_image, input_mask
```

3. 数据集划分

原始数据集已经划分好了训练集和测试集,所以也延续使用相同的划分。

```python
TRAIN_LENGTH = info.splits['train'].num_examples
BATCH_SIZE = 64
BUFFER_SIZE = 1000
STEPS_PER_EPOCH = TRAIN_LENGTH//BATCH_SIZE
# 使用 map 方法将此函数应用于数据集中的每个项
train = dataset['train'].map(load_image_train, num_parallel_calls = tf.data.experimental.AUTOTUNE)
test = dataset['test'].map(load_image_test)
#对数据进行打乱分批处理
train_dataset = train.cache().shuffle(BUFFER_SIZE).batch(BATCH_SIZE).repeat()
train_dataset = train_dataset.prefetch(buffer_size = tf.data.experimental.AUTOTUNE)
test_dataset = test.batch(BATCH_SIZE)
```

4. 查看原始图像

查看数据集中的一张原始图像以及它所对应的掩码，如图 5-5-1 所示。

```
def display(display_list):
    plt.figure(figsize=(15, 15))
    title = ['Input Image', 'True Mask', 'Predicted Mask']
    for i in range(len(display_list)):
        plt.subplot(1, len(display_list), i + 1)
        plt.title(title[i])
        plt.imshow(tf.keras.preprocessing.image.array_to_img(display_list[i]))
        plt.axis('off')
    plt.show()
for image, mask in train.take(1):
    sample_image, sample_mask = image, mask
display([sample_image, sample_mask])
```

原图　　　　　　　　　　　　真实掩码

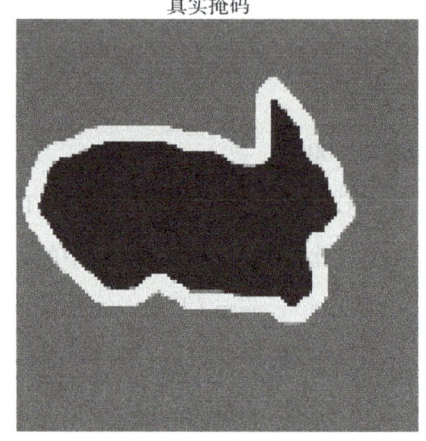

扫码看彩图

图 5-5-1　数据集中的一张原始图像以及它所对应的掩码

5. 搭建 U-Net 网络

为了学习到鲁棒性，同时减少可训练参数的数量，可以使用预训练模型作为编码器。因此，此处使用了一个预训练的 MobileNetV2 模型来进行下采样，它的中间输出值将被使用。

```
OUTPUT_CHANNELS = 3
```

输出信道数量为 3 是因为每个像素有 3 种可能的标签。把这想象成一个多类别分类，每个像素都将被分到 3 个类别当中。

```python
base_model = tf.keras.applications.mobilenet_v2.MobileNetV2(input_shape=[128, 128, 3],
include_top=False)
layer_names = [
    'block_1_expand_relu',    # 64×64
    'block_3_expand_relu',    # 32×32
    'block_6_expand_relu',    # 16×16
    'block_13_expand_relu',   # 8×8
    'block_16_project',       # 4×4
]
layers = [base_model.get_layer(name).output for name in layer_names]
# 创建特征提取模型
down_stack = tf.keras.Model(inputs=base_model.input, outputs=layers)
# 不允许训练这些层
down_stack.trainable = False
```

上采样将使用 TensorFlow Examples 中的 Pix2pix tutorial 里的升频取样模块。

```python
up_stack = [
    pix2pix.upsample(512, 3),    # 4×4 -> 8×8
    pix2pix.upsample(256, 3),    # 8×8 -> 16×16
    pix2pix.upsample(128, 3),    # 16×16 -> 32×32
    pix2pix.upsample(64, 3),     # 32×32 -> 64×64
]
```

定义 U-Net 模型。

```python
def unet_model(output_channels):
    # 这是模型的最后一层
    last = tf.keras.layers.Conv2DTranspose(
        output_channels, 3, strides=2,
        padding='same', activation='softmax')    # 64×64 -> 128×128
```

```
inputs = tf.keras.layers.Input(shape = [128, 128, 3])
x = inputs
# 在模型中降频取样
skips = down_stack(x)
x = skips[-1]
skips = reversed(skips[:-1])
# 升频取样然后建立跳跃连接
for up, skip in zip(up_stack, skips):
    x = up(x)
    concat = tf.keras.layers.Concatenate()
    x = concat([x, skip])
x = last(x)
return tf.keras.Model(inputs = inputs, outputs = x)
```

6. 编译模型

这里用到的损失函数是 losses.sparse_categorical_crossentropy。使用这个损失函数是因为神经网络试图给每一个像素分配一个标签，和多类别预测是一样的。在正确的分割掩码中，每个像素点的值是{0,1,2}中的一个，同时神经网络也输出三个信道。本质上，每个信道都在尝试学习预测一个类别。而 losses.sparse_categorical_crossentropy 正是这一情形下推荐使用的损失函数。

```
model = unet_model(OUTPUT_CHANNELS)
model.compile(optimizer = 'adam', loss = 'sparse_categorical_crossentropy', metrics = ['accuracy'])
```

根据神经网络的输出值，分配给每个像素的标签为输出值最高的信道所表示的那一类。这就是 create_mask 函数所做的工作。

```
def create_mask(pred_mask):
    pred_mask = tf.argmax(pred_mask, axis = -1)
    pred_mask = pred_mask[..., tf.newaxis]
    return pred_mask[0]
```

```python
def show_predictions(dataset = None, num = 1):
    if dataset:
        for image, mask in dataset.take(num):
            pred_mask = model.predict(image)
            display([image[0], mask[0], create_mask(pred_mask)])
    else:
        display([sample_image, sample_mask, create_mask(model.predict(sample_image[tf.newaxis, ...]))])
```

7. 自定义回调函数

为了方便观察训练过程，在每训练一个 epoch 之后，取 3 张测试集中的图片进行预测，预测函数为上面的 show_predictions() 函数。

```python
class DisplayCallback(tf.keras.callbacks.Callback):
    def on_epoch_end(self, epoch, logs = None):
        clear_output(wait = True)
        show_predictions()
        print ('\nSample Prediction after epoch {}\n'.format(epoch + 1))
```

8. 训练及可视化训练过程

训练了 20 个 epoch，从测试集中划分出一部分充当验证集。

```python
EPOCHS = 20
VAL_SUBSPLITS = 5
VALIDATION_STEPS = info.splits['test'].num_examples//BATCH_SIZE//VAL_SUBSPLITS


model_history = model.fit(train_dataset, epochs = EPOCHS,
                          steps_per_epoch = STEPS_PER_EPOCH,
                          validation_steps = VALIDATION_STEPS,
                          validation_data = test_dataset,
                          callbacks = [DisplayCallback()])
loss = model_history.history['loss']
val_loss = model_history.history['val_loss']


epochs = range(EPOCHS)
```

可视化训练过程的损失变化以及显示测试集中语义分割后的图片。

```
plt.figure()
plt.plot(epochs, loss, 'r', label = 'Training loss')
plt.plot(epochs, val_loss, 'bo', label = 'Validation loss')
plt.title('Training and Validation Loss')
plt.xlabel('Epoch')
plt.ylabel('Loss Value')
plt.ylim([0, 1])
plt.legend()
plt.show()
#做预测
show_predictions(test_dataset, 3)
```

图 5-5-2 显示了训练 20 次中训练集损失和验证集损失的变化趋势,可以看出随着训练次数的增加,损失的变化趋势趋于平缓,待变化范围小于一定阈值后即表示训练结束。图 5-5-3 则展示了从测试集中选取 3 张图像分别显示原图、真实掩码和预测掩码,通过对比可以发现搭建的 U-Net 网络可以很好地对图片进行语义分割。

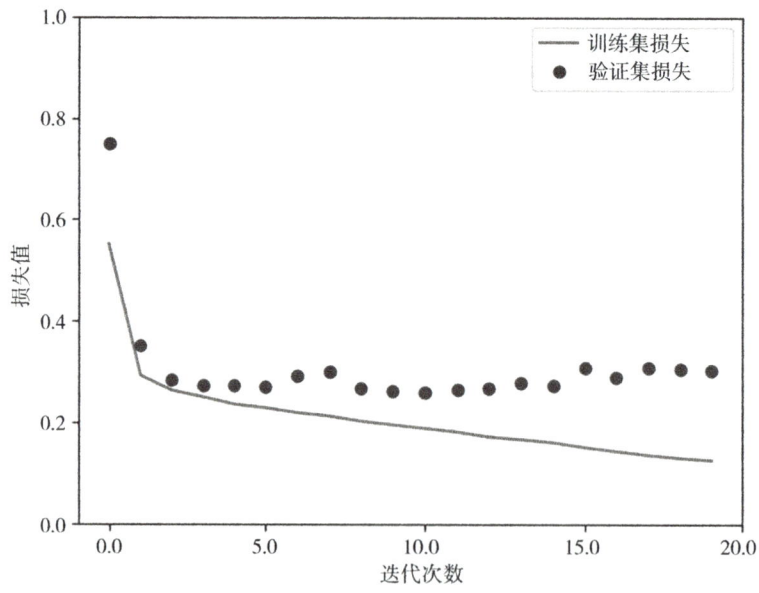

图 5-5-2　训练集损失和验证集损失的变化趋势

单元5
图像语义分割

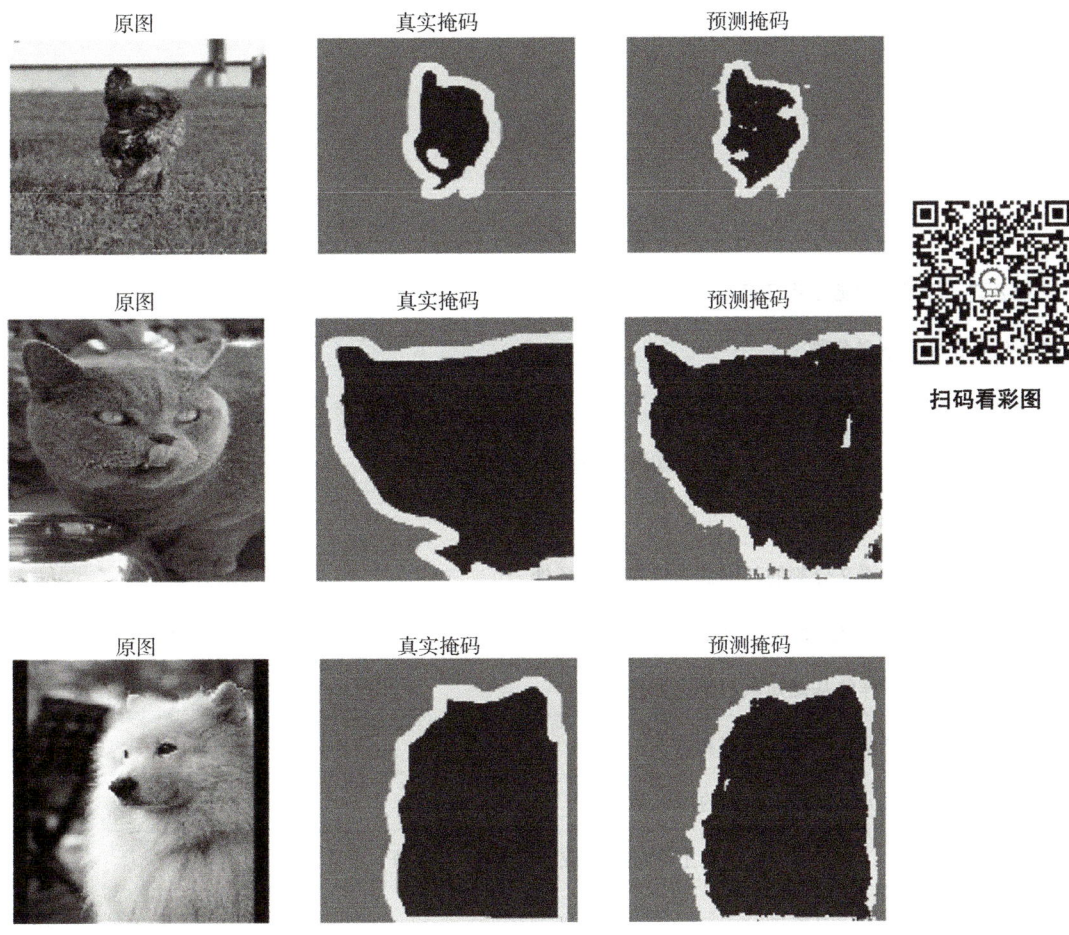

图 5-5-3　测试集中的 3 张图像以及它所对应的真实掩码和预测掩码

扫码看彩图

单元小结

本单元主要对图像语义分割任务进行详细介绍，要求学生了解常见的语义分割网络的基本概念和常见的应用场景。同时深入了解语义分割任务中常见的使用方法和评价标准，熟练使用 U-Net 网络完成图像语义分割任务。在学习 U-Net 搭建网络的过程中，学会使用下采样、上采样和特征融合等知识，并在案例中进行温故和掌握。

学习评估

课程名称：计算机视觉应用开发	
学习任务：图像语义分割	
课程性质：理实一体课程	综合得分：

知识掌握情况评分（65 分）

序号	知识考核点	配分	得分
1	图像语义分割的基本概念以及常用场景	5	
2	图像语义分割的常见方法和评价准则	15	
3	上采样的基础知识和常见方法	15	
4	特征融合的基础知识和方式	15	
5	语义分割网络 U-Net 的网络结构	15	

工作任务完成情况评分（35 分）

序号	能力操作考核点	配分	得分
1	使用语义分割网络 U-Net 实现图像的语义分割	35	

单元习题

单项选择题：

（1）下面（　　）不属于语义分割网络。

A. U-Net　　　　　　　　　　B. FCN

C. CNN　　　　　　　　　　 D. segnet

（2）下面说法错误的是（　　）

A. 语义分割通过确保图像的每个组成部分仅属于一个类别来解决物体检测的重叠问题。

B. 语义分割主要是识别出图像中的位置。

C. 语义分割大致可分为两类，标准语义分割和实例感知语义分割。

D. 图像语义分割可以应用于地理信息、无人驾驶、医疗影像分析和机器人领域。

简答题：

1. 简述语义分割的概念及分割流程。
2. 简述 FCN 与 CNN 最大的区别。
3. 简述 U-Net 的网络结构组成。
4. 简述常用的上采样方法。
5. 写出 IoU 的计算公式。

Unit 6

单元6
图像风格迁移

单元6 图像风格迁移

单元概述

目前为止，已经学习了计算机视觉中图像的分类、检测与分割任务。接下来就要开始另一个新任务的学习——图像生成任务。

简单来讲，图像生成是从现有数据集生成新图像的任务。在单元4中学习的图像增强也是图像生成任务的一种，不过图像增强更多的是对原图像进行几何、空间和色彩上的变化，没有去生成与原图有区别的新图片。相比于图像判别任务，图像生成任务有更高的难度。生成模型必须基于更小的特征输出更丰富的信息（例如具有某些细节和变化的完整图像）。图像生成又可细分为：手写体生成、人脸合成、风格迁移、图像修复、图像超分辨率重建等。

接下来的课程会学习图像生成中风格迁移和超分辨率重建这两个任务。本单元从图像的风格迁移任务学起。同样的，依然是从基本概念学起，了解常用技术以及涉及的专业名词，最后会通过实战案例来深入了解其原理。

下面就开始本单元内容的学习吧！

学习目标

知识目标
- 了解图像风格迁移的基本概念和发展历程；
- 了解图像风格迁移中提取风格和计算损失的过程；
- 了解 VGG-19 卷积神经网络的网络结构；
- 了解对抗生成网络以及循环一致对抗生成网络的基础知识和网络结构。

技能目标
- 能够基于 VGG-19 预训练模型对图像进行风格迁移；
- 能够使用 CycleGAN 网络对图像进行风格迁移。

素养目标
- 培养学生的记忆和理解能力；
- 培养学生项目设计、实践的能力。

6.1 图像风格迁移概述

6.1.1 风格迁移的基本概念

扫码看视频

现在通信工具越来越发达,在聊天的过程中可以选用各种不同字体,甚至可以以某一个人的书写风格为标准生成专用字体。这种手写体在以前是一种使用硬笔或者软笔纯手工写出的文字,代表了中国汉字文化的精髓。现在利用风格迁移技术可以生成不同风格的手写体,省去了手工书写时间的同时也促进了汉字文化的发展。图 6-1-1 中右上为源字体,左下为要生成的字体,右下为真实转化的字体。可以看出字体转化的效果还是非常明显的,转化后的字体都带上了要生成字体的风格。

图 6-1-1 文字风格迁移

对于图像的风格迁移,可用于将两个图像———一个内容图像(想要改变画风的原始图像)和一个风格参考图像(如著名画家的一个作品)混合在一起,使输出的图像具备内容图像的内容，同时拥有风格参考图像的风格。比如，想用瓦西里·康定斯基（俄罗斯现代抽象派艺术大师）的作品风格来重新画出图 6-1-2 的海龟图。

扫码看彩图

图 6-1-2　海龟图和瓦西里·康定斯基的作品

如果瓦西里·康定斯基决定用这种风格来专门描绘这只海龟会是什么样子？是否如图 6-1-3 一样？

扫码看彩图

图 6-1-3　风格迁移后的海龟

这就是图像风格迁移所做的事情。风格迁移是一个有趣的计算机视觉话题。它被用于日常生活中，比如常用的美图工具中的各类滤镜背后就是风格迁移技术。其实包括真人到二次元人物、二次元人物到真人之间的转换，还有妆容的迁移等都可以看作风格迁移在一些特定领域的应用。风格迁移还经常作为辅助手段来提高其他计算机视觉任务的性能，例如行人重识别。风格迁移对于理解图像和图片表示的研究具有很重要的意义。

6.1.2　风格迁移的发展历程

风格迁移的发展历程可大致分为三个阶段：
1. 传统的图像风格迁移（Traditional style transfer）
在计算机视觉领域，风格迁移被视为纹理合成的扩展问题，当时甚至连名字都没有，更多的叫法是纹理迁移（Texture transfer），因为风格其实也可以看作一种纹理。假如在合成纹理图的时候刻意保留一些语义信息（即输入图的内容信息），就得到了风格迁移的结果。这一方法没有流行起来的原因是当时纹理迁移的是基于像素的底层图像特征，并没有过多考虑语义信息，因此图像的迁移结果并不理想。

其实，可以将图像迁移看作图像纹理提取和图像重建两个步骤，2015年之前仅在图像纹理合成上有些许成就，但在图像重建领域的考虑并不周全。但是随着深度学习的飞速发展，基于神经网络的图像迁移方法有了巨大的进步，以下的介绍都是基于神经网络的图像迁移方法。

2. 基于神经网络的风格转换（Neural style transfer）

纹理建模方法（Visual Texture Modelling）主要研究如何表示一种纹理，是纹理合成技术的核心。纹理建模方法的相关研究解决了图像风格化迁移的第一个大问题：如何对风格图中的风格特征进行建模和提取。

然而，如何将风格和内容混合然后还原成一个相应的风格化结果？其中可以设计一个前向网络，用数据驱动的方式，利用很多训练数据去提前训练它，训练的目标就是给定一个输入，这个训练好的网络只需要一次前向就能输出一张重建结果图像。这就是基于神经网络的风格转换方法。

风格迁移原理主要包含三个部分：图像内容获取、图像风格提取以及内容和风格融合。

图像内容获取怎么做？相信大家已经想到了，就是卷积层提取的特征。只需要确定选取哪一层提取的特征作为表征该图像的内容即可。

至于图像风格提取以及内容和风格的融合，将在接下来的单元中进行学习。

3. 基于对抗生成网络的风格迁移（Style transfer based on GAN）

严格来说，基于GAN的风格迁移其实是属于基于神经网络的风格迁移范围之内的，因为GAN网络本质上就是神经网络，只是由于其巧妙的loss函数设计方法，使得GAN网络的效果在图像生成领域"一马当先"，其研究也极为火热。

GAN网络由生成器和判别器两个网络组成，生成器负责对输入图片进行重建；重建结果与真实数据集一同送入判别网络进行判断，判别网络负责分辨生成器的输出结果到底是来自真实数据集的真实图片还是来自其本身的生成图片。这时，巧妙的事情就发生了，生成器会努力使自己生成的图片"骗过"判别器；判别器则会努力分辨输入到底是真实的还是生成的，根据其反馈来指导生成器生成更真实的图片，从而形成一种动态博弈，结果是输出的图片在内容和风格上都类似于真实数据集。

6.2 风格提取

扫码看视频

6.2.1 风格的概念

在学习风格提取之前，先弄明白什么是风格。

一幅画作的风格对于每个画家而言，就是该画家的画风，如抽象派、印象派、现实派等。那具体表现在该幅画上又是什么？

或许不用那么复杂，可以从一张图片的纹理（纹路）、色彩来理解该幅图像的风格。同一位画家不同画作的内容可以不同，但具有相同画风的画作，它们的纹理、色彩布局是相似的。以康定斯基的画作为例，如图 6-2-1 所示。

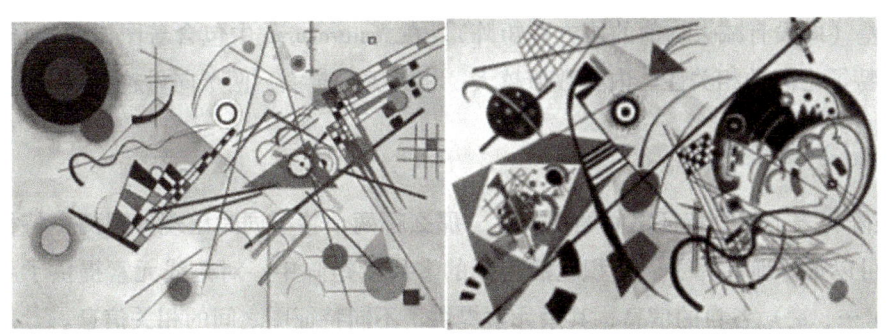

扫码看彩图

图 6-2-1　康定斯基画作

可以看出，两幅画的画风是相似的，它们的表现纹理也是相似的。

6.2.2 风格提取方法

既然图像的风格可以简单用纹理、色彩特征来表示，那么提取风格就变得简单了，就是利用卷积神经网络的卷积层提取的特征。

在前面的单元中已经介绍过，不同深度的卷积层提取的特征不同，这些被提取的特征具有不同的含义。因此，只需设置不同的卷积层去提取该图像的纹理和色彩风格特征。

那么，提取风格特征后，如何判定所提取的风格与风格图片中的风格相似？这里就需要讲一下 gram 矩阵。

6.3 gram 矩阵

6.3.1 gram 矩阵的含义

gram 矩阵的数学形式如下：

$$G = A^T A = \begin{bmatrix} a_1^T \\ a_2^T \\ \vdots \\ a_n^T \end{bmatrix} \begin{bmatrix} a_1 & a_2 & \cdots & a_n \end{bmatrix} = \begin{bmatrix} a_1^T a_1 & a_1^T a_2 & \cdots & a_1^T a_n \\ a_2^T a_1 & a_2^T a_2 & \cdots & a_2^T a_n \\ a_n^T a_1 & a_n^T a_2 & \cdots & a_n^T a_n \end{bmatrix}$$

可以看出，gram 矩阵实际上是矩阵的内积运算。在风格迁移中，计算的是 feature map 之间的偏心协方差（即没有减去均值的协方差矩阵）。在 feature map 中包含着图像的特征，gram 矩阵代表着特征之间的相关性。内积数值越大，相关关系越大，两个向量越相似。

6.3.2 gram 矩阵的作用

既然 gram 矩阵代表了两个特征之间的相关性，那么哪两个特征同时出现，哪两个特征此消彼长等，便可以很好地计算了。内积之后得到的多尺度矩阵中，对角线元素提供了不同特征图（a_1，$a_2 \cdots$，a_n）各自的信息，其余元素提供了不同特征图之间的相关信息。

同时，gram 的对角线元素还体现了每个特征在图像中出现的量，因此 gram 有助于把握整个图像的大体风格。有了 gram 矩阵，要度量两个图像风格的差异，只需要比较它们之间的 gram 矩阵的差异即可。

在网络中提取的特征图，一般来说浅层网络提取的是局部的细节纹理特征，深层网络提取的是更抽象的轮廓、大小等信息。这些特征总的结合起来表现出来的就是图像的风格，由这些特征向量计算出来的 gram 矩阵，就可以把图像特征之间隐藏的联系提取出来，也就是各个特征之间的相关性高低。gram 矩阵的计算公式如下：

$$G_{ij}^l = \sum_k F_{ik}^l F_{jk}^l$$

如果两个图像的特征向量的 gram 矩阵的差异较小，就可以认定这两个图像风格是相近的。有了表示风格的 gram 矩阵，要度量两个图像风格的差异，只需比较他们 gram 矩阵的差异即可。计算两个图像风格的公式如下：

$$E_l = \frac{1}{4 N_l^2 M_l^2} \sum_{i,j} (G_{ij}^l - A_{ij}^l)^2$$

6.3.3 gram 矩阵的计算

gram 矩阵实际上是矩阵的内积运算，可以使用 Python 的科学计算库 numpy 来实现 gram 矩阵，当然也可以用更简洁的方式。

在一些比较流行的深度学习框架中，已经内置了矩阵相乘的方法。以 Tensorflow 为例，可以用"tf.matmul()"方法实现矩阵的相乘。具体使用方法如下：

```
gram = tf.matmul(vector, vector, transpose_a = True)
```

上面便是 Tensorflow 中实现 gram 矩阵的计算方式。参数"vector"代表输入的矩阵向量，"transpose_a = True"意味着在进行乘法之前对第一个矩阵进行转置，该方法还有一个名为"transpose_b"的参数，它等于"True"时意味着在乘法之前对第二个矩阵进行转置。

6.4 损失计算

扫码看视频

6.4.1 内容损失

在风格转移任务中，想让图像尽量在内容不变的情况下进行风格迁移。为了平衡这种关系，需要分别计算内容损失和风格损失，最后再通过系数相关计算出总损失。

在网络中更靠近顶层的输出包含图像更加全局、更加抽象的信息（如羽毛、眼睛、房屋等），这也就对应上了原始图片上的内容信息。因此，内容损失最好使用原始图像和生成图像在网络中较为顶层的输出（激活）的 L2 范数（也就是用原始图像在较为顶层中的输出和生成图像在较为顶层中的输出进行比较）。L2 范数是反映估计量与被估计量之间差异的一种度量，计算的是预测值与真实值之差的平方和的平均值。数学公式如下：

$$\frac{1}{n}\sum_{i=1}^{n}\left[f(x_i) - y_i\right]^2$$

6.4.2 风格损失

相反，由纹理、颜色、视觉图案所表示的风格就在网络中较为底层的输出中。但是风格在网络中分布得较为广泛（风格是多尺度的），单单选择一层是不够的。对于风格损失，在这里将使用层激活的格拉姆矩阵，即特征图的内积。这个内积可以被理解为一层特征图之间的映射关系，也就是抓住了图片特征的规律（即想索取的风格），可以找到想要的纹理外观。

风格总代价分为两个步骤：

1）识别风格图像的风格，从所有卷积层中获取特征向量，将这些向量与另一层中的特征向量进行比较（查找其相关性）。

2）原始（原始风格图像）和生成的图像之间的风格代价。为了找到风格，可以通过将特征图乘以其转置来捕获相关性，从而生成 gram 矩阵。先将提取的特征（生成的风格特征与风格参考图像的风格特征）进行 gram 矩阵计算，之后再对计算后的结果进行均方误差计算。

6.4.3 总损失

总损失的计算方式如下：

$$\text{Loss}_{\text{total}}(\vec{p},\vec{a},\vec{x}) = \alpha \text{Loss}_{\text{content}}(\vec{p},\vec{x}) + \beta \text{Loss}_{\text{style}}(\vec{a},\vec{x})$$

式中，$\text{Loss}_{\text{content}}$、$\text{Loss}_{\text{style}}$ 分别是内容损失和风格损失，α 和 β 是平衡内容损失和风格损失的超参数。如果 α 偏大则还原的图像包含的内容较多，β 偏大则还原的图像包含风格较多。

6.5 VGG-19

扫码看视频

下面将使用 VGG-19 对图像进行卷积处理，同时在卷积的不同层中提取图像的内容和风格进行风格转换。在前面的单元中已经学习了 VGG-16 的网络结构以及使用方法，下面就一起了解一下 VGG-19 的使用。

6.5.1 VGG-19 的由来

2014 年，牛津大学计算机视觉组（Visual Geometry Group）和 Google DeepMind 公司的研究员一起提出了一种新的深度卷积神经网络：VGGNet，并取得了 ILSVRC 2014 比赛分类项目的第二名。

VGGNet 的主要贡献是使用很小的卷积核（3×3）构建各种深度的卷积神经网络结构，并对这些网络结构进行了评估，最终证明在 16～19 层的网络深度能够取得较好的识别精度。这也就是常用来提取图像特征的 VGG-16 和 VGG-19。

6.5.2 结构解析

VGG-19 的网络结构，如图 6-5-1 所示。

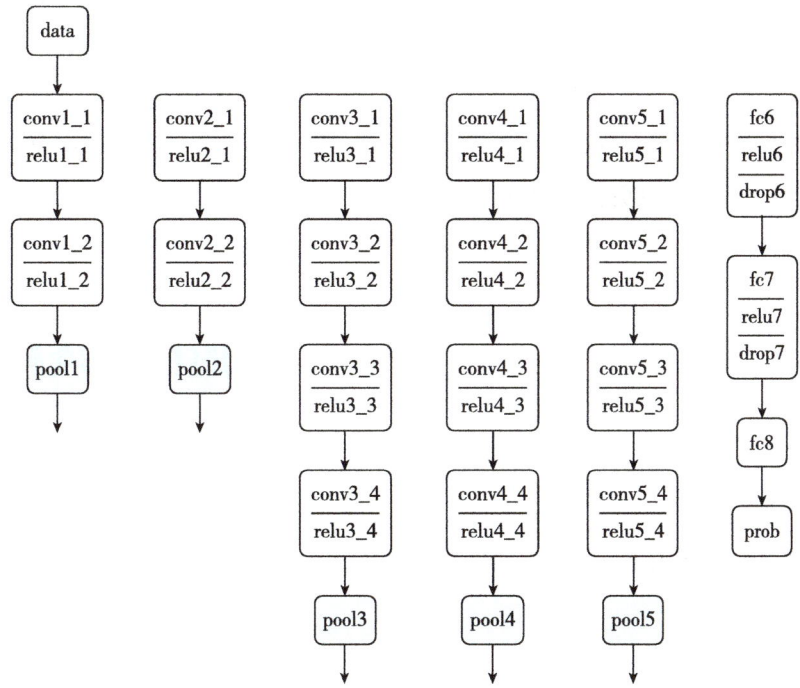

图 6-5-1　VGG-19 网络结构图

VGG-19 整体由 5 个卷积块和 3 个全连接层组成，每个卷积块由不同层数的卷积层构成。其中第 1、2 个卷积块分别有两个卷积层，第 3～5 个卷积块分别有 4 个卷积层。那 VGG-19 中的 19 是怎么来的？这里的 19 只算了卷积层（16 层）和全连接层（3 层）的数量，没有包括池化层。

VGG-19 的输入为 224×224×3 的图像，并且对图像做了均值处理，在每个像素中减去在训练集上计算的 RGB 均值。

VGG-19 中使用的都是 3×3 的卷积核，来代替比较大的卷积核，并且使用了连续多个卷积层。使用小的卷积核的问题是，其感受野必然变小，但使用连续的卷积核，可以增大感受野。卷积的固定步长为 1，并在图像的边缘填充 1 个像素，这样卷积后保持图像的分辨率不变。

连续的卷积层（卷积块）后会接着一个池化层，做最大池化，步长为 2。

最后一层卷积层之后，接着的是 3 个全连接层，前两个每个都有 4096 个通道，第 3 个是输出层，输出 1000 个分类。

VGG-19 的优势：VGG-19 的结构非常简洁，整个网络都使用了一样大小的卷积核尺寸（3×3）和最大池化尺寸（2×2）。几个小滤波器（3×3）卷积层的组合比一个大滤波器（5×5 或 7×7）卷积层好，验证了经过不断加深网络结构能够提高性能。

VGG-19 缺点：VGG-19 耗费更多计算资源，而且使用了更多的参数，致使更多的内存占用（140MB）。其中绝大多数的参数都是来自于第一个全连接层。

注：不少预训练的方法就是使用 VGG 模型（主要是 16 和 19），VGG 相对其余的方法，参数空间很大，最终模型有 500 多 MB，而 AlexNet 只有 200MB，GoogLeNet 更少，因此训练一个 VGG 模型一般要花费更长的时间。

6.6 实战案例——基于 VGG-19 的图像风格迁移

6.6.1 案例描述

本节将学习如何使用 VGG-19 预训练模型提取特定层的特征值，来实现图像风格迁移。

6.6.2 案例目标

1) 使用 VGG-19 预训练模型提取图像的风格特征和内容特征。
2) 对给出的图片进行风格转移。

6.6.3 案例分析

前面已经了解到 VGG-19 整体由 5 个卷积块和 3 个全连接层组成，每个卷积块由不同数量的卷积层构成。

如何选取卷积层作为内容和风格的特征值？

一般来说，越深的层越能更好地表示图像的内容（原有特征），而对于表示风格的卷积层，分别从 5 个卷积块中选取第一个卷积层作为风格表示层。

损失函数的计算使用内容损失和风格损失的加权平均和。

6.6.4 案例实施

1. 加载数据

首先导入所需要的库。

```
import numpy as np
import matplotlib.pyplot as plt
import tensorflow as tf
from tensorflow.keras.preprocessing.image import img_to_array
from tensorflow.keras.applications.vgg19 import VGG19, preprocess_input
from tensorflow.keras.models import Model
from PIL import Image
```

接着加载数据。这里的数据只有两张图片,内容图片和风格图片。

```
content_path = 'data/turtle.jpg'
style_path = 'data/kandinsky.jpg'
```

图 6-6-1 为输入的图片,左侧为原图片,需要提取内容特征,右侧为风格图片,需要提取风格特征。

扫码看彩图

图 6-6-1　内容图片和风格图片

2. 数据预处理

首先编写加载图片的函数,该函数的主要作用就是规范大小。将图像规范大小,接着转为 VGG-19 可接收的格式。

```
def load_img(path_to_img):
    max_dim = 1080
    img = Image.open(path_to_img)
    long = max(img.size)
    scale = max_dim/long
    img = img.resize((round(img.size[0] * scale), round(img.size[1] * scale)), Image.ANTIALIAS)
```

```
    img = img_to_array(img)
    img = np.expand_dims(img, axis=0)
    return img
```

接着是预处理函数的编写，该函数在调用加载图片函数之后，调用了内置的 preprocess_input() 函数，实现了标准化的操作。

```
def preprocess_img(img_path):
    img = load_img(img_path)
    img = preprocess_input(img)
    return img
```

preprocess_input() 函数的主要源码如图 6-6-2 所示。

```
            mean = [103.939, 116.779, 123.68]
            std = None

        # Zero-center by mean pixel
        if data_format == 'channels_first':
            if x.ndim == 3:
                x[0, :, :] -= mean[0]
                x[1, :, :] -= mean[1]
                x[2, :, :] -= mean[2]
                if std is not None:
                    x[0, :, :] /= std[0]
                    x[1, :, :] /= std[1]
                    x[2, :, :] /= std[2]
            else:
                x[:, 0, :, :] -= mean[0]
                x[:, 1, :, :] -= mean[1]
                x[:, 2, :, :] -= mean[2]
                if std is not None:
                    x[:, 0, :, :] /= std[0]
                    x[:, 1, :, :] /= std[1]
                    x[:, 2, :, :] /= std[2]
        else:
            x[..., 0] -= mean[0]
            x[..., 1] -= mean[1]
            x[..., 2] -= mean[2]
            if std is not None:
                x[..., 0] /= std[0]
                x[..., 1] /= std[1]
                x[..., 2] /= std[2]
        return x
```

图 6-6-2　preprocess_input 函数的部分主要源码

可以看到，preprocess_input()函数对图像做了均值处理，在每个像素中减去在训练集上计算的 RGB 均值（这里的预训练模型是在 ImageNet 上训练的）。

接着是 deprocess_img()函数，该函数主要在生成图片后，还原图片的像素（加上均值）。

```python
def deprocess_img(process_img):
    x = process_img.copy()
    if len(x.shape) = 4:
        x = np.squeeze(x, axis = 0)
    assert len(x.shape) = 3
    if len(x.shape)! = 3:
        raise ValueError('Invalid input')
    x[:, :, 0] + = 103.939
    x[:, :, 1] + = 116.779
    x[:, :, 2] + = 123.68
    x = x[..., ::-1]    # 将 BGR 转化为 RGB
    x = np.clip(x, 0, 255).astype('uint8')
    return x
```

3. 定义抽取的内容层和风格层

```python
content_layers = ['block5_conv2']
style_layers = ['block1_conv1', 'block2_conv1', 'block3_conv1', 'block4_conv1', 'block5_conv1']
```

4. 模型定义

将定义内容层和风格层作为网络的输出。

```python
def get_model():
    vgg = VGG19(include_top = False, weights = 'imagenet')
    vgg.trainable = False
    content_output = [vgg.get_layer(layer).output for layer in content_layers]
    style_output = [vgg.get_layer(layer).output for layer in style_layers]
    output = content_output + style_output
    return Model(inputs = vgg.inputs, outputs = output)
```

5. 特征提取

将图片传给定义好的模型，得到内容特征和风格特征。

```
def get_feature_representation(model, content_path, style_path):
    content_img = preprocess_img(content_path)
    style_img = preprocess_img(style_path)
    content_output = model(content_img)
    style_output = model(style_img)
    content_features = [content_layer[0] for content_layer in content_output[:len(style_layers)]]
    style_features = [style_layer[0] for style_layer in style_output[len(style_layers):]]
    return content_features, style_features
```

6. 损失计算

先计算出内容损失。

```
def content_loss(content, base_img):
    return tf.reduce_mean(tf.square(content - base_img))
```

接着计算 gram 矩阵，用来计算风格损失。

```
def gram_matrix(input_tensor):
    channels = int(input_tensor.shape[-1])
    vector = tf.reshape(input_tensor, [-1, channels])
    n = tf.shape(vector)[0]
    gram = tf.matmul(vector, vector, transpose_a=True)
    return gram/tf.cast(n, tf.float32)


def style_loss(style, base_img):
    gram_style = gram_matrix(style)
    gram_gen = gram_matrix(base_img)
    return tf.reduce_mean(tf.square(gram_style - gram_gen))
```

总损失计算。

$$\mathrm{Loss}_{\mathrm{total}}(\vec{p},\vec{a},\vec{x}) = \alpha \mathrm{Loss}_{\mathrm{content}}(\vec{p},\vec{x}) + \beta \mathrm{Loss}_{\mathrm{style}}(\vec{a},\vec{x})$$

式中，α 和 β 是平衡内容损失和风格损失的超参数。如果 α 偏大则还原的图像包含的内容较多，β 偏大则还原的图像包含风格较多。

```
def compute_loss(model, content_features, style_features, base_img, loss_weights):
    content_weight, style_weight = loss_weights
    output = model(base_img)
    content_base_features = output[:len(style_layers)]
    style_base_features = output[len(style_layers):]
    content_score, style_score = 0, 0
    weights_per_content_layer = 1.0/float(len(content_layers))   # 内容层上的权重
    for content_feature, content_base_feature in zip(content_features, content_base_features):
        content_score += weights_per_content_layer * content_loss(content_feature, content_base_feature[0])
    weights_per_style_layer = 1.0/float(len(style_layers))   # 风格层上的权重
    for style_feature, style_base_feature in zip(style_features, style_base_features):
        style_score += weights_per_style_layer * style_loss(style_feature, style_base_feature[0])
    content_score *= content_weight
    style_score *= style_weight
    total_loss = content_score + style_score
    return total_loss, content_score, style_score
```

7. 梯度计算

```
def compute_grad(args):
    with tf.GradientTape() as grad:
        loss = compute_loss(**args)
    gradients = grad.gradient(loss[0], args['base_img'])
    return gradients, loss
```

8. 训练及结果展示

得到模型。

```
model = get_model()
for layer in model.layers:
    layer.trainable = False
```

设置内容和风格的权重。

content_weight = 1e − 4
style_weight = 2e3

提取特征。

content_features, style_features = get_feature_representation(model, content_path, style_path)

训练。

```
base_img = preprocess_img(content_path)
base_img = tf.Variable(base_img, dtype = tf.float32)
optimizer = tf.keras.optimizers.Adam(learning_rate = 5, beta_1 = 0.99, epsilon = 1e − 1)
best_loss, best_img = float('inf'), None
loss_weights = (content_weight, style_weight)
args = {'model': model, 'content_features': content_features, 'style_features': style_features,
        'base_img': base_img, 'loss_weights': loss_weights}
channel_normalized_means = np.array([103.939, 116.779, 123.68])
min_val = − channel_normalized_means
max_val = 255 − channel_normalized_means

for i in range(100):
    if i < 20:
        optimizer = tf.keras.optimizers.Adam(learning_rate = 3, beta_1 = 0.99, epsilon = 1e − 1)
    else:
        optimizer = tf.keras.optimizers.Adam(learning_rate = 0.5, beta_1 = 0.99, epsilon = 1e − 1)
    gradients, loss = compute_grad(args)
    total_loss, content_score, style_score = loss
    optimizer.apply_gradients([(gradients, base_img)])
    clip = tf.clip_by_value(base_img, min_val, max_val)
```

```
        base_img. assign(clip)
        print((i+1), total_loss)
        if total_loss < best_loss:
            best_loss = total_loss
            best_img = deprocess_img(base_img. numpy())
        if i % 10 = 0:
            image = Image. fromarray(best_img)
            plt. imshow(image)
            plt. show()


image = Image. fromarray(best_img)
plt. imshow(image)
plt. show()
```

为了方便观察,每训练 10 次就会展示一下生成的图像。风格迁移后的图像如图 6-6-3 所示,可以看出该图片保持了原图的内容没有变并且加入风格图片的风格。

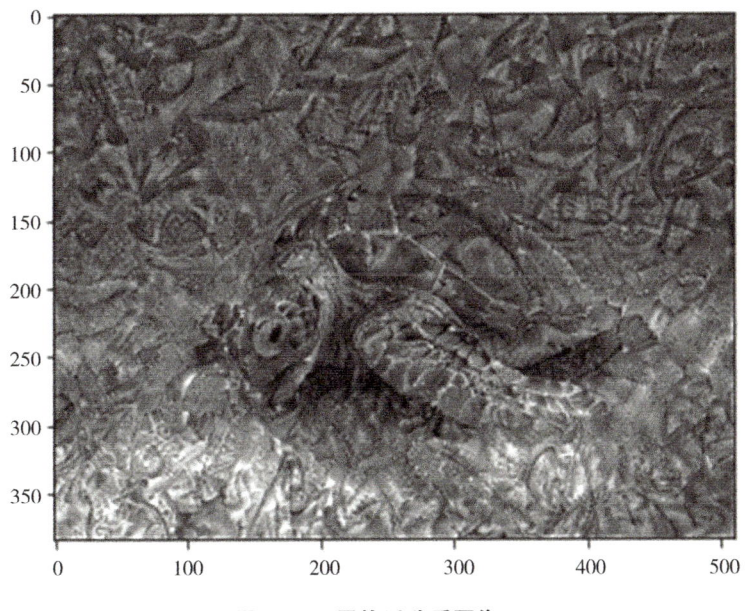

扫码看彩图

图 6-6-3　风格迁移后图像

6.7 对抗生成网络

除了使用卷积神经网络进行图像风格迁移任务之外,现在流行的对抗生成网络(GAN)非常适合做图像生成类的任务。在介绍 GAN 之前,先简单回顾一下之前所介绍的 CNN 模型。使用 CNN 模型完成图像生成任务的大致流程如图 6-7-1 所示。

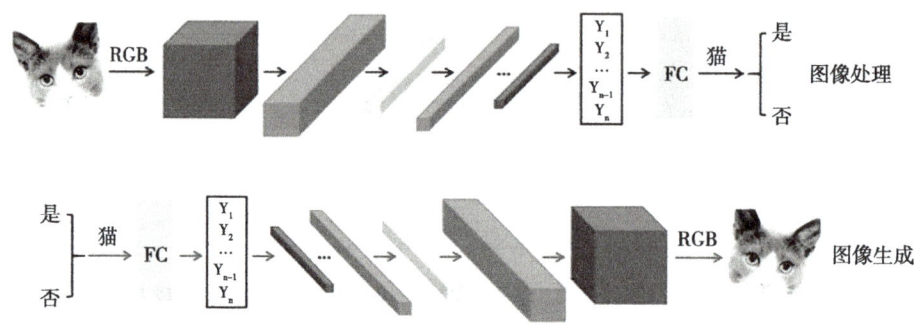

图 6-7-1 CNN 模型的流程

在图 6-7-1 中,CNN 通过卷积、池化等操作对输入图像进行分析,从而对其进行分类(判定是否为猫),这个过程可以概括为图像处理,即模型输入的图像是确定的、待分析的对象,通过各种神经网络来进行分析。

与上述过程相反,对于图像生成任务来说,模型的输出才是确定的图像,而模型的输入则是不确定的,具体取决于场景以及特定的模型设计。在图像生成任务的一种特殊应用——风格迁移中,模型的输入可能是一个随机生成的图像,此时模型的训练过程可以看成对这个随机生成的图像所对应像素值的更新过程,以实现较好的风格迁移效果。

6.7.1 对抗生成网络(GAN)的基本概念

生成对抗网络(Generative Adversarial Nets,GAN)自提出以来,在许多领域中出现大量有趣的应用,如漫画变脸的特效、训练样本的构造、模型的架构等。

通过以上讲解，应该建立以下认知：

1) 图像处理任务利用神经网络（如 CNN）对输入图像进行分析处理，得到跟输入图像内容相关的信息。

2) 与图像处理任务相反，在图像生成任务中，图像生成模型根据输入图像内容相关的信息来生成图像。

3) 对于图像生成任务来说，图像生成模型的输入是不确定的，具体取决于场景以及特定的模型设计。风格迁移就属于其中的一种场景。

4) 生成对抗网络（GAN）可以应用于风格迁移。

接下来简单介绍 GAN 的基本原理，GAN 模型如图 6-7-2 所示。

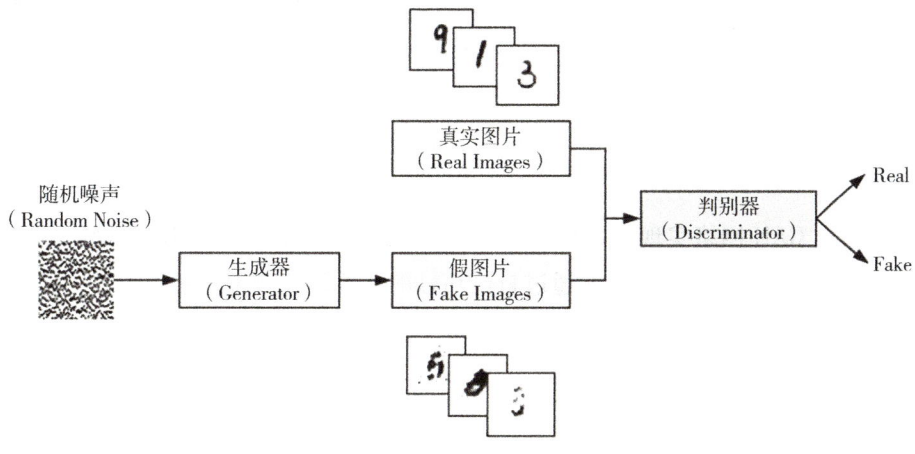

图 6-7-2　GAN 模型

GAN 模型中有两个核心的组成：生成器（Generator）与判别器（Discriminator）。它的整体的流程如下：

1) 首先定义一个生成器（Generator），输入一组随机噪声向量（最好符合常见的分布，一般的数据分布都呈现常见分布规律），输出为一个图片。

2) 定义一个判别器（Discriminator），用它来判断图片是否为训练集中的图片，是为真，否为假。

3) 当判别器无法分辨真假，即判别概率为 0.5 时，停止训练。

体现"对抗"的关键步骤是：

1) 固定生成器（的参数），训练（优化）判别器，使得判别器能够尽可能准确地区分"真图像"与"假图像"。

2) 在完成步骤1）之后，固定判别器（的参数），训练（优化）生成器，尽可能使得判别器无法准确地区分"真图像"与"假图像"。

在 GAN 模型训练完成后，即可使用经过训练的生成器（Generator）来生成图像了。

GAN 的判别器与生成器都由多层感知机（可以看成全连接神经网络，即 FC）构成，它们都可以使用其他类型的神经网络，如卷积神经网络（CNN）。

GAN 模型的目标函数如下：

$$\min_G \max_D V(D,G) = \mathrm{E}_{x \sim pdata(x)}[\log D(x)] + \mathrm{E}_{z \sim pz(z)}[\log(1 - D(G(z)))]$$

在这里，训练网络 D 使其能够最大程度地分辨出训练样本的类别（最大化 $\log D(x)$ 和 $\log(1 - D(G(z)))$），训练网络 G 最小化 $\log(1 - D(G(z)))$，即最大化 D 的损失。而训练过程中固定一方，更新另一个网络的参数，交替迭代，使得对方的错误最大化。最终，G 能估测出样本数据的分布，也就是生成的样本更加的真实。然后从式子中解释对抗，了解到 G 网络的训练是希望 $D(G(z))$ 趋近于 1，也就是正类，这样 G 的 loss 就会最小。而 D 网络的训练就是一个 2 分类，目标是分清楚真实数据和生成数据，也就是希望真实数据的 D 输出趋近于 1，而生成数据的输出即 $D(G(z))$ 趋近于 0，或是负类。这里就是体现了对抗的思想。

6.7.2 循环一致对抗生成网络（CycleGAN）

现在要通过 GAN 网络实现风格迁移需要考虑的事情就是如何为 GAN 网络加上内容约束和风格约束了，著名的 CycleGAN 通过自己巧妙的 loss 设计实现了这一点。

针对原始 GAN 网络可以进行如下简化描述，如图 6-7-3 所示。

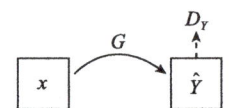

图 6-7-3　GAN 的简化描述

输入 x 经过生成器 G 得到输出 Y，判别器用来负责判别 Y 是取自真实数据集还是来自生成的图像。通过这一约束，使得生成器生成的图片越来越真实，但是由于没有内容和风格约束，所以模型的输出结果是不可预测的。那么如何添加约束？

首先，要实现风格转换，就必须有两套不同风格的数据集，例如春天数据集和冬天数据集，GAN 网络的输入也不再是随机噪声，而是其中一个数据集，这里使用春天数据集，经过生成器后重建的结果图片与冬天数据集一起作为判别器的输入，让判别器来判断该冬天风格图是否真实，从而指导生成器生成的图片是冬天风格且是真实的。这样生成器 G 就通过优化对抗学习到了一种由春天风格到冬天风格的映射，可以将任意一张输入图片转换为冬天风格的。这里的风格约束与使用卷积神经网络进行风格转换的思路就完全不同了，一个是通过不断优化结果图与风格图 gram 矩阵的距离作为 loss；一个是通过对抗损失的动态博弈作为 loss。由于对抗损失只是为了学习不同风格域间的映射，因此两个数据集里的数据不必是成对的，通俗的理解是风格作为纹理特征的延伸是一种低级特征，内容作为语义信息是一种高级特征。当只从不同数据集学习风格映射时，只需要保证不同数据集风格一致即可，比如一个数据集都是冬天，另一个数据集都是夏天，对数据集中具体照片的内容没有要求，即可以是非配对的，这一点很重要，因为现实中不同风格下成对的数据是很难获得的。

但是，仅使用两个数据集的 GAN 网络是不能达到风格迁移的目的的，原因有二：第一，没有内容约束，生成的结果无法预测，失去了风格迁移的意义（风格迁移后的语义信息是不变的）；第二，GAN 网络的训练倾向于模式崩塌（Model Collapse），这里不展开解释，简单来说就是当生成器发现生成某一张图片可以轻易地骗过判别器时，其他的生成结果就会倾向类似于该图片。即当生成器发现一个好的解时，就"疯狂"输出类似于这个解的结果，不愿意去做其他的尝试。但是关键在于该解并不一定有较好的视觉效果或者不一定是期望的结果，只是因为该解的 loss 较优，生成器才做此决定，希望生成器多去尝试，以找到最优解。

那么 CycleGAN 如何进行内容约束？其内容转化如图 6-7-4 所示。

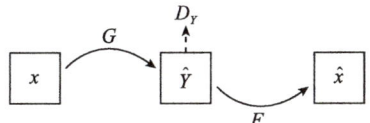

图 6-7-4　CycleGAN 的内容转化

图中对输出结果进行一次反变换，来对比原始输入和反变换后的输出间的差异即可进行内容上的约束。类比语言翻译：我的目的是将汉语风格的 X（"神经网络真奇妙~"）变换成英语 Y。生成器 G 相当于翻译机，经过 GAN 的过程可以有多个翻译结果：例如，1，"神经 net very fun"；2，"neural network 真好玩"；3，"neural network very fantastic"；4，"I am very handsome"。判断器 D 的任务是判断哪个结果更像英语，因此判断器给出的结果可能是 3，也可能是 4，因为它们都是英语。但是，显然 4 是不对的。那要如何进行约束？只需要再进行一次反变换，判断其结果和原始输出之间的差别即可。经过 CycleGAN 的过程，得到 3 的结果是神经网络真奇妙，与原始输入结果（神经网络真奇妙）的距离为 0，4 的结果与原始结果的距离就很大了。这便达到了内容约束的目的。将后半部分进行翻转就形成了一个闭环，如图 6-7-5 所示，这就是 CycleGAN 名字的由来。

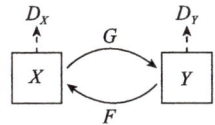

图 6-7-5　CycleGAN 的闭环

总结一下，CycleGAN 使用两个不同风格的数据集，通过优化对抗损失来达到风格约束的目的，这一过程需要生成器和判别器两个网络组成；CycleGAN 又通过一次反向变化来达到内容约束的目的，同样，这一过程也需要生成器和判别器两个网络组成。因此 CycleGAN 的网络组成部分是两个生成器和两个判别器，loss 组成部分是对抗 loss 和原始输入与反变换后输出的内容距离 loss。

由于 GAN 网络在图像生成领域的效果卓越，因此也广泛应用于风格转换，各种基于 GAN 的变体都能达到风格转换的效果。CycleGAN 是其中非常有创新性的代表模型。图 6-7-6 则是使用 CycleGAN 进行风格转化的一些示例。

图 6-7-6　CycleGAN 风格转化示例

扫码看彩图

6.8　实战案例——基于 CycleGAN 的图像风格迁移

6.8.1　案例描述

本案例将学习如何搭建一个 CycleGAN 风格迁移网络，通过训练该网络实现斑马和马的风格互换。

6.8.2　案例目标

1）学会搭建一个完整的 CycleGAN 风格迁移网络。
2）设计出 CycleGAN 网络的风格迁移损失，包括内容损失和风格损失。
3）使用训练后的 CycleGAN 网络实现斑马与马的风格转换。

6.8.3　案例分析

前面已经了解到，CycleGAN 是由两个生成器和两个判别器组成。在图 6-7-6 中，X 表示 X 域的图像，Y 表示 Y 域的图像。X 域的图像经过生成器 G 生成 Y 域的图像，再经过生成器 F 重构回 X 域输入的原图像；Y 域的图像经过生成器 F 生成 X 域图像，再经过生成器 G 重构回 Y 域输入的原图像。判别器 D_X 和 D_Y 起到判别作用，确保图像的风格迁移。

对于 X 域转化为 Y 域的生成器 G 和判别器 D_Y 建立损失函数如下：

$$L_{GAN}(G,D_Y,X,Y) = E_{y \sim p\text{data}(y)}[\log D_Y(g)]$$
$$+ E_{x \sim p\text{data}(x)}[\log(1 - D_Y(G(x)))]$$

对于重构回 Y 域的图像，建立循环一致性损失函数如下：

$$L_{cyc}(G,F) = E_{x \sim p\text{data}(x)}[\|F(G(x)) - x\|_1]$$
$$+ E_{y \sim p\text{data}(y)}[\|G(F(y)) - y\|_1]$$

CycleGAN 的训练的总体损失函数如下：

$$L(G,F,D_X,D_Y) = L_{GAN}(G,D_Y,X,Y)$$
$$+ L_{GAN}(F,D_X,Y,X)$$
$$+ \lambda L_{cyc}(G,F)$$

CycleGAN 想要达到的目的是完成两个域之间的风格转换，在风格转换的同时，又要确保图中物体的几何形状和空间关系不发生变化。

6.8.4 案例实施

1. 导库

安装 tensorflow_examples 包，以导入生成器和判别器。

```
pip install git+https://github.com/tensorflow/examples.git
```

导入程序运行所需要的库，其中 pix2pix 是基于 GAN 实现图像翻译，更准确地讲是基于 cGAN（conditional GAN，也叫条件 GAN）。因为 cGAN 可以通过添加条件信息来指导图像生成，因此在图像翻译中就可以将输入图像作为条件，学习从输入图像到输出图像之间的映射，从而得到指定的输出图像。因为 GAN 算法的生成器是基于一个随机噪声生成图像，难以控制输出，所以基本上都是通过其他约束条件来指导图像生成，而不是利用 cGAN，这是 pix2pix 和其他基于 GAN 做图像翻译的差异。

```python
import tensorflow as tf
import tensorflow_datasets as tfds
from tensorflow_examples.models.pix2pix import pix2pix

import os
import time
import matplotlib.pyplot as plt
from IPython.display import clear_output

AUTOTUNE = tf.data.AUTOTUNE
```

2. 数据预处理

加载数据库中的训练和测试图片。

```
dataset, metadata = tfds.load('cycle_gan/horse2zebra',
                              with_info = True, as_supervised = True)

train_horses, train_zebras = dataset['trainA'], dataset['trainB']
test_horses, test_zebras = dataset['testA'], dataset['testB']

# 定义图片的批次以及宽高
BUFFER_SIZE = 1000
BATCH_SIZE = 1
IMG_WIDTH = 256
IMG_HEIGHT = 256
```

随机裁剪图片至同一尺寸。

```
def random_crop(image):
    cropped_image = tf.image.random_crop(
        image, size = [IMG_HEIGHT, IMG_WIDTH, 3])
    return cropped_image
```

将图片进行标准化处理。

```
def normalize(image):
    image = tf.cast(image, tf.float32)
    image = (image/127.5) - 1
    return image
```

返回随机抖动的图片。

```
def random_jitter(image):
    # 定义尺寸为 286×286×3
    image = tf.image.resize(image, [286, 286], method = tf.image.ResizeMethod.NEAREST_NEIGHBOR)
```

```
    # 随机裁剪为 256×256×3
    image = random_crop(image)

    # 随机翻转
    image = tf.image.random_flip_left_right(image)
    return image
```

对训练和测试图片进行归一化处理。

```
def preprocess_image_train(image, label):
    image = random_jitter(image)
    image = normalize(image)
    return image


def preprocess_image_test(image, label):
    image = normalize(image)
    return image
```

加载数据集中马和斑马的图片。

```
train_horses = train_horses.cache().map(
    preprocess_image_train, num_parallel_calls = AUTOTUNE).shuffle(
    BUFFER_SIZE).batch(BATCH_SIZE)

train_zebras = train_zebras.cache().map(
    preprocess_image_train, num_parallel_calls = AUTOTUNE).shuffle(
    BUFFER_SIZE).batch(BATCH_SIZE)

test_horses = test_horses.map(
    preprocess_image_test, num_parallel_calls = AUTOTUNE).cache().shuffle(
    BUFFER_SIZE).batch(BATCH_SIZE)

test_zebras = test_zebras.map(
    preprocess_image_test, num_parallel_calls = AUTOTUNE).cache().shuffle(
    BUFFER_SIZE).batch(BATCH_SIZE)

sample_horse = next(iter(train_horses))
sample_zebra = next(iter(train_zebras))
```

显示马的原图片和随机抖动后的图片。将随机抖动（jitter）和镜像应用到训练集中，这是避免过度拟合的图像增强技术。和在 pix2pix 中的操作类似，在随机抖动中，图像大小被调整成 286×286，然后随机裁剪为 256×256。在随机镜像中，图像随机水平翻转，即从左到右进行翻转。

```
plt.subplot(121)
plt.title('Horse')
plt.imshow(sample_horse[0] * 0.5 + 0.5)

plt.subplot(122)
plt.title('Horse with random jitter')
plt.imshow(random_jitter(sample_horse[0]) * 0.5 + 0.5)
```

图 6-8-1 左侧为马的原图，右侧为随机抖动后马的图片。

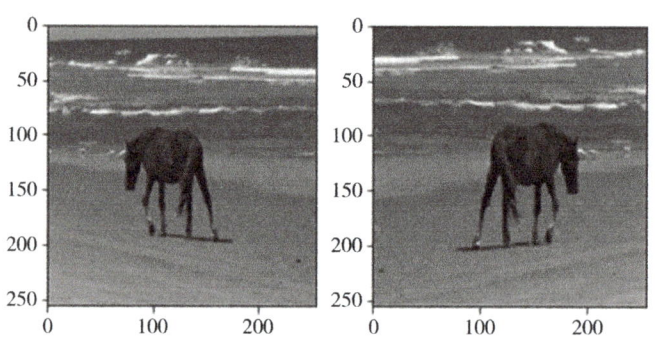

图 6-8-1 马的原图和随机抖动的图片

显示斑马的原图片和随机抖动后的图片。

```
plt.subplot(121)
plt.title('Zebra')
plt.imshow(sample_zebra[0] * 0.5 + 0.5)

plt.subplot(122)
plt.title('Zebra with random jitter')
plt.imshow(random_jitter(sample_zebra[0]) * 0.5 + 0.5)
```

图 6-8-2 左侧为斑马的原图,右侧为随机抖动后斑马的图片。

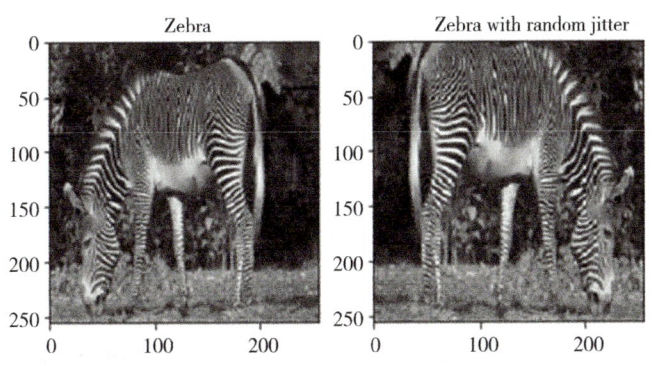

扫码看彩图

图 6-8-2 斑马的原图和随机抖动的图片

3. 构建网络模型

通过安装的 tensorflow_examples 包导入 pix2pix 中的生成器和判别器。这里训练了两个生成器（G 和 F）以及两个判别器（X 和 Y）。

1）生成器 G 学习将图片 X 转换为 Y。

2）生成器 F 学习将图片 Y 转换为 X。

3）判别器 D_X 学习区分图片 X 与生成的图片 X(F(Y))。

4）判别器 D_Y 学习区分图片 Y 与生成的图片 Y(G(X))。

```
OUTPUT_CHANNELS = 3

generator_g = pix2pix.unet_generator(OUTPUT_CHANNELS, norm_type='instancenorm')
generator_f = pix2pix.unet_generator(OUTPUT_CHANNELS, norm_type='instancenorm')

discriminator_x = pix2pix.discriminator(norm_type='instancenorm', target=False)
discriminator_y = pix2pix.discriminator(norm_type='instancenorm', target=False)
```

可视化进入生成器后生成的马和斑马的图片。

```
to_zebra = generator_g(sample_horse)
to_horse = generator_f(sample_zebra)
plt.figure(figsize=(8, 8))
contrast = 8

imgs = [sample_horse, to_zebra, sample_zebra, to_horse]
title = ['Horse', 'To Zebra', 'Zebra', 'To Horse']
```

```
for i in range(len(imgs)):
    plt.subplot(2, 2, i + 1)
    plt.title(title[i])
    if i % 2 == 0:
        plt.imshow(imgs[i][0] * 0.5 + 0.5)
    else:
        plt.imshow(imgs[i][0] * 0.5 * contrast + 0.5)
plt.show()
```

图 6-8-3 上方为输入为马输出为斑马的图片，下方为输入为斑马输出为马的图片。

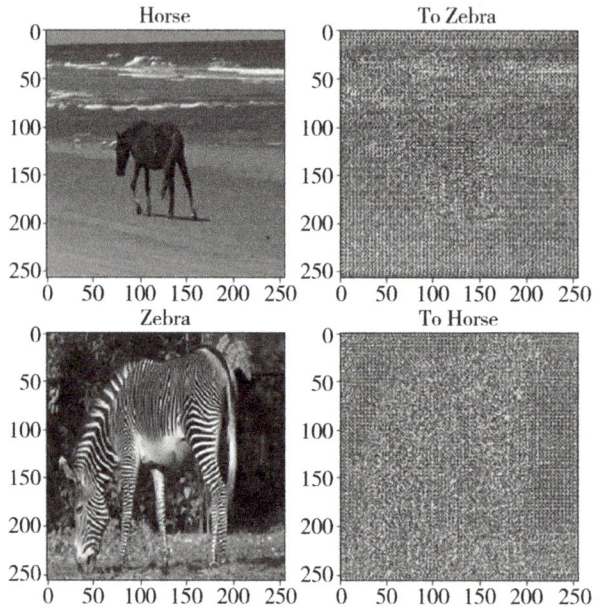

图 6-8-3　生成马和斑马图片

判别器判别输入图片是否为马或者斑马。

```
plt.figure(figsize = (8, 8))

plt.subplot(121)
plt.title('Is a real zebra? ')
plt.imshow(discriminator_y(sample_zebra)[0, ..., -1], cmap = 'RdBu_r')

plt.subplot(122)
plt.title('Is a real horse? ')
plt.imshow(discriminator_x(sample_horse)[0, ..., -1], cmap = 'RdBu_r')

plt.show()
```

对于生成的两张图片，如图 6-8-4 所示，判别器需要判断是否为真的马或者斑马。

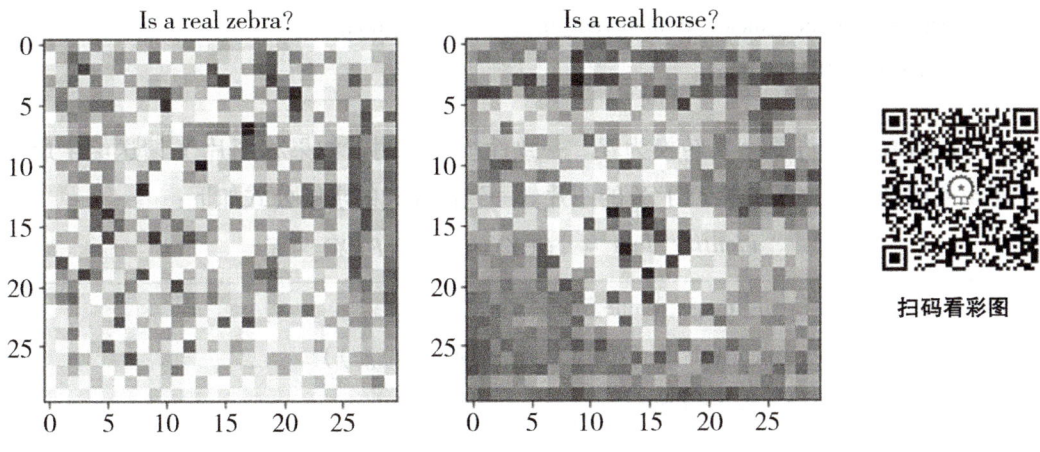

图 6-8-4 判别器判断是否为真的马和斑马

在 CycleGAN 中，没有可训练的成对数据，因此无法保证输入 x 和目标 y 数据对在训练期间是有意义的。所以为了强制网络学习正确的映射，提出了循环一致损失。判别器损失及生成器损失和 pix2pix 中所使用的类似。

```
LAMBDA = 10

loss_obj = tf.keras.losses.BinaryCrossentropy(from_logits = True)

def discriminator_loss(real, generated):
    real_loss = loss_obj(tf.ones_like(real), real)
    generated_loss = loss_obj(tf.zeros_like(generated), generated)
    total_disc_loss = real_loss + generated_loss
    return total_disc_loss * 0.5

def generator_loss(generated):
    return loss_obj(tf.ones_like(generated), generated)
```

循环一致意味着结果应接近原始输出。例如，将一句英文译为法文，随后再从法文翻译回英文，最终的结果句应与原始句输入相同。

在循环一致损失中：

1) 图片 X 通过生成器 G 传递，该生成器生成图片 $\hat{Y}$。

2) 生成的图片 $\hat{Y}$ 通过生成器 F 传递，循环生成图片 $\hat{X}$。

3) 在 X 和 $\hat{X}$ 之间计算平均绝对误差。

```
def calc_cycle_loss(real_image, cycled_image):
    loss1 = tf.reduce_mean(tf.abs(real_image - cycled_image))
    return LAMBDA * loss1
```

生成器 G 负责将图片 X 转换为 Y。一致性损失表明，如果将图片 Y 馈送给生成器 G，它应当生成真实图片 Y 或接近于 Y 的图片。一致性损失的求解公式如下：

$$identity\_loss = |G(Y) - Y| + |F(X) - X|$$

```
def identity_loss(real_image, same_image):
    loss = tf.reduce_mean(tf.abs(real_image - same_image))
    return LAMBDA * 0.5 * loss
```

为所有生成器和判别器初始化优化器。

```
generator_g_optimizer = tf.keras.optimizers.Adam(2e-4, beta_1=0.5)
generator_f_optimizer = tf.keras.optimizers.Adam(2e-4, beta_1=0.5)

discriminator_x_optimizer = tf.keras.optimizers.Adam(2e-4, beta_1=0.5)
discriminator_y_optimizer = tf.keras.optimizers.Adam(2e-4, beta_1=0.5)
```

保存预训练模型或加载最新的预训练模型。

```
checkpoint_path = "./checkpoints/train"

ckpt = tf.train.Checkpoint(generator_g=generator_g,
                           generator_f=generator_f,
                           discriminator_x=discriminator_x,
                           discriminator_y=discriminator_y,
                           generator_g_optimizer=generator_g_optimizer,
                           generator_f_optimizer=generator_f_optimizer,
                           discriminator_x_optimizer=discriminator_x_optimizer,
                           discriminator_y_optimizer=discriminator_y_optimizer)

ckpt_manager = tf.train.CheckpointManager(ckpt, checkpoint_path, max_to_keep=5)

# 如果存在预训练模型则加载最后一次预训练模型
if ckpt_manager.latest_checkpoint:
    ckpt.restore(ckpt_manager.latest_checkpoint)
    print('Latest checkpoint restored!!')
```

4. 训练模型

原图片与生成图片的可视化。

```python
EPOCHS = 40

def generate_images(model, test_input):
    prediction = model(test_input)

    plt.figure(figsize = (12, 12))

    display_list = [test_input[0], prediction[0]]
    title = ['Input Image', 'Predicted Image']

    for i in range(2):
        plt.subplot(1, 2, i + 1)
        plt.title(title[i])
        # getting the pixel values between [0, 1] to plot it.
        plt.imshow(display_list[i] * 0.5 + 0.5)
        plt.axis('off')
    plt.show()
```

训练循环看起来很复杂,其实包含4个基本步骤:

1)获取预测。

2)计算损失值。

3)使用反向传播计算损失值。

4)将梯度应用于优化器。

```python
@tf.function
def train_step(real_x, real_y):
    # 计算梯度
    with tf.GradientTape(persistent = True) as tape:
        #生成器 G 实现 X -> Y
        #生成器 F 实现 Y -> X

        fake_y = generator_g(real_x, training = True)
        cycled_x = generator_f(fake_y, training = True)

        fake_x = generator_f(real_y, training = True)
        cycled_y = generator_g(fake_x, training = True)
```

```python
    # same_x and same_y 使用 identity loss
    same_x = generator_f(real_x, training=True)
    same_y = generator_g(real_y, training=True)

    disc_real_x = discriminator_x(real_x, training=True)
    disc_real_y = discriminator_y(real_y, training=True)

    disc_fake_x = discriminator_x(fake_x, training=True)
    disc_fake_y = discriminator_y(fake_y, training=True)

    gen_g_loss = generator_loss(disc_fake_y)
    gen_f_loss = generator_loss(disc_fake_x)

    total_cycle_loss = calc_cycle_loss(real_x, cycled_x) + calc_cycle_loss(real_y, cycled_y)

    # Total generator loss = adversarial loss + cycle loss
    total_gen_g_loss = gen_g_loss + total_cycle_loss + identity_loss(real_y, same_y)
    total_gen_f_loss = gen_f_loss + total_cycle_loss + identity_loss(real_x, same_x)

    disc_x_loss = discriminator_loss(disc_real_x, disc_fake_x)
    disc_y_loss = discriminator_loss(disc_real_y, disc_fake_y)

# 为生成器和鉴别器计算梯度
generator_g_gradients = tape.gradient(total_gen_g_loss,
                                      generator_g.trainable_variables)
generator_f_gradients = tape.gradient(total_gen_f_loss,
                                      generator_f.trainable_variables)

discriminator_x_gradients = tape.gradient(disc_x_loss, discriminator_x.trainable_variables)
discriminator_y_gradients = tape.gradient(disc_y_loss, discriminator_y.trainable_variables)

# 利用优化器更新梯度
generator_g_optimizer.apply_gradients(zip(generator_g_gradients, generator_g.trainable_variables))

generator_f_optimizer.apply_gradients(zip(generator_f_gradients, generator_f.trainable_variables))
```

```
        discriminator_x_optimizer.apply_gradients(zip(discriminator_x_gradients, discrimina-
tor_x.trainable_variables))
        discriminator_y_optimizer.apply_gradients(zip(discriminator_y_gradients, discrimina-
tor_y.trainable_variables))
```

输入图片开始训练。

```
for epoch in range(EPOCHS):
    start = time.time()

    n = 0
    for image_x, image_y in tf.data.Dataset.zip((train_horses, train_zebras)):
        train_step(image_x, image_y)
        if n % 10 == 0:
            print('.', end='')
        n += 1

    clear_output(wait=True)
    # 使用一致的图像(sample_horse),以便模型的进度清晰可见。
    generate_images(generator_g, sample_horse)

    if (epoch + 1) % 5 == 0:
        ckpt_save_path = ckpt_manager.save()
        print('Saving checkpoint for epoch {} at {}'.format(epoch + 1, ckpt_save_path))
    print('Time taken for epoch {} is {} sec\n'.format(epoch + 1, time.time() - start))
```

训练模型40次后生成的图片如图6-8-5所示,可以看出马的预测图片已经显示出斑马的纹路,如果训练200次效果会更加明显。程序中也可使用训练的预训练模型来继续加以训练。

扫码看彩图

图6-8-5 马的原图和预测风格转换后的图

使用测试数据集进行生成。

```
for inp in test_horses.take(5):
    generate_images(generator_g, inp)
```

从测试集中选取一张进行风格转换后的图像如图 6-8-6 所示。

扫码看彩图

图 6-8-6　马和斑马风格转换测试

单元小结

本单元引入了图像风格迁移任务，学生可以了解图像风格迁移的基本概念，掌握风格迁移任务中风格提取以及内容提取方式，同时利用 VGG-19 网络来完成图像风格迁移。在本单元的学习过程中，还要求学生学会对抗生成网络和循环一致对抗生成网络的原理和网络结构，并使用 CycleGAN 来进行图像风格迁移。

学习评估

课程名称：计算机视觉应用开发		
学习任务：图像风格迁移		
课程性质：理实一体课程		综合得分：

知识掌握情况评分（50分）

序号	知识考核点	配分	得分
1	图像风格迁移的基本概念和发展历程	5	
2	图像风格迁移中的风格提取方法	10	
3	图像风格迁移中的内容提取方式	10	
4	VGG-19 的网络结构与原理	5	
5	对抗生成网络（GAN）的网络结构与原理	10	
6	循环一致对抗生成网络（CycleGAN）的网络结构与原理	10	

工作任务完成情况评分（50分）

序号	能力操作考核点	配分	得分
1	使用 VGG-19 预训练模型并设计训练损失进行图像风格迁移	15	
2	搭建循环一致对抗生成网络（CycleGAN）并设计风格迁移损失	20	
3	利用搭建的 CycleGAN 网络进行图像风格迁移	15	

单元习题

单项选择题：

（1）图像风格迁移的原理不包括（　　）。

A. 图像内容获取　　　　　　B. 图像风格获取

C. 内容和风格融合　　　　　D. 风格重置

（2）下列说法不正确的是（　　）

A. 图像风格迁移属于图像生成任务。

B. gram 矩阵可以度量两个图像风格的差异。

C. 图像的内容损失可以通过均方误差来表示。

D. VGG-19 有 19 个卷积层。

（3）下列说法不正确的是（　　）

A. GAN 网络分为生成模型和判别模型两部分。

B. GAN 网络中生成模型和判别模型可同时训练更新。

C. GAN 网络可以用于图像生成任务。

D. GAN 的判别器与生成器都由多层感知机构成。

简答题：

1. 简述 VGG-19 的结构。

2. 简述 GAN 的原理。

3. 简述 CycleGAN 中循环一致性损失的计算方式。

实操题：

尝试用 Numpy 实现 gram 矩阵的计算。

Unit 7

单元7
图像超分辨率重建

单元概述

本单元开始学习图像生成的另一个应用：图像超分辨率重建。首先依旧会从基本概念讲起，不过在开始之前，会阐述什么是分辨率，分辨率的作用是什么，对分辨率有个大体的认识。接着会讲述常用的超分辨率重建技术，针对其中的一种技术详细解析。此外，本单元引入了一个新的图像质量评价指标——PSNR，用来检测重建后的图片效果。同时引入了对抗生成网络的概念来进行图像超分辨率重建任务。最后讲解两个实战案例，帮助大家更好地理解图像超分辨率重建。

下面开始进入本单元的学习吧！

学习目标

知识目标
- 了解图像分辨率的基本概念；
- 了解图像超分辨率的基本概念和常用方法；
- 掌握 SRCNN 超分辨率重建方法和超分辨率重建任务的评价指标；
- 掌握基于对抗生成网络的超分辨率重建方法以及 SRGAN 的网络结构。

技能目标
- 能够搭建超分辨率重建（SRCNN）的网络架构；
- 能够利用 SRCNN 网络对图片进行超分辨率重建以及评价；
- 能够搭建基于对抗生成网络的超分辨率重建（SRGAN）网络架构。
- 能够利用 SRGAN 网络对图片进行超分辨率重建。

素养目标
- 培养学生的记忆和理解能力；
- 培养学生项目设计、实践的能力。

7.1 认识图像分辨率

7.1.1 分辨率的基本概念

在了解什么是分辨率之前,先了解另一个名词——像素。

像素(pixel):每个图像都由一组像素构成,像素是图像原生的基础构件。一般来说,可以认为像素是图像中某个给定位置出现的光的"颜色"或者"强度"。如果将图像看成一个网格,网格中的每个方块就包含一个像素。

例如,有一个分辨率为 10×10 的图像,这就说明图像被表示为一个像素网格,这个网格有 10 行 10 列。整体来说,图像中共有 10×10=100 个像素,如图 7-1-1 所示。

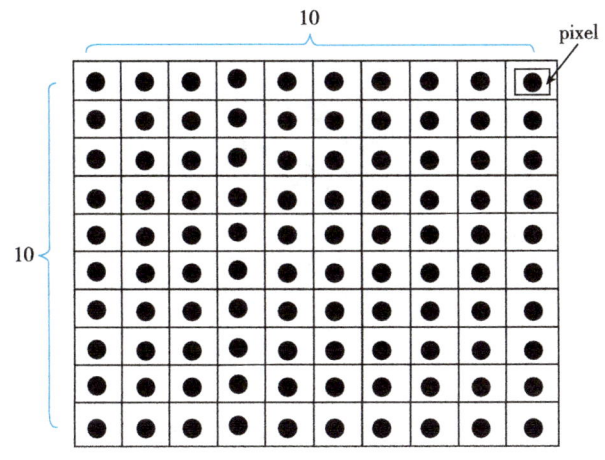

图 7-1-1 10×10 的图像像素

一般普通的图片都在 500×300 左右。这样说来,图片能被一个 300×500 的像素网格所表示,500 行 300 列,总体来看共有 150 000 个像素。

大多数的像素以两种方式来表示:灰度和彩色。灰度图中每个像素的取值范围仅是 0~255,0 对应黑色,255 对应白色。0~255 中间的数值则对应着灰色。而彩色像素通常以 RGB 色彩空间来表示,每个像素分别有 R、G、B 三个值。这三个颜色分别用 0~255 区间中的整数来表示,代表着这个颜色的成分有多少。因为取值范围在 [0,255],所以通常用 8 位无符号整数来表示。然后把这三个值组合成 RGB 三元组(Red,Green,Blue),以此来表示颜色。

分辨率(resolution)又称为解析度、解像度,可以细分为显示分辨率、图像分辨率、打印分辨率和扫描分辨率等。这里着重讲解图像分辨率。

图像分辨率（image resolution）指单位英寸（in，1 in = 0.0254m）中所包含的像素点数。它和图像的像素有直接的关系。例如，一张图片分辨率是 500×200，也就是说这张图片在屏幕上按 1∶1 放大时，水平方向有 500 个像素点，垂直方向有 200 个像素点。

7.1.2 分辨率的作用

图像分辨率决定图像的质量。对于同样尺寸的一幅图，如果图像分辨率越高，则组成该图的图像像素数目越多，像素点也越小，图像越清晰、逼真、自然。图像分辨率是一组用于评估图像中蕴含细节信息丰富程度的性能参数，包括时间分辨率、空间分辨率及色阶分辨率等，体现了成像系统实际所能反映物体细节信息的能力。相较于低分辨率图像，高分辨率图像通常包含更大的像素密度、更丰富的纹理细节及更高的可信赖度。但在实际情况中，受采集设备与环境、网络传输介质与带宽、图像退化模型本身等诸多因素的约束，通常并不能直接得到具有边缘锐化、无成块模糊的理想高分辨率图像。

如图 7-1-2 所示，两张同样大小的图片，右边的图片单位尺寸中包含的像素点数比左边的多，图像就会更清晰。

扫码看彩图

图 7-1-2　不同分辨率图片的比较

7.2　认识图像超分辨率

7.2.1　图像超分辨率的基本概念

所谓超分辨率，就是提高原有图像的分辨率。通过一系列低分辨率的图像来得到一幅高分辨率的图像过程就是超分辨率重建。就如 7.1 节中的蝴蝶翅膀图（见图 7-1-2），给定左边的低分辨率图像，希望通过一系列的算法来得到右边的高分辨率图像，这就是图像超分辨率重建。

所以图像超分辨率重建的定义为给定一张低分辨率的图像（low-resolution image），通过计算机视觉中的方法、模型将其恢复成一张高分辨率的图像（high-resolution image），要求恢复后的高分辨率图像要尽可能真实。旨在克服或补偿由于图像采集系统或采集环境本身的限制，导致的成像图像模糊、质量低下、感兴趣区域不显著等问题。

7.2.2 图像超分辨率的应用场景

近年来，随着高清设备的普及，用户端显示设备的分辨率已经普遍提升到了2K甚至更高的水平。早期的游戏、电影和照片在上述设备上往往无法得到很好的展现，这促使很多经典游戏和电影的高清重制工作被提上日程。在整个重制过程中，最核心的就是多媒体素材的高清重建工作，而该部分工作在过去往往只能通过聘请专业的设计师耗费大量的资源来完成。

图像超分辨率技术的发展为上述问题提供了一个全新的解决思路。通过图像超分辨率技术，无需耗费大量的资源即可完成多媒体内容的高清重建工作。在上述结果上，设计师仅需进行简单少量的修改即可达到和人工设计相媲美的结果，大大简化了工作的流程，降低了工作的成本。

另一方面，图像超分辨率技术在相机拍摄过程中也有着广泛的应用。近年来，随着用户对手机拍摄功能的重视，越来越多的厂商将手机的拍摄性能作为一个重要的卖点来进行宣传。特别的，相机的变焦功能越来越受到用户的关注。其中，变焦功能通常可以分为：光学变焦、数码变焦。光学变焦通过调整镜头来对焦距进行调整，由于受限于设备体积的大小，调整能力比较有限。相对的，数码变焦则是通过算法来对图像进行调整，以达到模拟光学变焦的目的，算法的优劣很大程度上决定了数码变焦的倍数以及结果的好坏。图像超分辨率技术相对于传统的图像插值算法，往往能够提供更大的变焦倍数以及更好的图像质量，近年来被各大手机厂商广泛采用。如图7-2-1所示，图像方框内的局部区域经过数码变焦后的结果依然清晰。

扫码看彩图

图7-2-1 超分辨率技术的数码变焦

相对于上述领域，图像超分辨率技术在很多专业领域也有应用。主要包括：

1. 图像压缩领域

在视频会议等实时性要求较高的场合，可以在传输前预先对图片进行压缩，等待传输完毕，再由接收端解码后通过超分辨率重建技术复原出原始图像序列，极大减少存储所需的空间及传输所需的带宽。

2. 医学成像领域

对医学图像进行超分辨率重建，可以在不增加高分辨率成像技术成本的基础上，降低对成像环境的要求，通过复原出的清晰医学影像，实现对病变细胞的精准探测，有助于医生对患者病情做出更好的诊断。

3. 遥感成像领域

高分辨率遥感卫星的研制具有耗时长、价格高、流程复杂等特点，由此研究者将图像超分辨率重建技术引入了该领域，试图解决高分辨率的遥感成像难以获取这一挑战，使得能够在不改变探测系统本身的前提下提高观测图像的分辨率。

4. 公共安防领域

公共场合的监控设备采集到的视频往往受到天气、距离等因素的影响，存在图像模糊、分辨率低等问题。通过对采集到的视频进行超分辨率重建，可以为办案人员恢复出车牌号码、清晰人脸等重要信息，为案件侦破提供必要线索。

5. 视频感知领域

通过图像超分辨率重建技术，可以起到增强视频画质、改善视频的质量，提升用户的视觉体验的作用。

7.3　超分辨率重建技术

图像超分辨率技术的主要任务是生成真实、清晰且人为痕迹尽可能少的高分辨率图像，根据输入输出的不同，其定义有所区别，主要可分为三类：

1. 多图像超分辨率

多图像超分辨率方法利用多幅 LR（低分辨率）图像得到一幅真实且清晰的 HR（高分辨率）图像，主要采用基于重建的算法，即试图通过模拟图像形成模型来解决 LR 图像中的混叠伪像问题。多图像超分辨率重建算法根据重建过程所在域不同可分为频域法和空域法。

2. 视频超分辨率

视频超分辨率输入的是一个视频序列，该技术不仅可以提高视频中每一帧的分辨率，还可以利用算法在时域中增加图像帧的数目，从而达到提高视频整体质量的目的。视频超分辨率方法可以分为以下两类：一是增量视频超分辨率方法；二是同时视频超分辨率方法。

3. 单图像超分辨率

单图像超分辨率输入的是一幅 LR 图像，仅利用一幅 LR 图像来重建得到 HR 图像。目前传统的单幅图像超分辨率方法主要分为三类，即基于插值的图像超分辨率算法、基于重建模型的图像超分辨率算法和基于学习的图像超分辨率算法。此外还有一些基于深度学习的图像超分辨率方法也有不错的重建效果。

下面对单图像超分辨率重建技术进行介绍。

7.3.1 基于传统的超分辨率技术

1. 基于插值的超分辨率重建

基于插值的单图像超分辨率算法利用基函数或插值核来逼近损失的图像高频信息，从而实现 HR 图像的重建。将图像上每个像素都看作图像平面上的一个点，那么对超分辨率图像的估计可以看作利用已知的像素信息为平面上未知的像素信息进行拟合的过程，这通常由一个预定义的变换函数或者插值核来完成。常见的基于插值的方法包括最近邻插值法、双线性插值法和双立方插值法等。但是在重建过程中，仅根据一个事先定义的转换函数来计算超分辨率图像，不考虑图像的降质退化模型，往往会导致复原出的图像出现模糊、锯齿等现象。基于插值的超分辨率重建流程图如图 7-3-1 所示。

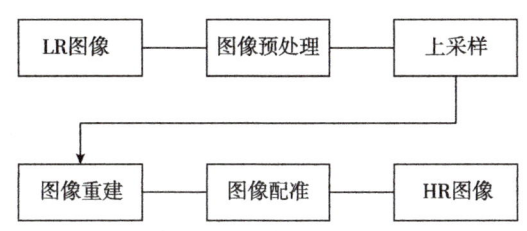

图 7-3-1　基于插值的超分辨率重建流程图

2. 基于退化模型的超分辨率重建

从图像的降质退化模型出发，假定高分辨率图像是经过了适当的运动变换、模糊及噪声才得到低分辨率图像。这种方法通过提取低分辨率图像中的关键信息，并结合对未知的超分辨率图像的先验知识来约束超分辨率图像的生成。常见的方法包括迭代反投影法、凸集投影法和最大后验概率法等。

3. 基于学习的超分辨率重建

基于学习的方法则是利用大量的训练数据，从中学习低分辨率图像和高分辨率图像之间的某种对应关系，然后根据学习到的映射关系来预测低分辨率图像所对应的高分辨率图像，从而实现图像的超分辨率重建过程。常见的基于学习的方法包括流形学习、稀疏编码方法。基于学习的超分辨率重建流程图如图 7-3-2 所示。

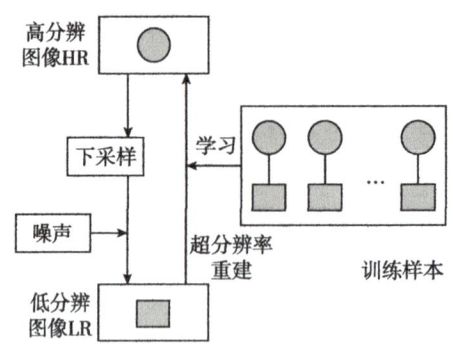

图 7-3-2 基于学习的超分辨率重建流程图

7.3.2 基于深度学习的超分辨率技术

在超分辨率的研究工作中，传统超分辨率重建方法主要依赖于约束项的构造以及图像之间配准的精确度来达到重建效果，但其不适用于放大倍数较大的超分辨率重建。随着放大因子的增大，人为定义的先验知识和观测模型所能提供的用于超分辨率重建的信息越来越少，即使增加 LR 图像的数量，也难以达到重建高频信息的目的。深度学习的出现解决了传统超分辨率技术中的许多瓶颈问题，在近几年取得了巨大的成功。目前，越来越多具有深度学习功能的超分辨率模型被提出，根据是否依赖于 LR 图像和对应的 HR 图像训练网络模型，可以粗略地将其分为有监督的超分辨率和无监督的超分辨率，由于有监督的超分辨率技术能够取得较好的重建效果，是目前研究的主流方向。

基于深度学习的超分辨率方法中关键是建立学习模型，即神经网络框架。常见的基于深度学习的超分辨重建技术有 SRCNN、在 SRCNN 基础上改进的 FSRCNN、ESPCN、VDSR 等。对于单元 6 提及的对抗生成网络，不仅可以将其用作图像的风格转换，还可以用于图像的超分辨率重建工作，例如 SRGAN 技术。下面将会重点介绍使用 SRCNN 技术和 SRGAN 技术来完成图像超分辨率重建任务。

7.4 SRCNN

7.4.1 SRCNN 的提出

SRCNN 是由香港中文大学 Chao Dong 等人提出的基于深度学习对图像进行重建的方法。该团队提出的 SRCNN 算法是首次使用深度学习（CNN）用来进行图像重建的，所以被称为是深度学习在图像重建领域的"开山制作"。

7.4.2 网络结构

SRCNN 的网络结构非常简单,仅用了三个卷积层,网络结构如图 7-4-1 所示。

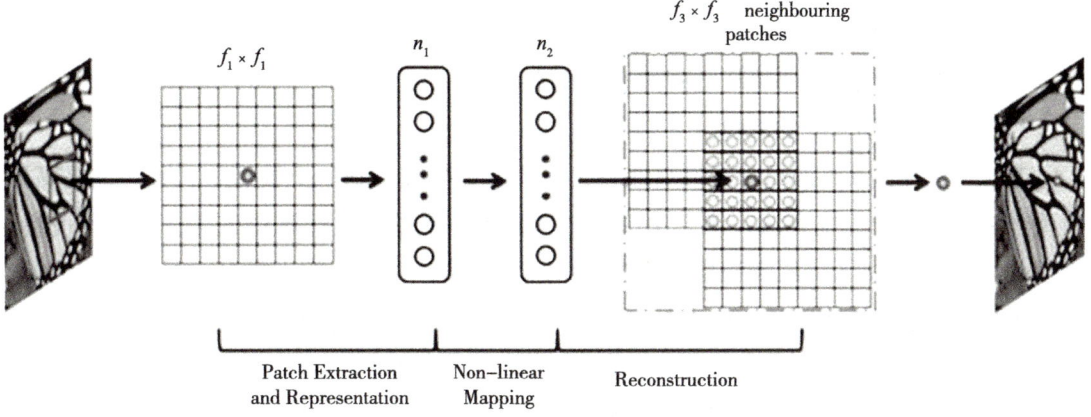

图 7-4-1 SRCNN 网络结构

SRCNN 首先使用双三次(bicubic)插值将低分辨率图像放大成目标尺寸,这三次插值分别为:

1. LR 特征提取(Patch Extraction and Representation)

这个阶段主要是对 LR 进行特征提取,并将其特征表征为一些 feature maps。提取图像 patch,进行卷积提取特征,类似于稀疏编码中的将图像 patch 映射到低分辨率字典中。目的是找到一组可以表达之前预处理后所得到图像块的一组"基",这些基沿着不同方向的边缘,稀疏系数就是分配给各个基的权重。这部分可以转化为一定数量的滤波器(卷积核)来代替。LR 特征提取公式为:

$$F_1(Y) = \max(0, W_1 \times Y + B_1)$$

2. 特征的非线性映射(Non-linear Mapping)

这个阶段主要是将第一阶段提取的特征映射至 HR 所需的 feature maps。将低分辨率的特征映射为高分辨率特征,类似于字典学习中找到图像 patch 对应的高分辨字典。将第一步得到的表达图像块的高维向量映射到另外一个高维向量中,通过这个高维向量表达高分辨率图像块,用于最后的重建。这一步骤可以使用 1×1 的卷积来实现向量维数的变换。特征的非线性映射公式为:

$$F_2(Y) = \max(0, W_2 \times F_1(Y) + B_2)$$

3. HR 重建(Reconstruction)

这个阶段是将第二阶段映射后的特征恢复为 HR 图像。根据高分辨率特征进行图像重建,类似于字典学习中的根据高分辨率字典进行图像重建。将最后得到的高分辨率图像块进行聚合(重合的位置取平均)形成最后的高分辨率图像。这一部分可以看作一种线性运算，可以构造一个线性函数（不加激活函数）来实现。HR 重建公式为：

$$F(Y) = W_3 \times F_2(Y) + B_3$$

接着通过三层卷积网络拟合非线性映射，最后输出高分辨率图像结果。利用三层卷积层分别实现：

1）图像的图像块抽取与稀疏字典建立。

2）图像高、低分辨率特征之间的非线性映射。

3）高分辨率图像块的重建。

基于卷积神经网络的超分辨率算法将这三个步骤都统一到一个模型中，显著地提高了模型效率。相对于传统方法，该方法提高了图像重建质量，但计算量较大，训练速度慢。随后 SRCNN 中又加入一层卷积层，构建 FSRCNN 网络，速度有较大提升。尽管原理简单，但是依托深度学习模型以及大样本数据的学习，这种算法在性能上超过了当时传统的图像处理算法，开启了深度学习在超分辨率领域的研究征程。SRCNN 只采用了 3 个卷积层来实现超分辨率重建，有文献指出如果采用更深的网络结构模型，那么可以重建更高质量的图像。因为更深的网络模型可以抽取更高级的图像特征，这种深层模型对图像可以更好的进行表达。在 SRCNN 之后，有不少研究人员尝试加深网络结构以取得更佳的重建性能，但是越深的模型越不能很好收敛，无法得到期望的结果。那么怎么判断超分辨率重建后的图像是否达到了效果？这就引出了图像超分辨率的评价指标：峰值信噪比（PSNR）。

7.5　PSNR

扫码看视频

7.5.1　PSNR 的概念

峰值信噪比（Peak Signal to Noise Ratio，PSNR）是一种评价图像的客观标准，应用场景有很多。peak 的中文意思是顶点，ratio 的意思是比率，整个意思就是原始图像与其评估版本（噪声强度）之间图像（信号强度）可能的最大像素值与最大均方误差（MSE）的对数比率。PSNR 一般是用于最大值信号和背景噪声之间的一个工程项目。通常在经过影像压缩之后，输出的影像都会在某种程度上与原始影像不同。为了衡量经过处理后的影像品质，通常会参考 PSNR 值来衡量某个处理程序能否令人满意。它是原图像与被处理图像之间的均方误差相对于 $(2n-1)^2$ 的对数值（信号最大值的平方，n 是每个采样值的比特数），它的单位是 dB。

其数学公式如下：

$$\text{PSNR} = 10 \times \log_{10}\left(\frac{\text{MAX}_I^2}{\text{MSE}}\right)$$

式中，MSE 是原图像与处理图像之间的均方误差；MAX 是像素值的最大值。

$$MSE = \frac{1}{H \times W} \sum_{i=1}^{H} \sum_{j=1}^{W} (X(i,j) - Y(i,j))^2$$

7.5.2 PSNR 的作用

对于图像超分辨率，为了衡量经过处理后的图像品质，不能像往常一样使用损失率或准确率作为网络拟合的评价指标，因此使用 PSNR 来衡量。PSNR 是最普遍和使用最为广泛的一种图像客观评价指标，然而它是基于对应像素点间的误差，即基于误差敏感的图像质量评价。由于并未考虑到人眼的视觉特性（人眼对空间频率较低的对比差异敏感度较高，人眼对亮度对比差异的敏感度较色度高，人眼对一个区域的感知结果会受到其周围邻近区域的影响等），因而经常出现评价结果与人的主观感觉不一致的情况。

7.6 实战案例——基于 SRCNN 的图像超分辨率重建

7.6.1 案例描述

本案例基于 SRCNN，在其基础上增加卷积层，在 T91 数据集上训练，实现图像的超分辨率重建。

7.6.2 案例目标

1）学会搭建 SRCNN 超分辨率重建网络。
2）对重建后的图片进行 PSNR 评价来训练 SRCNN 网络以实现图像的超分辨率重建。

7.6.3 案例分析

T91 数据集一共包含 91 张图片，一般用于测试性能。如前面所述，SRCNN 网络需要将图像特征映射到低分辨率字典中，因此除了原始图像，其他都需要手动构造低分辨率图像。
整个案例的流程如下：
1）加载数据集，进行规范化。
2）构造低分辨率图像。
3）搭建 SRCNN 网络。
4）编译并训练。
5）预测并对比。

7.6.4 案例实施

1. 导库

```
import cv2
import os
import numpy as np
from keras.layers import Input, Conv2D, MaxPooling2D, UpSampling2D, Add
from keras.models import Model
import keras.backend as K
from keras.optimizers import adam_v2
from keras.callbacks import LearningRateScheduler
import matplotlib.pyplot as plt
```

2. 预处理并加载数据

```
def load_images(inputdir, inputpath):
    imglist = []
    for i in range(len(inputpath)):
        img = cv2.imread(inputdir + inputpath[i], cv2.IMREAD_COLOR)
        img = cv2.resize(img, (128, 128))
        img = img[:, :, -1]
        imglist.append(img)
    return imglist
image_path = sorted(os.listdir("data/T91"))

image = load_images("data/T91/", image_path)

image/ = np.max(image)
```

3. 构造低分辨率图像

将原图像先缩小,再放大,这样会使其分辨率降低,以此作为低分辨率图像,传给模型。

```
label = np.zeros((image.shape[0],128,128,3), np.float32)
for i in range(image.shape[0]):
    temp = cv2.resize(image[i,:,:,:],(64,64))
    temp = cv2.resize(temp,(128,128))
    label[i,:,:,:] = temp
```

4. 模型搭建

这里使用一个改良的 SRCNN 网络。经过两次降采样（低分辨率特征提取），经过两次上采样（低分辨率映射到高分辨率），最后得到高分辨率特征进行重建。

```
def network_ddsrcnn():
    input_img = Input(shape=(128, 128, 3))
    enc1 = Conv2D(64, kernel_size=3, activation="relu", padding="same")(input_img)
    enc1 = Conv2D(64, kernel_size=3, activation="relu", padding="same")(enc1)
    down1 = MaxPooling2D(pool_size=2)(enc1)
    enc2 = Conv2D(128, kernel_size=3, activation="relu", padding="same")(down1)
    enc2 = Conv2D(128, kernel_size=3, activation="relu", padding="same")(enc2)
    down2 = MaxPooling2D(pool_size=2)(enc2)
    enc3 = Conv2D(256, kernel_size=3, activation="relu", padding="same")(down2)
    up3 = UpSampling2D(size=2)(enc3)
    dec3 = Conv2D(128, kernel_size=3, activation="relu", padding="same")(up3)
    dec3 = Conv2D(128, kernel_size=3, activation="relu", padding="same")(dec3)
    add2 = Add()([dec3, enc2])
    up2 = UpSampling2D(size=2)(add2)
    dec2 = Conv2D(64, kernel_size=3, activation="relu", padding="same")(up2)
    dec2 = Conv2D(64, kernel_size=3, activation="relu", padding="same")(dec2)
    add1 = Add()([dec2, enc1])
    dec1 = Conv2D(3, kernel_size=5, activation="linear", padding="same")(add1)
    model = Model(input_img, dec1)
    return model
model = network_ddsrcnn()
model.summary()
```

5. 训练

初始化一个学习率，并编写了一个学习率回调函数，用于动态调整学习率。

```
initial_learningrate = 0.01
def lr_decay(epoch):
    if epoch < 500:
        return initial_learningrate
    else:
        return initial_learningrate * 0.99 ** epoch
```

接下来计算评价指标 PSNR。

```
def psnr(y_true, y_pred):
    return -10 * K.log(K.mean(K.flatten((y_true - y_pred)) ** 2)) / np.log(10)
```

编译并训练。

```
model.compile(loss = "mean_squared_error", optimizer = adam_v2.Adam(learning_rate = initial_learningrate), metrics = [psnr])
model.fit(label, image, epochs = 100, batch_size = 16, shuffle = True, verbose = 1, callbacks = [LearningRateScheduler(lr_decay, verbose = 1)])
```

6. 预测并展示

```
results = model.predict(image, verbose = 1)
plt.figure(figsize = (14, 7))
plt.subplot(1, 3, 1)
plt.imshow(image[0])
plt.subplot(1, 3, 2)
plt.imshow(label[0])
plt.subplot(1, 3, 3)
plt.imshow(results[0])
plt.show()
```

如图 7-6-1 所示，重建后的图像相比于原高分辨率图像来说虽然色彩和细节还是要差一些，但是比低分辨率的图像要清晰很多，还是起到了不错的高分辨率重建效果的。

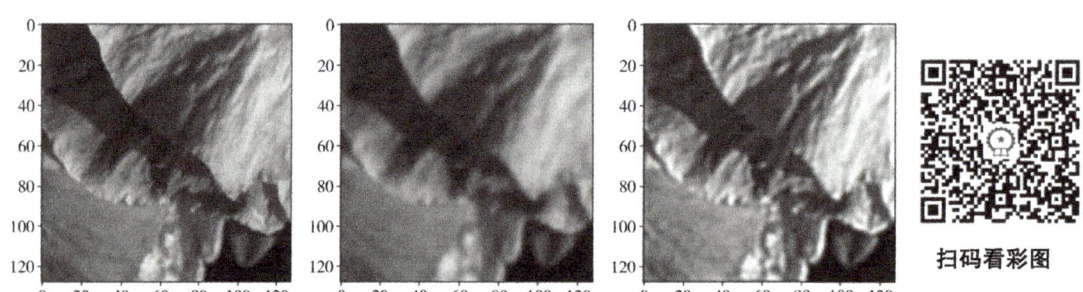

图 7-6-1 高分辨率原图像、低分辨率图像和重建的高分辨率图像

关于性能的提升,通常可以从以下几方面来着手:

1) 增大卷积核的大小:通过增大卷积核的大小,可以增强重建效果,但会增加参数,训练时间更长。

2) 加大网络深度:加大网络深度可以提高模型的重建效果,但是同样会使网络模型收敛时间更长,增加训练时间。

3) 增加训练集的数量:增加训练集的数量,在 Image Net 训练集上的训练结果较现在的 91 张训练集,模型重建效果有所提升。

7.7 SRGAN

7.7.1 基于生成对抗网络的图像超分辨率(SRGAN)

SRGAN(Super-Resolution Generative Adversarial Network)即超分辨率 GAN,是 Christian Ledig 等人于 2016 年 9 月提出的一种对抗神经网络。利用卷积神经网络可以实现单影像的超分辨率,但是正如 SRCNN 所展示的效果,其瓶颈仍在于如何恢复图像的细微纹理信息。对于 GAN 而言,将一组随机噪声输入到生成器中,生成的图像质量往往较差。因此,作者提出了 SRGAN,并定义一个 loss 函数以驱动模型,SRGAN 最终可以生成一幅将原始影像扩大 4 倍的高分辨率影像。SRGAN 算法指出,尽管其他超分辨率重建方法中的 PSNR 值会比较高,但是重建出来的图像并不能很好地符合人眼主观感受,丢失了细节纹理信息。

7.7.2 SRGAN 网络结构

该模型是由两个网络组成的深层次神经网络结构,将一个网络与另一个网络相互对立。一个神经网络称为生成器,生成新的数据实例;另一个神经网络称为鉴别器,评估它们的真实性,即鉴别器判断所审查的每个数据实例是否属于实际训练数据集。基于生成对抗网络的图像超分辨率(SRGAN)将生成对抗网络(GAN)应用到图像超分辨率领域。生成器模型根据输入的低分辨率图像生成其对应的高分辨率图像,而鉴别器用于判断图像属于生成的高分辨率图还是真实的高分辨率图像。两者相互迭代训练,直到鉴别器无法分辨出输入的图像是生成的图像还是真实的图像,则认为两者达到了纳什均衡。最后生成器模型能够生成出以假乱真的高分辨率图像。SRGAN 中生成器和鉴别器的网络结构图如图 7-7-1 所示。

生成器结构为:16 层深度残差 + 1 层初始的深度残差 + 2 次 2 倍反卷积 + 1 个卷积产生生成结果。

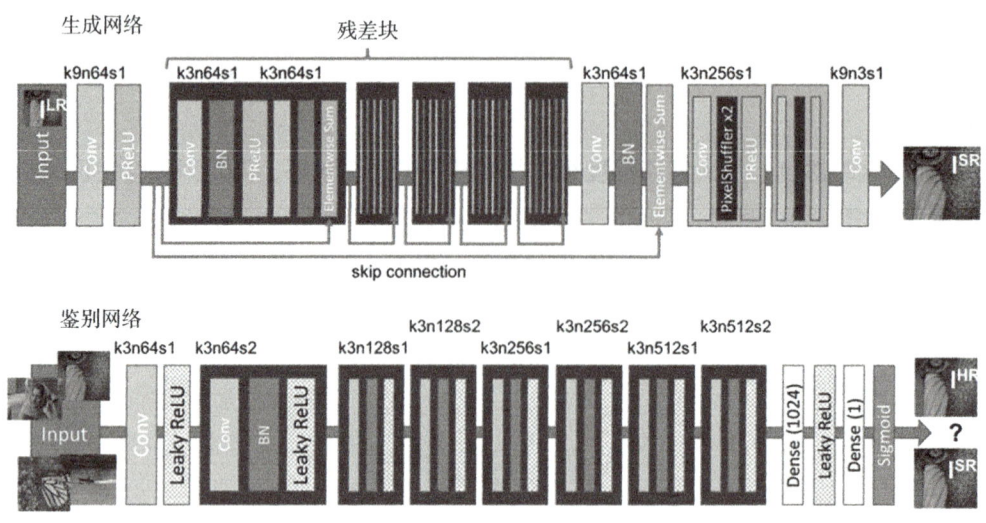

图 7-7-1　SRGAN 的生成器和鉴别器网络结构

判别器结构为：8 层卷积 + reshape，全连接。

VGG-19 结构：在 VGG-19 的第四层，返回获取到的特征结果，进行 MSE 对比。

注意：VGG-19 是使用已经训练好的模型，这里只是拿来提取特征使用，对于生成器，根据三个运算结果数据进行随机梯度的优化调整：1）判定器生成数据的鉴定结果。2）VGG-19 的特征比较情况。3）生成图形与理想图形的 MSE 差距。

SRGAN 每个模块的关系图如图 7-7-2 所示。

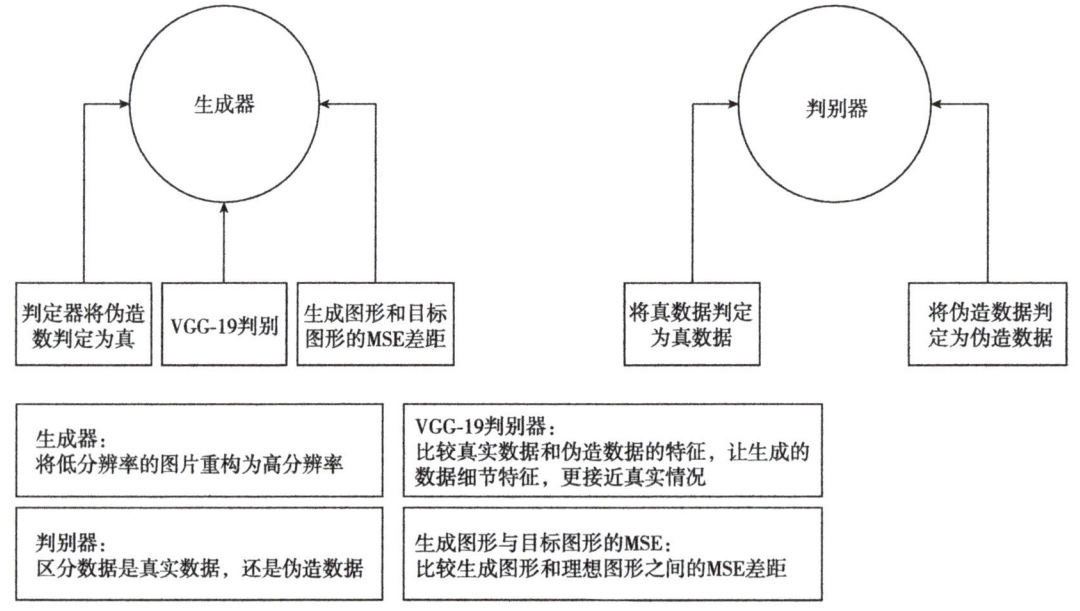

图 7-7-2　SRGAN 每个模块的关系图

为了防止重建图像过度平滑，SRGAN 重新定义了损失函数，并将其命名为感知损失（Perceptual loss）。感知损失由两部分构成：感知损失 = 内容损失 + 对抗损失。

对抗损失就是重建出来的图片被判别器正确判断的损失，这部分内容跟一般的 GAN 定义相同。SRGAN 的一大创新点就是提出了内容损失，SRGAN 希望让整个网络在学习的过程中更加关注重建图片和原始图片的语义特征差异，而不是逐个像素之间的颜色亮度差异。以往在计算超分辨率重建图像和原始高清图像差异的时候是直接在像素图像上进行比较的，用的 MSE 准则。SRGAN 算法提出者认为这种方式只会过度地让模型去学习这些像素差异，而忽略了重建图像的固有特征。实际的差异计算应该在图像的固有特征上，但是这种固有特征怎么表示？其实很简单，已经有很多模型专门提出来提取图像固有特征然后进行分类等任务。只需要把这些模型中的特征提取模块截取出来，然后计算重建图像和原始图像的特征，这些特征就是语义特征了，然后在特征层上进行两幅图像的 MSE 计算。在众多模型中，SRGAN 选用了 VGG-19 模型，截取的模型命名为 truncated_vgg19。所谓模型截断，也就是只提取原始模型的一部分，然后作为一个新的单独的模型进行使用。

至此重新整理内容损失计算方式如下：

1）通过 SRGAN 模型重建出高清图像 HR。

2）通过 truncated_vgg19 模型对原始高清图像 H 和重建出的高清图像 HR 分别进行计算，得到两幅图像对应的特征图 H_fea 和 HR_fea。

3）计算 H_fea 和 HR_fea 的 MSE 值。

从上述计算方式上看出，原来的计算方式是直接计算 H 和 HR 的 MSE 值，而改用新的内容损失后只需要利用 truncated_vgg19 模型对图像多做一次推理得到特征图，再在特征图上进行计算。

7.8　实战案例——基于 SRGAN 的图像超分辨率重建

7.8.1　案例描述

本案例基于 SRGAN 在 T91 数据集上训练，实现图像的超分辨率重建。

7.8.2　案例目标

1）学会搭建 SRGAN 超分辨率重建网络。
2）通过约束对抗损失和内容损失训练 SRGAN 网络以实现图像的超分辨率重建。

7.8.3　案例分析

SRGAN 网络同样需要一些低分辨率图像和原始高分辨率图像，低分辨率图像用于输入数据来训练 SRGAN 网络模型，高分辨率图片用来检测超分辨率图像重建的效果。因此除了原始图像，需要手动构造低分辨率图像。

整个案例的流程如下：

1）加载数据集，进行规范化。

2）构造低分辨率图像。

3）搭建 SRGAN 网络。

4）编译并训练。

5）预测并对比。

7.8.4 案例实施

1. 数据预处理

创建 utils.py，首先是一些预处理文件，包括读取、存储图片等函数。

```
import numpy as np
import scipy.misc

# 读入图片，并对图片做尺寸裁剪，将所有图片进行归一化处理
def get_images(filename, is_crop, fine_size, images_norm):
    img = scipy.misc.imread(filename, mode = 'RGB')
    if is_crop:
        size = img.shape
        start_h = int((size[0] - fine_size)/2)
        start_w = int((size[1] - fine_size)/2)
        img = img[start_h:start_h + fine_size, start_w:start_w + fine_size, :]
    img = np.array(img).astype(np.float32)
    if images_norm:
        img = (img - 127.5)/127.5
    return img

# 保存图片以及图片名称
def save_images(images, size, filename):
    return scipy.misc.imsave(filename, np.squeeze(images))
```

2. 定义网络层

创建 layer.py，主要定义一些特定的网络模块以及所需的损失函数。其中导入 tensorflow.contrib.slim 库要求 Numpy 版本为 1.20.0 以下，Scipy 版本为 1.2.0。

```python
import tensorflow as tf
import tensorflow.contrib.slim as slim
import numpy as np

# 定义残差网络块
def res_block(input_x, out_channels = 64, k = 3, s = 1, scope = 'res_block'):
    with tf.variable_scope(scope):
        x = input_x
        input_x = slim.conv2d_transpose(input_x, out_channels, k, s)
        input_x = slim.batch_norm(input_x, scope = 'bn1')
        input_x = tf.nn.relu(input_x)
        input_x = slim.conv2d_transpose(input_x, out_channels, k, s)
        input_x = slim.batch_norm(input_x, scope = 'bn2')
        return x + input_x

# 建立像素随机函数
def pixel_shuffle_layer(x, r, n_split):
    def PS(x, r):
        bs, a, b, c = x.get_shape().as_list()
        x = tf.reshape(x, (bs, a, b, r, r))
        x = tf.transpose(x, [0, 1, 2, 4, 3])
        x = tf.split(x, a, 1)
        x = tf.concat([tf.squeeze(x_) for x_ in x], 2)
        x = tf.split(x, b, 0)
        x = tf.concat([tf.squeeze(x_) for x_ in x], 1)
        return tf.reshape(x, (bs, a * r, b * r, 1))

    xc = tf.split(x, n_split, 3)
    return tf.concat([PS(x_, r) for x_ in xc], 3)

# 定义下采样函数
def down_sample_layer(input_x):
    K = 4
    arr = np.zeros([K, K, 3, 3])
    arr[:, :, 0, 0] = 1.0/K**2
```

```python
        arr[:, :, 1, 1] = 1.0/K**2
        arr[:, :, 2, 2] = 1.0/K**2
        weight = tf.constant(arr, dtype = tf.float32)
        downscaled = tf.nn.conv2d(
            input_x, weight, strides = [1, K, K, 1], padding = 'SAME')
        return downscaled

# 定义 leaky_relu 激活函数
def leaky_relu(input_x, negative_slop = 0.2):
    return tf.maximum(negative_slop * input_x, input_x)

# 定义 PSNR 损失函数
def PSNR(real, fake):
    mse = tf.reduce_mean(tf.square(127.5 * (real - fake) + 127.5), axis = (-3, -2, -1))
    psnr = tf.reduce_mean(10 * (tf.log(255 * 255/tf.sqrt(mse))/np.log(10)))
    return psnr
```

3. 训练模型

创建 SRGAN.py，包含 SRGAN 模型的构建以及训练测试过程。首先导入所需的库以及前面 layer.py 和 utils.py 定义的函数。

```python
from glob import glob
import time
import os

from layer import *
from utils import *
```

定义 SRGAN 网络模型，可分为生成器、鉴别器和定义训练的损失函数。

```python
class SRGAN:
    model_name = 'SRGAN'

    def __init__(self, dataset_dir = './data/', is_crop = True,
                 batch_size = 1, input_height = 256, input_width = 256, input_channels = 3,
                 sess = None):
```

```python
        self.learning_rate = 0.0001
        self.beta1 = 0.9
        self.beta2 = 0.999
        self.lambd = 0.001
        self.epoches = 2000
        self.fine_size = 128

        self.checkpoint_dir = './checkpoint/'
        self.test_dir = './test'
        self.model_dirs = 'ImageNet/'
        self.train_set = 'ImageNet/'
        self.val_set = 'Set5/'
        self.test_set = 'Set14/'

        self.dataset_dir = dataset_dir
        self.is_crop = is_crop

        self.input_height = input_height
        self.input_width = input_width
        self.input_channels = input_channels
        self.batch_size = batch_size
        self.images_norm = True
        self.dataset_name = 'ImageNet'
        self.sess = sess
        self.check_dir()

    def check_dir(self):
        if not os.path.exists(self.checkpoint_dir):
            os.makedirs(self.checkpoint_dir)
        # if not os.path.exists(sample_dir):
        #   os.makedirs(sample_dir)
        # if not os.path.exists(logs_dir):
        #   os.makedirs(logs_dir)
        if not os.path.exists(self.test_dir):
            os.makedirs(self.test_dir)
```

定义生成器。生成器包含5个卷积模块、5个残差模块和两个像素随机操作。

```python
    def generator(self, input_x, reuse = False):
        with tf.variable_scope('generator') as scope:
            if reuse:
                scope.reuse_variables()

            with slim.arg_scope([slim.conv2d_transpose],
weights_initializer = tf.truncated_normal_initializer(stddev = 0.02),
                                weights_regularizer = None,
                                activation_fn = None,
                                normalizer_fn = None,
                                padding = 'SAME'):
                conv1 = tf.nn.relu(slim.conv2d_transpose(input_x, 64, 3, 1, scope = 'g_conv1'))
                shortcut = conv1
                # res_block(input_x, out_channels = 64, k = 3, s = 1, scope = 'res_block'):
                res1 = res_block(conv1, 64, 3, 1, scope = 'g_res1')
                res2 = res_block(res1, 64, 3, 1, scope = 'g_res2')
                res3 = res_block(res2, 64, 3, 1, scope = 'g_res3')
                res4 = res_block(res3, 64, 3, 1, scope = 'g_res4')
                res5 = res_block(res4, 64, 3, 1, scope = 'g_res5')

                conv2 = slim.batch_norm(slim.conv2d_transpose(res5, 64, 3, 1, scope = 'g_conv2'), scope = 'g_bn_conv2')
                conv2_out = shortcut + conv2
                # pixel_shuffle_layer(x, r, n_split):
                conv3 = slim.conv2d_transpose(conv2_out, 256, 3, 1, scope = 'g_conv3')
                shuffle1 = tf.nn.relu(pixel_shuffle_layer(conv3, 2, 64))    # 64 * 2 * 2
                conv4 = slim.conv2d_transpose(shuffle1, 256, 3, 1, scope = 'g_conv4')
                shuffle2 = tf.nn.relu(pixel_shuffle_layer(conv4, 2, 64))
                conv5 = slim.conv2d_transpose(shuffle2, 3, 3, 1, scope = 'g_conv5')
                self.g_vars = tf.get_collection(tf.GraphKeys.TRAINABLE_VARIABLES, 'generator')

                return tf.nn.tanh(conv5)
```

定义判别器。判别器包含4个卷积模块和两个全连接层。

```python
def discriminator(self, input_x, reuse = False):
    with tf.variable_scope('discriminator') as scope:
        if reuse:
            scope.reuse_variables()
        with slim.arg_scope([slim.conv2d, slim.fully_connected],
                            weights_initializer = tf.truncated_normal_initializer(stddev = 0.02),
                            weights_regularizer = None,
                            activation_fn = None,
                            normalizer_fn = None):
            conv1 = leaky_relu(slim.conv2d(input_x, 64, 3, 1, scope = 'd_conv1'))
            conv1_1 = leaky_relu(
                slim.batch_norm(slim.conv2d(conv1, 64, 3, 2, scope = 'd_conv1_1'), scope = 'd_bn_conv1_1'))

            conv2 = leaky_relu(
                slim.batch_norm(slim.conv2d(conv1_1, 128, 3, 1, scope = 'd_conv2'), scope = 'd_bn_conv2'))
            conv2_1 = leaky_relu(
                slim.batch_norm(slim.conv2d(conv2, 128, 3, 2, scope = 'd_conv2_1'), scope = 'd_bn_conv2_1'))

            conv3 = leaky_relu(
                slim.batch_norm(slim.conv2d(conv2_1, 256, 3, 1, scope = 'd_conv3'), scope = 'd_bn_conv3'))
            conv3_1 = leaky_relu(
                slim.batch_norm(slim.conv2d(conv3, 256, 3, 2, scope = 'd_conv3_1'), scope = 'd_bn_conv3_1'))

            conv4 = leaky_relu(
                slim.batch_norm(slim.conv2d(conv3_1, 512, 3, 1, scope = 'd_conv4'), scope = 'd_bn_conv4'))
            conv4_1 = leaky_relu(
                slim.batch_norm(slim.conv2d(conv4, 512, 3, 2, scope = 'd_conv4_1'), scope = 'd_bn_conv4_1'))
```

```
            conv_flat = tf.reshape(conv4_1, [self.batch_size, -1])
            dense1 = leaky_relu(slim.fully_connected(conv_flat, 1024, scope = 'd_dense1'))
            dense2 = slim.fully_connected(dense1, 1, scope = 'd_dense2')

            self.d_vars = tf.get_collection(tf.GraphKeys.TRAINABLE_VARIABLES, 'discriminator')
            return dense2, tf.nn.sigmoid(dense2)
```

定义优化器,分为两个优化器,分别是优化生成器和判别器。

```
    def build_model(self):
        self.input_target = tf.placeholder(tf.float32, [self.batch_size, self.input_height,
                            self.input_width, self.input_channels], name = 'input_target')

        self.input_source = down_sample_layer(self.input_target)

        self.real = self.input_target
        self.fake = self.generator(self.input_source, reuse = False)
        self.psnr = PSNR(self.real, self.fake)
        self.d_loss, self.g_loss, self.content_loss = self.inference_loss(self.real, self.fake)
        self.d_optim = tf.train.AdamOptimizer(learning_rate = self.learning_rate, beta1 = self.beta1,
beta2 = self.beta2).minimize(self.d_loss, var_list = self.d_vars)
        self.g_optim = tf.train.AdamOptimizer(learning_rate = self.learning_rate, beta1 = self.beta1,
beta2 = self.beta2).minimize(self.g_loss, var_list = self.g_vars)
        self.srres_optim = tf.train.AdamOptimizer(learning_rate = self.learning_rate, beta1 = self.beta1,
beta2 = self.beta2).minimize(self.content_loss, var_list = self.g_vars)
        print('builded model...')
```

定义内容损失和对抗损失。

```
            def inference_adversarial_loss(x, y, w = 1, type_ = 'gan'):
                if type_ = 'gan':
                    return w * tf.nn.sigmoid_cross_entropy_with_logits(logits = x, labels = y)
                elif type_ = 'lsgan':
                    return w * (x - y) ** 2
                else:
                    raise ValueError('no {} loss type'.format(type_))
```

```
        content_loss = inference_mse_content_loss(real, fake)
        d_real_logits, d_real_sigmoid = self.discriminator(real, reuse = False)
        d_fake_logits, d_fake_sigmoid = self.discriminator(fake, reuse = True)
        d_fake_loss = tf.reduce_mean(inference_adversarial_loss(d_real_logits,
tf.ones_like(d_real_sigmoid)))
        d_real_loss = tf.reduce_mean(inference_adversarial_loss(d_fake_logits,
tf.zeros_like(d_fake_sigmoid)))
        g_fake_loss = tf.reduce_mean(inference_adversarial_loss(d_fake_logits,
tf.ones_like(d_fake_sigmoid)))

        d_loss = self.lambd * (d_fake_loss + d_real_loss)
        g_loss = content_loss + self.lambd * g_fake_loss

        return d_loss, g_loss, content_loss
```

开始进行训练,每次迭代后打印出内容损失和对抗损失的值。每过 500 次就保存 1 次训练的模型。

```
    def train(self):
        tf.global_variables_initializer().run()

        data = glob(os.path.join(self.dataset_dir, 'train', self.train_set, '*.*'))
        batch_idxs = int(len(data)/self.batch_size)
        bool_check, counter = self.load_model(self.checkpoint_dir)
        if bool_check:
            print('[!!!] load model successfully')
            counter = counter + 1
        else:
            print('[ *** ] fail to load model')
            counter = 1


        print('total steps:{}'.format(self.epoches * batch_idxs))
        self.saver = tf.train.Saver()
```

```
                start_time = time.time()
                for epoch in range(self.epoches):
                    np.random.shuffle(data)
                    for idx in range(batch_idxs):
                        batch_files = data[idx * self.batch_size:(idx + 1) * self.batch_size]
                        batch_x = [get_images(batch_file, self.is_crop, self.fine_size,
self.images_norm) for batch_file in batch_files]
                        batch_x = np.array(batch_x).astype(np.float32)
                        if counter < 2e4:
                            _, content_loss, psnr = self.sess.run([self.srres_optim,
self.content_loss, self.psnr], feed_dict = {self.input_target: batch_x})
                            end_time = time.time()
                            print('epoch{}[{}/{}]: total_time:{:.4f}, content_loss:
{:4f}, psnr:{:.4f}'.format(epoch, idx, batch_idxs, end_time - start_time, content_
loss, psnr))
                        else:
                            _, d_loss = self.sess.run([self.d_optim, self.d_loss, ], feed_
dict = {self.input_target: batch_x})
                            _, g_loss, psnr = self.sess.run([self.g_optim, self.g_loss,
self.psnr], feed_dict = {self.input_target: batch_x})
                            end_time = time.time()
print('epoch{}[{}/{}]: total_time:{:.4f}, d_loss:{:.4f}, g_loss:{:4f}, psnr:
{:.4f}'.format(epoch, idx, batch_idxs, end_time - start_time, d_loss, g_loss, psnr))
                        if np.mod(counter, 500) == 0:
                            self.save_model(self.checkpoint_dir, counter)
                        counter = counter + 1
```

开始测试。加载训练阶段训练好的预训练模型,输入原图片,分别输出低分辨率图片、超分辨率重建后的图片和原图,分别保存入 test 文件夹中。

```
    def test(self):
        print('testing')
        bool_check, counter = self.load_model(self.checkpoint_dir)
        if bool_check:
            print('[!!!] load model successfully')
```

```
        else:
            print('[ *** ] fail to load model')

    test = glob(os.path.join(self.dataset_dir, 'test', self.test_set, '*.*'))
    batch_files = test[:self.batch_size]
    batch_x = [get_images(batch_file, True, self.fine_size, self.images_norm) for
batch_file in batch_files]
    batchs = np.array(batch_x).astype(np.float32)

    sample_images, input_sources = self.sess.run([self.fake, self.input_source],
                            feed_dict = {self.input_target: batchs})
    # images = np.concatenate([sample_images, batchs], 2)
    for i in range(len(batch_x)):
        batch = np.expand_dims(batchs[i], 0)
        sample_image = np.expand_dims(sample_images[i], 0)
        input_source = np.expand_dims(input_sources[i], 0)
        save_images(batch, [1, 1], '{}/gt_hr_{}.png'.format(self.test_dir, i))
        save_images(sample_image, [1, 1], '{}/test_hr_{}.png'.format(self.test_dir, i))
        save_images(input_source, [1, 1], '{}/gt_lr_{}.png'.format(self.test_dir, i))
```

图7-8-1从左向右为保存在test文件夹中的低分辨率图片、超分辨率重建后的图片和原图。

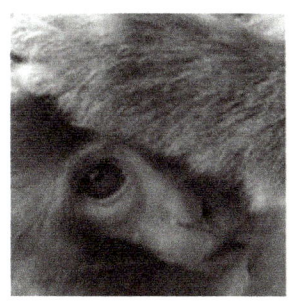
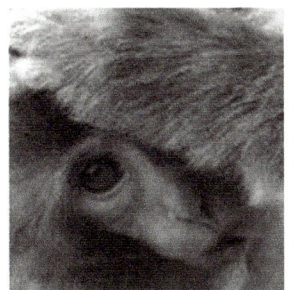

扫码看彩图

图7-8-1　低分辨率图、超分辨率重建后的图和原图

下面是保存和加载模型的函数，预训练模型存放在 checkpoin/ImageNet/SRGAN 文件夹下。

```
def save_model(self, checkpoint_dir, step):
    checkpoint_dir = os.path.join(checkpoint_dir, self.model_dirs, self.model_name)

    if not os.path.exists(checkpoint_dir):
        os.makedirs(checkpoint_dir)

    self.saver.save(self.sess, os.path.join(checkpoint_dir, self.model_name + '.model'), global_step = step)

def load_model(self, checkpoint_dir):
    import re
    print("[*] Reading checkpoints...")
    checkpoint_dir = os.path.join(checkpoint_dir, self.model_dirs, self.model_name)


    ckpt = tf.train.get_checkpoint_state(checkpoint_dir)
    self.saver = tf.train.Saver()
    if ckpt and ckpt.model_checkpoint_path:
        ckpt_name = os.path.basename(ckpt.model_checkpoint_path)
        self.saver.restore(self.sess, os.path.join(checkpoint_dir, ckpt_name))
        counter = int(next(re.finditer("(\d+)(?!.*\d)", ckpt_name)).group(0))
        print(" [*] Success to read {}".format(ckpt_name))
        return True, counter
    else:
        print(" [*] Failed to find a checkpoint")
        return False, 0
```

创建主函数 main.py 文件来控制整个过程，首先创建各个需要的文件夹，然后运行试验，先进行 train，再进行 test。训练和测试的图片可以自己设定，分别存放在 data/train/ImageNet 和 data/test/Set14 文件夹下。训练和测试也可以分开，只需要更改代码中 is_testing 和 is_training 的值即可。下面直接给出 main 的代码：

```python
from SRGAN import *

# 是否需要执行的步骤
is_crop = True
is_testing = True
is_training = False

def main():
    gpu_options = tf.GPUOptions(per_process_gpu_memory_fraction = 0.9, allow_growth = True)
    config = tf.ConfigProto(allow_soft_placement = True, gpu_options = gpu_options)
    with tf.Session(config = config) as sess:
        srgan = SRGAN(dataset_dir = 'data/',
                      is_crop = is_crop,
                      batch_size = 1,
                      input_height = 128, input_width = 128, input_channels = 3,
                      sess = sess)
        srgan.build_model()
        if is_training:
            srgan.train()
        if is_testing:
            srgan.test()

if __name__ == '__main__':
    main()
```

从结果可以看出,在训练次数为 200 次时,经过 SRGAN 重建后的图片与原图几乎无差别,比基于卷积神经网络的超分辨率重建方法在人眼直观上效果更佳。

单元小结

本单元引入图像超分辨率重建任务,要求学生了解图像超分辨率重建的基本概念、方法介绍以及评价准则,同时深入了解基于深度学习的超分辨率方法 SRCNN 和 SRGAN 的方法原理和网络结构,并使用上述两种方法对图像进行超分辨率重建。

学习评估

课程名称：计算机视觉应用开发	
学习任务：图像超分辨率重建	
课程性质：理实一体课程	综合得分：

知识掌握情况评分（50 分）

序号	知识考核点	配分	得分
1	图像分辨率的基本概念和超分辨率重建的意义	10	
2	基于卷积神经网络的超分辨率重建方法（SRCNN）的网络结构	15	
3	图像超分辨率重建任务的评价指标	10	
4	基于对抗生成网络的超分辨率重建方法（SRGAN）的网络结构	15	

工作任务完成情况评分（50 分）

序号	能力操作考核点	配分	得分
1	使用 PSNR 指标约束 SRCNN 方法对图像进行超分辨率重建	25	
2	搭建 SRGAN 网络对抗进行超分辨率重建	25	

单元习题

单项选择题：

（1）像素可以（　　）方式来表示。

A. 灰度　　　　　　　　　B. 透明度

C. 彩色　　　　　　　　　D. A 和 C

（2）下面关于图像分辨率错误的是（　　）

A. 图像像素数目越多，像素点也越小，图像越清晰、逼真、自然。

B. 图像分辨率是一组用于评估图像中蕴含细节信息丰富程度的性能参数。

C. 一般情况下进行下载、传送不会影响图像分辨率。

D. 高分辨率图像通常包含更大的像素密度、更丰富的纹理细节及更高的可信赖度。

（3）下面不属于基于插值的超分辨率重建方法步骤的是（　　）。

A. 图像重建　　　　　　　　B. 上采样

C. 图像配准　　　　　　　　D. 图像池化

（4）下面属于基于深度学习的超分辨率重建方法流程的是（　　）。

A. 加载数据→构造低分辨率图像→搭建网络映射到低分辨率字典→训练预测

B. 加载数据→搭建网络映射到低分辨率字典→训练预测

C. 加载数据→搭建网络映射到高分辨率字典→构造低分辨率图像→训练预测

D. 加载数据→构造低分辨率图像→搭建网络映射到高分辨率字典→训练预测

简答题：

1. 简要概述图像超分辨率的应用场景。
2. 简述 SRCNN 的三层结构对应的功能。
3. 简述超分辨率重建的评价指标 PSNR 的计算过程。

Unit 8

单元8
场景文字识别

单元8 场景文字识别

单元概述

不知不觉已经学习了视觉图像的分类（识别）、增强、检测、分割、生成以及超分辨率重建任务，了解了其中的常用算法模型，比如图像分类任务中的基础卷积神经网络以及迁移学习的 VGG-16，目标检测任务的 YOLOv3 框架，人脸识别任务中的 face-recognition 开源库，语义分割中的 U-Net 网络，风格迁移任务中的 VGG-19，对抗生成网络的拓展网络 CycleGAN 以及上一单元超分辨率重建任务中的 SRCNN 和 SRGAN 等。

本单元开始学习另一个视觉任务——场景文字识别，顾名思义，它也属于一种图像分类任务。但又不仅仅是简单的分类任务，它是基于图像的序列识别中最重要和最具有挑战性的任务之一。相较于一般的对象识别任务，基于图像序列识别任务中的识别对象往往是以序列的形式出现，而不是孤立地出现。因此，识别这样的对象通常需要系统预测一系列标签而不是单个标签。序列对象的另一个独特之处在于它们的长度可能发生较大的变化。具体场景文字识别的知识将会在本单元中一一讲述。

学习目标

知识目标
- 了解场景文字识别的基本概念和应用场景；
- 掌握文字识别中的循环神经网络 RNN 和长短时记忆网络 LSTM 的基本知识和网络架构；
- 掌握联结时间分类器 CTC 的使用方法；
- 了解 OCR 文字识别库中 tesseract 的安装使用。

技能目标
- 能够搭建基于 LSTM 和 CTC 的文字识别框架；
- 能够对随机生成的验证码进行文字识别；
- 能够使用 tesseract 进行文字识别。

素养目标
- 培养学生的记忆和理解能力；
- 培养学生项目设计、实践的能力。

8.1 场景文字识别概述

8.1.1 场景文字识别的基本概念

OCR（Optical Character Recognition，光学字符识别）传统上指对输入扫描文档图像进行分析处理，识别出图像中的文字信息。OCR 的简易过程如图 8-1-1 所示。

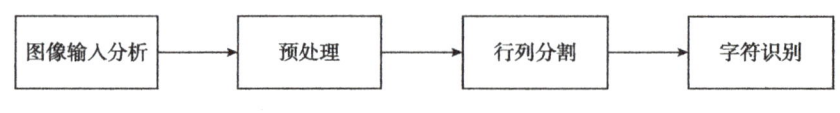

图 8-1-1　OCR 的简易过程

具体流程如下：

1）通过图像信息采集（一般是相机），得到了一幅包含待识别字符的图像，并对其结构进行了分析。

2）采用阈值运算等图像处理方法对待测对象进行去噪，并校正待检测的物体。

3）由于文本信息的特殊性，需要进行行和列分割用于检测单个或连续的字符。

4）将分割后的字符图像导入识别模型进行处理，从而获得原始图像中的字符信息。

OCR 的操作步骤如图 8-1-2 所示。

图 8-1-2　OCR 的操作步骤

OCR 识别的关键技术在于文字检测和文本识别部分，这也是深度学习技术可以充分发挥功效的地方。

场景文字识别（Scene Text Recognition，STR）指识别自然场景图片中的文字信息。自然场景图像中的文字识别的难度远大于扫描文档图像中的文字识别，因为它的文字展现形式极其丰富。

1）允许多种语言文本混合，字符可以有不同的大小、字体、颜色、亮度、对比度等。

2）文本行可能有横向、竖向、弯曲、旋转、扭曲等样式。

3）图像中的文字区域还可能会产生变形（透视、仿射变换）、残缺、模糊等现象。

4）自然场景图像的背景极其多样。文字可以出现在平面、曲面或折皱面上。文字区域附近可能有复杂的干扰纹理或者非文字区域有近似文字的纹理，比如沙地、草丛、栅栏、砖墙等。

也有人用 OCR 技术泛指所有图像文字检测和识别技术，包括传统 OCR 技术与场景文字识别技术，其实场景文字识别技术可以被看成传统 OCR 技术的自然演进与升级换代。

8.1.2　文字识别的应用场景

图像文字检测和识别技术有着广泛的应用场景。目前许多互联网公司的相关应用已经涉及了这个领域，比如识别名片、路牌、试卷、车牌号等。而且已经有不少服务商都在持续增强文字检测和识别的技术，比如腾讯、百度、阿里等大型云服务企业，还有一些活跃在物流、教育、安防、视频直播、商务、旅游导航等服务企业。

这些企业既可以使用提前训练好的模型直接提供场景图文识别、卡证识别、扫描文档识别等云服务，也可以使用客户提供的数据集训练定制化模型（如票据识别模型），以及提供定制化 AI 服务系统集成等。

8.1.3　文字识别的分类

文字识别可根据待识别的文字特点采用不同的识别方法，一般分为定长文字和不定长文字。

定长文字：由于字符数量固定（比如车牌号），采用的网络结构相对简单，识别也比较容易。一般构建 3 层卷积层、2 层全连接层便能满足其识别。

不定长文字：由于字符数量不固定（比如广告牌文字），因此需要更复杂的网络结构和后处理环节，识别具有一定的难度。

不定长文字识别的常用方法：LSTM + CTC、CRNN、chineseocr。

下面就主要针对 LSTM + CTC 的文字识别方法进行讲解，首先分别了解 LSTM 和 CTC 的基本原理和操作流程。

8.2　LSTM

8.2.1　RNN 概述

在讲 LSTM 之前，首先需要了解 RNN。前面讲解的神经网络中，只能一次单独处理一个图像的输入，并且前一个输入和后一个输入是完全没有关系的。但是在某些任务中需要能够更好地处理序列的信息，即前面的输入和后面的输入是有关系的。比如，当理解一句话的时候，需要把组成这句话的所有词关联起来，而不能去单独地理解每个词的意思。以自然语言处理的词性标注任务来讲，一个句子中，前一个单词其实对于当前单词的词性预测有很大影响。比如"小明跳舞""关公舞大刀"，同样是"舞"字，词性却不相同，前者是名词，后者是动词。但是由于"小明跳舞"中"舞"字的前面"跳"是一个动词，那么很显然"舞"作为名词的概率就会远大于动词的概率。因为动词后面接名词很常见，而动词后面接动词很少见。所以为了解决一些这样类似的问题，能够更好地处理序列的信息，RNN 就诞生了。

RNN（Recurrent Neural Network）循环神经网络，是一类以序列数据为输入，在序列的演进方向进行递归，且所有节点（循环单元）按链式连接的递归神经网络。RNN 是一种特殊的神经网络结构，它是根据"人的认知是基于过往的经验和记忆"这一观点提出的。它与 DNN、CNN 不同的是：它不仅考虑前一时刻的输入，还赋予了网络对前面的内容的一种记忆功能。

一个简单的循环神经网络结构图如图 8-2-1 所示。

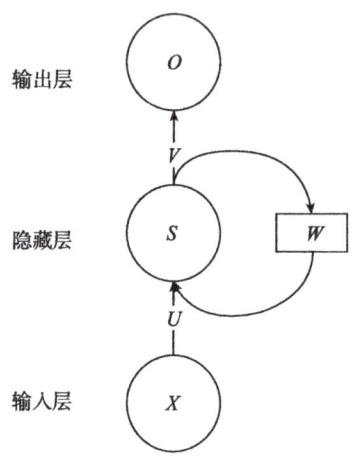

图 8-2-1　简单的循环神经网络结构图

可以看到，如果把上面的 W 去掉，它就变成了前面讲的神经网络。X 代表输入层的值，S 代表隐藏层的值，O 代表输入层的值，U 和 V 分别代表层到层之间的权重。那么 W 是什么？

循环神经网络隐藏层的值 S 不仅取决于当前这次的输入 X，还取决于上一次隐藏层的值 S，W 就是隐藏层上一次的值作为这一次的输入的权重。可以把 W 按照时间线展开，循环神经网络就变成图 8-2-2 右侧一样。

现在看上去就比较清楚了，这个网络在 t 时刻接收到输入 x_t 之后，隐藏层的值是 s_t，输出值是 o_t。关键一点是 s_t 的值不仅取决于 x_t，还取决于 s_{t-1}。在 $t = 1$ 时刻，一般初始化输入 $s_0 = 0$，随机初始化 W、U、V，进行下面的公式计算：

$$h_1 = Ux_1 + Ws_0$$
$$s_1 = f(h_1)$$
$$o_1 = g(Vs_1)$$

式中，f 和 g 均为激活函数。f 可以是 tanh、ReLu、Sigmoid 等激活函数，g 通常是 softmax，也可以是其他激活函数。

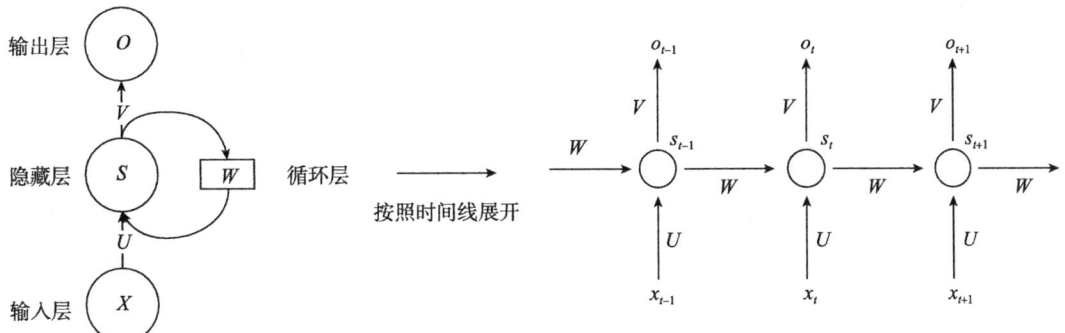

图 8-2-2　RNN 时间线展开图

时间继续向前推进，此时的状态 s_1 作为时刻 1 的记忆状态将参与下一个时刻的预测活动，也就是：

$$h_2 = Ux_2 + Ws_1$$
$$s_2 = f(h_2)$$
$$o_2 = g(Vs_2)$$

以此类推，可以得到最终的输出值为：

$$h_t = Ux_t + Ws_{t-1}$$
$$s_t = f(h_t)$$
$$o_t = g(Vs_t)$$

8.2.2　LSTM 概述

RNN 的关键点之一就是它们可以用来连接先前的信息到当前的任务上。但是当相关信息和当前预测位置之间的间隔变得非常大，RNN 会丧失连接如此远的信息的能力。LSTM 就是专门来解决这个问题的。

LSTM（Long Short-Term Memory，长短期记忆网络）是一种特殊的 RNN，是为了解决 RNN 长期依赖问题而专门设计的。所有的 RNN 都具有一种重复神经网络模块的链式形式。在标准 RNN 中，这个重复的结构模块只有一个非常简单的结构，例如一个 tanh 层，如图 8-2-3 所示。

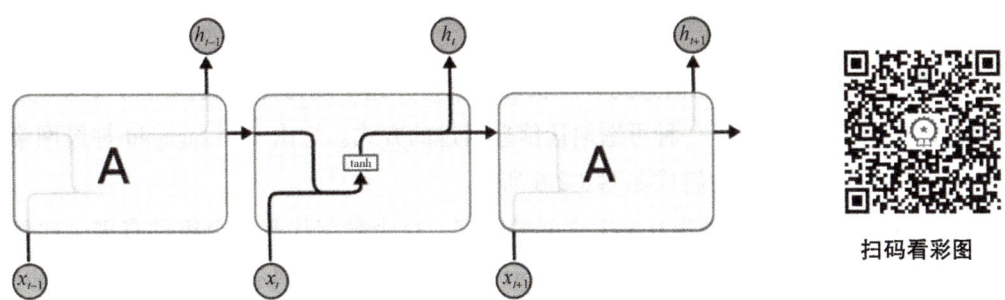

扫码看彩图

图 8-2-3　标准 RNN 中重复模块的单层神经网络

LSTM 也拥有这种链状结构，但是重复模块则拥有不同的结构。与神经网络的简单的一层相比，LSTM 拥有四层，这四层以特殊的方式进行交互，如图 8-2-4 所示。

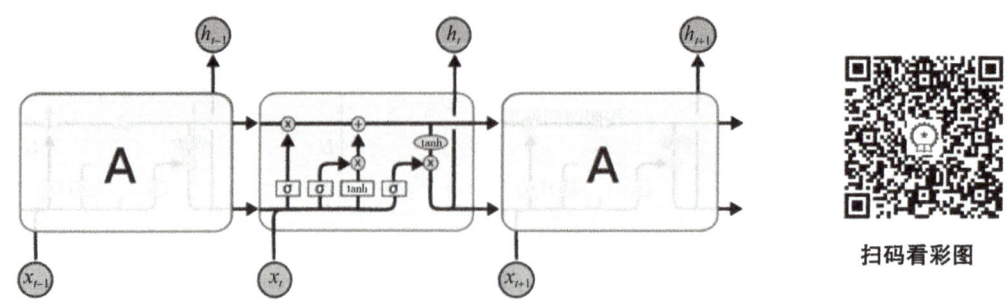

图 8-2-4　LSTM 中重复模块包含的四层交互神经网络层

粉红色圆圈表示点向运算，如向量加法、点乘，而黄色方框是学习神经网络层。线的合并表示连接，而线的交叉表示其内容正在复制，副本将转到不同的位置。

8.2.3　LSTM 结构解析

LSTM 的关键是 cell 状态，水平线贯穿图的顶部。

cell 状态有点像传送带，它沿着整个链条一直沿直线运动，只有一些小的线性相互作用，信息不加改变地流动非常容易。LSTM 中 cell 状态如图 8-2-5 所示。

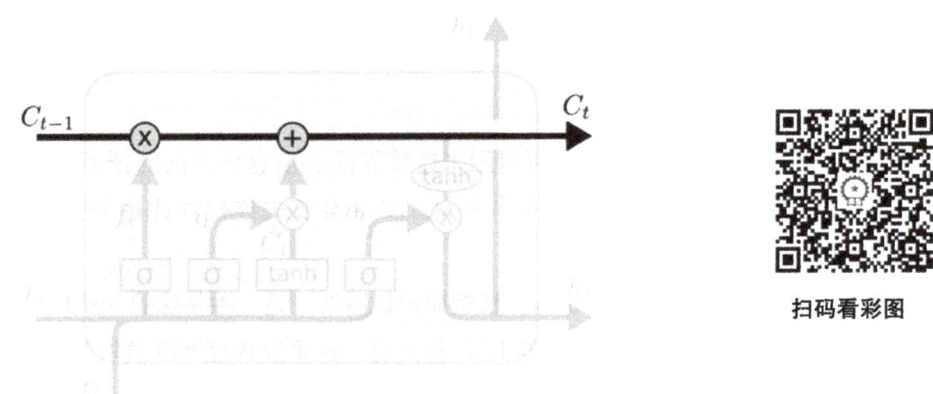

图 8-2-5　LSTM 中 cell 状态

LSTM 具有删除或添加信息到节点状态的能力，这个能力是由被称为门（Gate）的结构所赋予的。门（Gate）是一种可选地让信息通过的方式。它由一个 Sigmoid 神经网络层和一个点乘法运算组成。门的组成如图 8-2-6 所示。

Sigmoid 神经网络层输出 0 和 1 之间的数字，这个数字代表每个组件有多少比例的信息可以通过，0 表示不通过任何信息，1 表示全部通过。LSTM 具有 3 个门，以保护和控制 cell 状态。

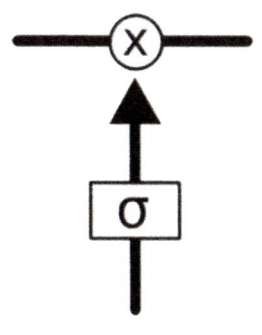

扫码看彩图

图 8-2-6　门的组成

　　LSTM 的第一步是决定要从节点状态中丢弃什么信息。该决定由被称为"忘记门"的 Sigmoid 层实现。它查看 h_{t-1}（前一个输出）和 x_t（当前输入），并为单元格状态 C_{t-1}（上一个状态）中的每个数字输出 0 和 1 之间的数字。1 代表完全保留，而 0 代表彻底删除。"忘记门"的示意图如图 8-2-7 所示。

　　下一步是决定要在节点状态中存储什么信息，需要分两步来进行，首先，称为"输入门层"的 Sigmoid 层决定了将更新哪些值。接下来一个 tanh 层创建候选向量 $\tilde{C}_t$，该向量将会被加到节点的状态中。存储状态如图 8-2-8 所示。

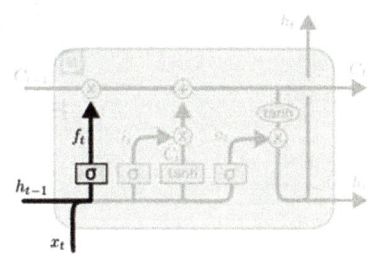
$$f_t = \sigma(W_f \cdot [h_{t-1}, x_t] + b_f)$$

扫码看彩图

图 8-2-7　"忘记门"

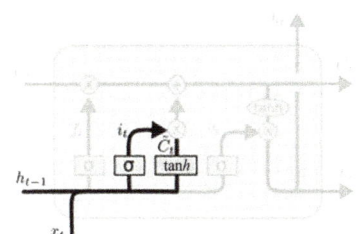
$$i_t = \sigma(W_i \cdot [h_{t-1}, x_t] + b_i)$$
$$\tilde{C}_t = \tanh(W_C \cdot [h_{t-1}, x_t] + b_C)$$

扫码看彩图

图 8-2-8　存储状态

　　现在是时候去更新上一个状态值 C_{t-1} 了，将其更新为 C_t。前面的步骤已经决定了应该做什么，只需执行即可。

　　将上一个状态值乘以 f_t，以此表达期待忘记的部分。之后将得到的值加上 $i_t \times \tilde{C}_t$，得到的是新的候选值，按照更新每个状态值的多少来衡量。更新上一个状态值 C_{t-1} 的步骤如图 8-2-9 所示。

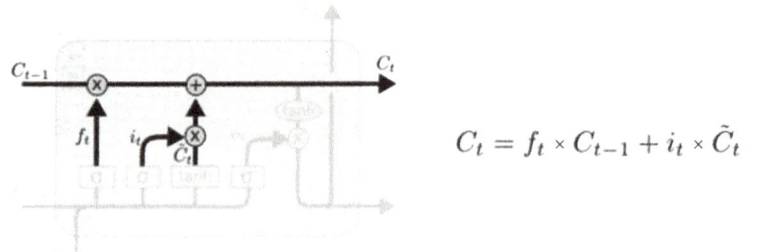

图 8-2-9　更新状态值

最后需要决定要输出什么。输出基于细胞状态，首先运行一个 Sigmoid 层，它决定要输出的细胞状态的哪些部分。然后将单元格状态通过 tanh（将值规范化到 −1 和 1 之间），并将其乘以 Sigmoid 层的输出，至此输出决定的那些部分的值。输出流程如图 8-2-10 所示。

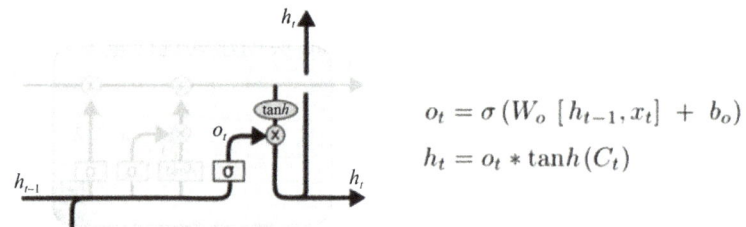

图 8-2-10　输出流程

8.2.4　LSTM 实现方法

LSTM 的内部结构虽然复杂，但一些流行的深度学习框架已经内置了 LSTM 层，以 Keras 为例，可以使用 keras.layers.LSTM( ) 方法搭建一个 LTSM 网络。

8.3　CTC

8.3.1　CTC 概述

CTC（Connectionist Temporal Classifier，联结时间分类器）是一种改进的 RNN 模型。它主要解决的是时序模型中，输入数大于输出数，输入输出如何对齐的问题。它由 Alex Graves 于 2006 年提出。

由于文字的不同间隔或变形等问题，导致相同文字有不同的表现形式，但实际上都是同一个文字。比如图 8-3-1，在识别时会将输入图像分块后再去识别，得出每块属于某个字符的概率（无法识别的标记为特殊字符"–"）。

图 8-3-1　相同文字的不同表示

由于字符变形等原因，导致对输入图像分块识别时，相邻块可能会识别为相同结果，字符重复出现。因此通过 CTC 来解决对齐问题。模型训练后，在结果中去掉间隔字符、去掉重复字符（如果相同字符连续出现，则表示只有 1 个字符；如果中间有间隔字符，则表示该字符出现多次）。

可以把 CTC 理解为一种 end-to-end（端到端）计算损失函数的方法。

8.3.2　CTC 使用方法

在 Keras 中，通过以下函数计算 ctc 损失。

```
import keras.backend as K
def ctc_loss(args):
    return K.ctc_batch_cost(*args)
```

8.4　实战案例——基于 LSTM + CTC 的文字识别

8.4.1　案例描述

本案例将使用 Python 的第三方库 captcha 来生成验证码，并搭建 LSTM + CTC 网络结构对生成的验证码进行文字识别。

8.4.2　案例目标

1）学会使用第三方库生成随机验证码。
2）搭建 LSTM + CTC 的网络架构并对随机生成的验证码进行识别。

8.4.3 案例分析

如何生成验证码并分批次传给神经网络？使用 captcha 来生成验证码，它是使用 Python 写的生成验证码的库，它支持图片验证码和语言验证码，这里使用的是生成图片验证码的功能。

8.4.4 案例实施

1. 导库

首先，依旧导入所需的全部库。

```
from captcha.image import ImageCaptcha
import matplotlib.pyplot as plt
import numpy as np
import random
import string
import tensorflow.keras.backend as K
from tensorflow.keras.models import *
from tensorflow.keras.layers import *
from tensorflow.keras.utils import Sequence
from tensorflow.keras.callbacks import Callback
from tensorflow.keras.callbacks import EarlyStopping, CSVLogger, ModelCheckpoint
from tensorflow.keras.optimizers import *
```

2. 生成验证码

接着定义要生成的验证码的内容。这里使用 0~9 和大写的英文字母 A~Z 来随机作为验证码的内容。

```
characters = string.digits + string.ascii_uppercase
print(characters)
```

验证码选取的数字和英文字母的范围如图 8-4-1 所示。

0123456789ABCDEFGHIJKLMNOPQRSTUVWXYZ

图 8-4-1 验证码选取的数字和英文字母的范围

接着定义生成的验证码的高、宽、内容长度以及神经网络要分类的类别数。

```
width, height, n_len, n_class = 128, 64, 4, len(characters) + 1
```

接下来生成验证码。

这里写了一个 CaptchaSequence 类，该类继承自 Sequence，功能类似于 Python 的生成器，但限制较少，可迁移性更好。

该类有三个方法：

init( )：初始化，定义要使用的变量。

len( )：生成的验证码（数据集）的总数量。

getitem( )：返回一个 batch_size 的数据。

```python
class CaptchaSequence(Sequence):
    def _init_(self, characters, batch_size, steps, n_len = 4, width = 128, height = 64,
                input_length = 16, label_length = 4):
        self.characters = characters
        self.batch_size = batch_size
        self.steps = steps
        self.n_len = n_len
        self.width = width
        self.height = height
        self.input_length = input_length
        self.label_length = label_length
        self.n_class = len(characters)
        self.generator = ImageCaptcha(width = width, height = height)

    def __len__(self):
        return self.steps

    def __getitem__(self, idx):
        X = np.zeros((self.batch_size, self.height, self.width, 3), dtype = np.float32)
        y = np.zeros((self.batch_size, self.n_len), dtype = np.uint8)
        input_length = np.ones(self.batch_size) * self.input_length
        label_length = np.ones(self.batch_size) * self.label_length
        for i in range(self.batch_size):
            random_str = ''.join([random.choice(self.characters) for j in range(self.n_len)])
            X[i] = np.array(self.generator.generate_image(random_str))/255.0
            y[i] = [self.characters.find(x) for x in random_str]
        return [X, y, input_length, label_length], np.ones(self.batch_size)
```

调用 CaptchaSequence 类生成验证码完成之后，可以查看生成的数据。

```
data = CaptchaSequence(characters, batch_size = 1, steps = 1)
[X_test, y_test, _, _], _ = data[0]
plt.imshow(X_test[0])
plt.title(''.join([characters[x] for x in y_test[0]]))
plt.show()
```

随机生成的验证码内容如图 8-4-2 所示。

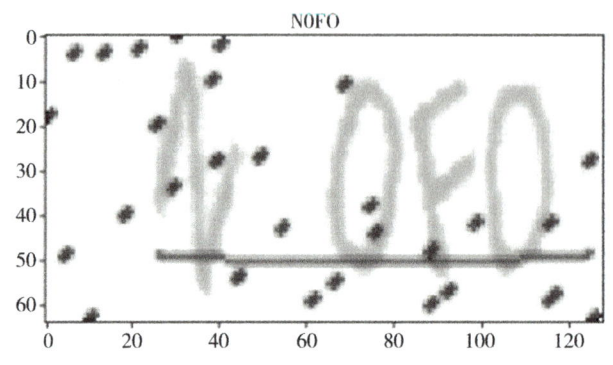

图 8-4-2　生成的验证码内容

3. 搭建网络

数据准备之后，要开始搭建网络结构了。在此之前，先编写计算 CTC 损失的函数 ctc_lambda_func()。

```
def ctc_lambda_func(args):
    y_pred, labels, input_length, label_length = args
    return K.ctc_batch_cost(labels, y_pred, input_length, label_length)
```

接着开始搭建网络，提取特征部分用了 10 层卷积层。

```
input_tensor = Input((height, width, 3))
x = input_tensor
for i, n_cnn in enumerate([2, 2, 2, 2, 2]):
    for j in range(n_cnn):
        x = Conv2D(32 * 2 ** min(i, 3), kernel_size = 3, padding = 'same', kernel_initializer = 'he_uniform')(x)
        x = BatchNormalization()(x)
        x = Activation('relu')(x)
    x = MaxPooling2D(2 if i < 3 else (2, 1))(x)
```

接着搭建两层门控递归单元层（GRU）。

```
x = Permute((2, 1, 3))(x)
x = TimeDistributed(Flatten())(x)

rnn_size = 128
x = Bidirectional(GRU(rnn_size, return_sequences = True))(x)
x = Bidirectional(GRU(rnn_size, return_sequences = True))(x)
x = Dense(n_class, activation = 'softmax')(x)

base_model = Model(inputs = input_tensor, outputs = x)

labels = Input(name = 'the_labels', shape = [n_len], dtype = 'float32')
input_length = Input(name = 'input_length', shape = [1], dtype = 'int64')
label_length = Input(name = 'label_length', shape = [1], dtype = 'int64')
loss_out = Lambda(ctc_lambda_func, output_shape = (1,), name = 'ctc')([x, labels, input_length, label_length])

model = Model(inputs = [input_tensor, labels, input_length, label_length], outputs = loss_out)
```

搭建完成之后可以查看网络的架构，如图8-4-3所示。

```
base_model.summary()
```

```
conv2d_9 (Conv2D)              (None, 4, 16, 256)    590080

batch_normalization_v1_9 (Ba   (None, 4, 16, 256)    1024

activation_9 (Activation)      (None, 4, 16, 256)    0

max_pooling2d_4 (MaxPooling2   (None, 2, 16, 256)    0

permute (Permute)              (None, 16, 2, 256)    0

time_distributed (TimeDistri   (None, 16, 512)       0

bidirectional (Bidirectional   (None, 16, 256)       493056

bidirectional_1 (Bidirection   (None, 16, 256)       296448

dense (Dense)                  (None, 16, 37)        9509
```

Total params: 3,157,317
Trainable params: 3,154,373
Non-trainable params: 2,944

图8-4-3　网络架构

4. 训练模型

接下来就要开始进入训练环节。开始训练之前，设置回调函数，配置模型保存路径，在每个 epoch 跑完之后验证准确率。

```python
def evaluate(base_model, batch_size=10, steps=20):
    batch_acc = 0
    valid_data = CaptchaSequence(characters, batch_size, steps)
    for [X_test, y_test, _, _], _ in valid_data:
        y_pred = base_model.predict(X_test)
        shape = y_pred.shape
        print(shape)
        out = K.get_value(K.ctc_decode(y_pred, input_length=np.ones(shape[0]) * shape[1])[0][0])[:, :4]
        # print(out)
        if out.shape[1] == 4:
            batch_acc += (y_test == out).all(axis=1).mean()
    return batch_acc / steps

class Evaluate(Callback):
    def __init__(self):
        self.accs = []

    def on_epoch_end(self, epoch, logs=None):
        logs = logs or {}
        acc = evaluate(base_model)
        logs['val_acc'] = acc
        self.accs.append(acc)
        print('\nacc: %.4f' % acc)
```

最后开始执行训练。

```python
if __name__ == '__main__':
    train_data = CaptchaSequence(characters, batch_size=100, steps=1000)
    valid_data = CaptchaSequence(characters, batch_size=10, steps=10)
    callbacks = [Evaluate(),
```

```
                    CSVLogger('ctc.csv'), ModelCheckpoint('ctc_best.h5', save_best_only=True)]
        model.compile(loss={'ctc': lambda y_true, y_pred: y_pred}, optimizer=Adam(lr=0.001, amsgrad=True))
        model.fit_generator(train_data,steps_per_epoch=10,epochs=100, validation_data=valid_data, workers=4,
                    callbacks=callbacks)
```

8.5 tesseract

8.5.1 tesseract 概述

tesseract 是一个 OCR 库，目前由 Google 赞助。tesseract 是目前最优秀、最精确的开源 OCR 系统之一。除了极高的精确度，tesseract 也具有很高的灵活性。它可以通过训练识别出任何字体，也可以识别出任何 Unicode 字符。同时它也支持 Python，也可以用几行代码来实现图片中的文字识别。

8.5.2 tesseract 安装

此处以 Windows 操作系统为例讲解 tesseract 的安装。tesseract 官方网站下载界面如图 8-5-1 所示。

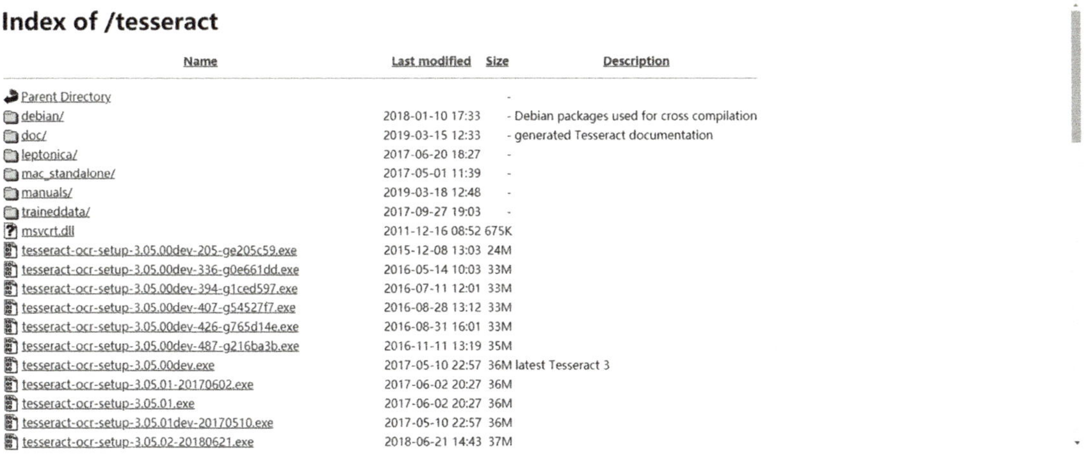

Index of /tesseract

Name	Last modified	Size	Description
Parent Directory		-	
debian/	2018-01-10 17:33	-	Debian packages used for cross compilation
doc/	2019-03-15 12:33	-	generated Tesseract documentation
leptonica/	2017-06-20 18:27	-	
mac_standalone/	2017-05-01 11:39	-	
manuals/	2019-03-18 12:48	-	
traineddata/	2017-09-27 19:03	-	
msvcrt.dll	2011-12-16 08:52	675K	
tesseract-ocr-setup-3.05.00dev-205-ge205c59.exe	2015-12-08 13:03	24M	
tesseract-ocr-setup-3.05.00dev-336-g0e661dd.exe	2016-05-14 10:03	33M	
tesseract-ocr-setup-3.05.00dev-394-g1ced597.exe	2016-07-11 12:01	33M	
tesseract-ocr-setup-3.05.00dev-407-g54527f7.exe	2016-08-28 13:12	33M	
tesseract-ocr-setup-3.05.00dev-426-g765d14e.exe	2016-08-31 16:01	33M	
tesseract-ocr-setup-3.05.00dev-487-g216ba3b.exe	2016-11-11 13:19	35M	
tesseract-ocr-setup-3.05.00dev.exe	2017-05-10 22:57	36M	latest Tesseract 3
tesseract-ocr-setup-3.05.01-20170602.exe	2017-06-02 20:27	36M	
tesseract-ocr-setup-3.05.01.exe	2017-06-02 20:27	36M	
tesseract-ocr-setup-3.05.01dev-20170510.exe	2017-05-10 22:57	36M	
tesseract-ocr-setup-3.05.02-20180621.exe	2018-06-21 14:43	37M	

图 8-5-1　tesseract 下载界面

其中文件名中带有 dev 的为开发版本，不带 dev 的为稳定版本，可以选择下载不带 dev 的版本，根据自己的需求而定。下载完成后，双击 exe 文件，单击安装。在接下来弹出的界面中，单击"Next"按钮。安装过程如图 8-5-2 和图 8-5-3 所示。

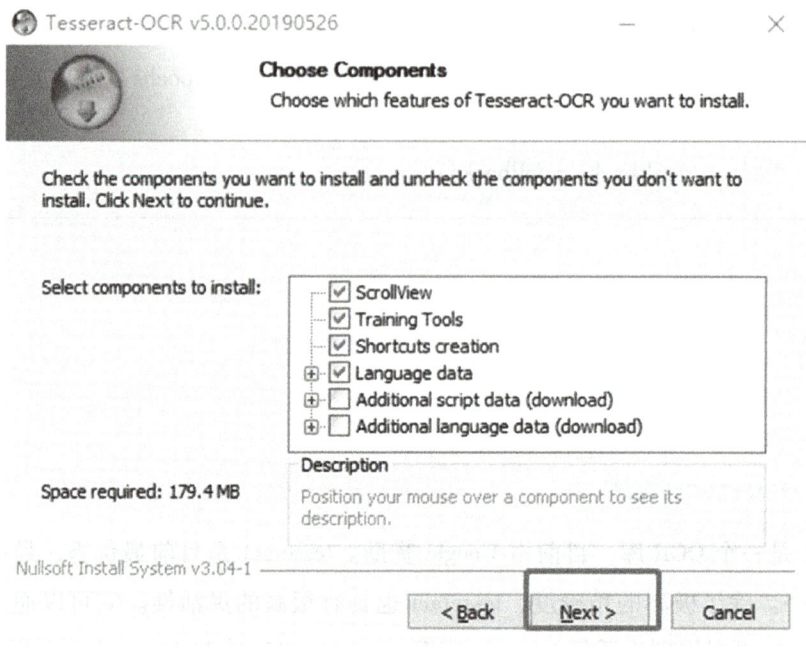

图 8-5-2　选择组件

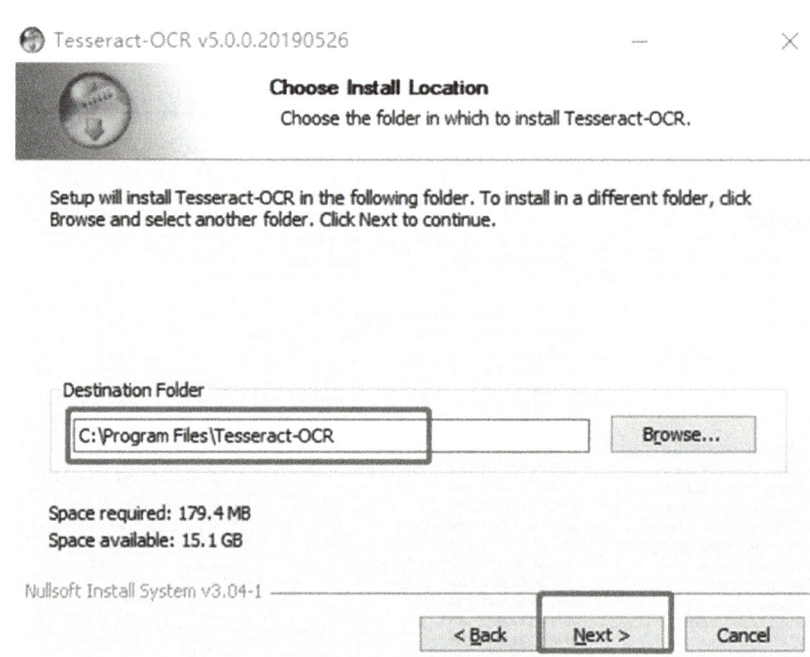

图 8-5-3　选择安装位置

如图 8-5-4 所示，在下面的界面中单击"Install"按钮。

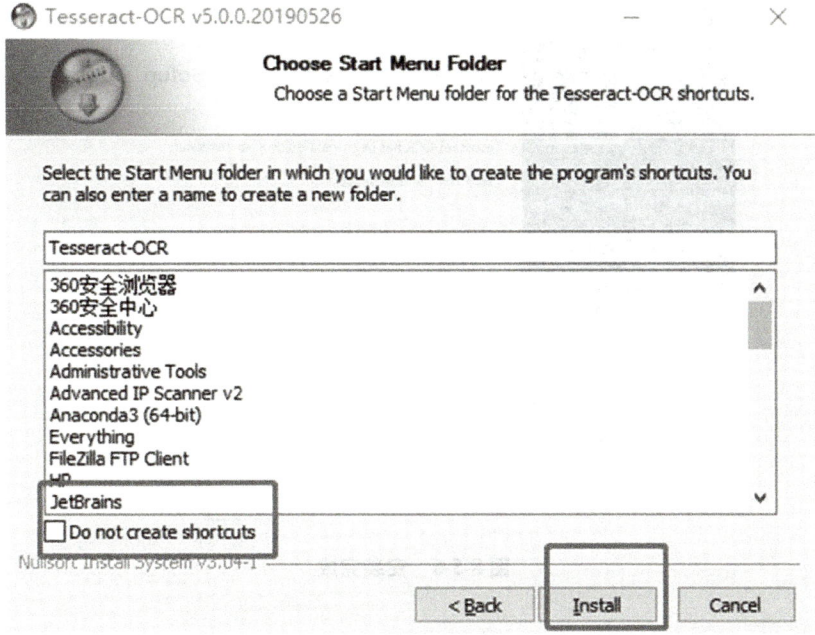

图 8-5-4　安装

单击"Next"按钮，如图 8-5-5 所示。

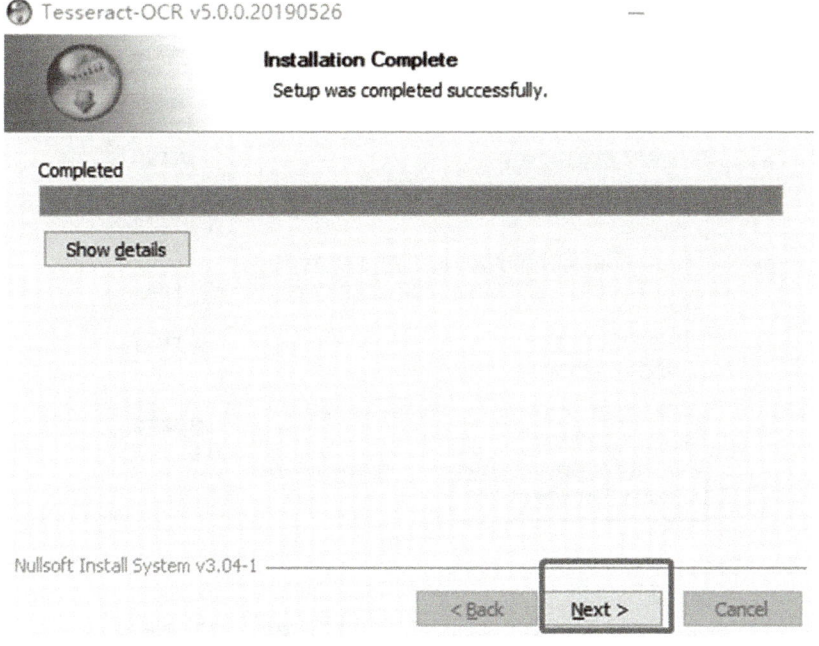

图 8-5-5　安装过程

如图 8-5-6 所示，单击"Finish"按钮即可完成安装。

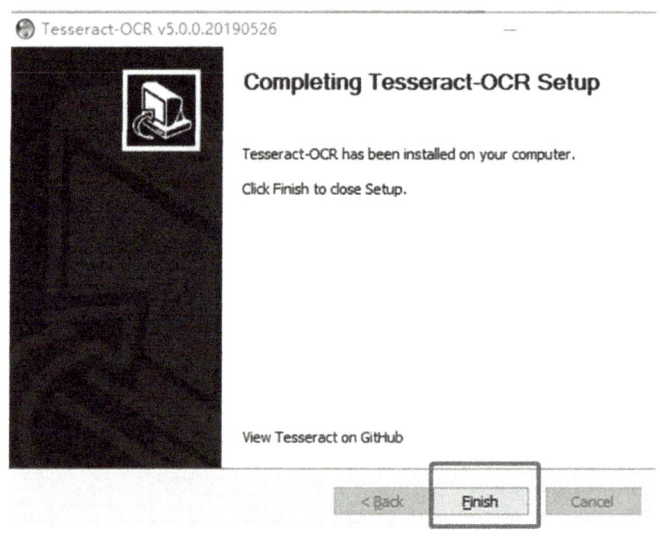

图 8-5-6 安装完成

安装完成后，还需要配置环境变量。在桌面上右击"此计算机"，选择"属性"→"高级系统设置"→"环境变量"，如图 8-5-7 所示，在系统变量下的"Path"下将 tesseract 的安装目录添加到该变量名下。

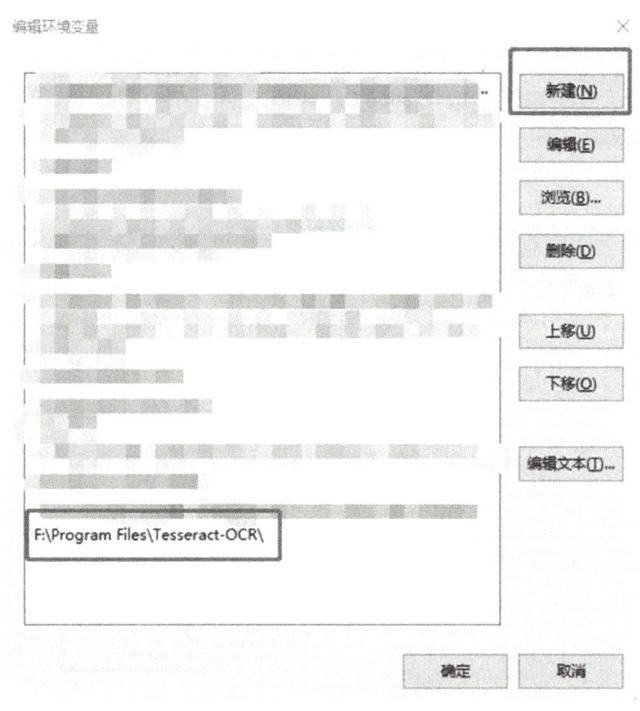

图 8-5-7 添加环境变量

在桌面上右击"此计算机",选择"属性"→"高级系统设置"→"环境变量"。如图 8-5-8 所示,在系统变量下单击"新建"按钮,变量名为"TESSDATA_PREFIX",变量值为 tesseract 的安装目录下的"Tesseract-OCR \ tessdata"。

图 8-5-8　新增变量

完成后,打开命令行窗口,运行"tesseract-v",运行结果如图 8-5-9 所示,则表示已经安装成功。

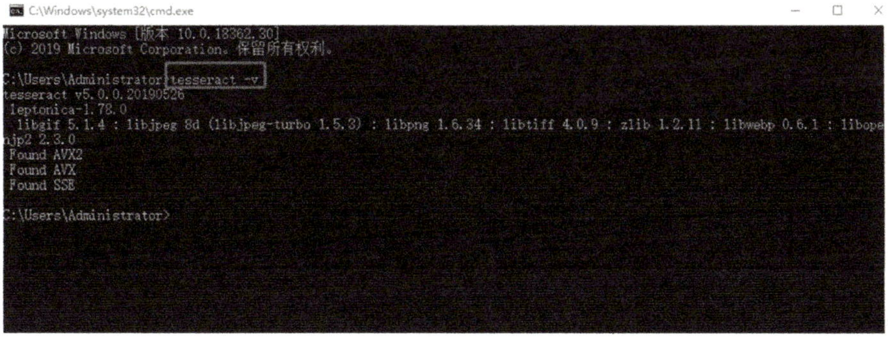

图 8-5-9　运行结果

8.6　实战案例——基于 tesseract 的文字识别

8.6.1　案例描述

本案例将使用 tesseract 工具来实现图片中的文字识别。

8.6.2　案例目标

学会使用 tesseract 工具对图片的文字进行识别。

8.6.3 案例分析

实现方式有两种,一种是在命令行窗口中,一种是用 Python 代码实现,两种方式都非常简单。

8.6.4 案例实施

在命令行中使用该工具,先找一张测试图片"ocr.png",如图 8-6-1 所示。

Python3

图 8-6-1 测试图片

然后在该图片所在的文件夹路径打开命令行窗口,运行"tesseract ocr.png result"命令,如图 8-6-2 所示。成功之后会在当前文件夹下生成一个名为"result.txt"的文件,里面就是识别的结果。

图 8-6-2 tesseract 的命令行运行

接着用 Python 代码来演示:这里使用 PIL 来操作图像,导入 pytesseract。

```
from PIL import Image
import pytesseract
```

识别文字用的是 pytesseract.image_to_string()方法。

```
text = pytesseract.image_to_string(Image.open('ocr.png'))
print(text)
```

输出文字为:Python3。

单元小结

本单元主要使用计算机视觉和自然语言处理的方法相结合的方式来完成场景文字识别任务，学生可以对场景文字识别的概念有基础的了解，同时对自然语言处理中的 LSTM 技术和计算机视觉中的 CTC 技术都有所了解，最后结合 LSTM-CTC 来对场景文字进行识别。在本单元中，学生也要对场景识别的工具 tesseract 的安装和使用进行熟练操作。

学习评估

课程名称：计算机视觉应用开发			
学习任务：场景文字识别			
课程性质：理实一体课程		综合得分：	

知识掌握情况评分（50 分）

序号	知识考核点	配分	得分
1	场景文字识别的基本概念和应用场景	10	
2	长短时记忆网络（LSTM）的基本原理及构成	15	
3	联结时间分类器（CTC）的基本概念以及使用方法	10	
4	tesseract 的基本概念和安装过程	15	

工作任务完成情况评分（50 分）

序号	能力操作考核点	配分	得分
1	结合 LSTM 和 CTC 完成随机验证码的文字识别	35	
2	使用 tesseract 安装工具完成文字识别	15	

单元习题

单项选择题：

（1）下面不属于 OCR 文字识别的操作步骤是（　　）。

A. 图像预处理　　　　　　　　B. 文字检测

C. 文字识别　　　　　　　　　D. 图像分割

（2）场景文字识别相比于普通文字识别的不同在于（　　）

A. 文本行可能有横向、竖向、弯曲、旋转、扭曲等式样。

B. 图像中的文字区域还可能会产生变形（透视、仿射变换）、残缺、模糊等现象。

C. 场景图像中的文字内容与普通文字识别的文字内容相同。

D. 自然场景图像的背景极其多样。

简答题：

简要概述场景文字识别的应用场景。

实操题：

编写计算 CTC 损失的代码。

参考文献

[1] GONZALEZ R C, WOODS R E. 数字图像处理[M]. 4版. 阮秋琦,阮宇智,译. 北京:电子工业出版社,2020.

[2] 唐进民. 深度学习之PyTorch实战计算机视觉[M]. 北京:电子工业出版社,2018.

[3] 张学工. 模式识别[M]. 北京:清华大学出版社,2000.

[4] SZELISKI R. 计算机视觉:算法与应用[M]. 艾海舟,译. 北京:清华大学出版社,2012.